实践应用型学前教育专业规划教材

幼儿园家庭教育指导

主　编　王普华
副主编　李少娟　时　霞　胡文峰

参　编　李同健　黄　巧　朱　伟
韩晓华　张　红　刘凌芬
张　利　高田田　刘　青

中国人民大学出版社
·北京·

图书在版编目（CIP）数据

幼儿园家庭教育指导/王普华主编．-- 北京：中国人民大学出版社，2021.5
实践应用型学前教育专业规划教材
ISBN 978-7-300-29056-0

Ⅰ.①幼… Ⅱ.①王… Ⅲ.①幼儿教育—家庭教育—幼儿师范学校—教材 Ⅳ.①G781

中国版本图书馆 CIP 数据核字（2021）第 030911 号

实践应用型学前教育专业规划教材
幼儿园家庭教育指导
主　编：王普华
副主编：李少娟　时　霞　胡文峰
参　编：李同健　黄　巧　朱　伟
韩晓华　张　红　刘凌芬
张　利　高田田　刘　青
You'eryuan Jiating Jiaoyu Zhidao

出版发行	中国人民大学出版社		
社　址	北京中关村大街 31 号	邮政编码	100080
电　话	010－62511242（总编室）		010－62511770（质管部）
	010－82501766（邮购部）		010－62514148（门市部）
	010－62515195（发行公司）		010－62515275（盗版举报）
网　址	http://www.crup.com.cn		
经　销	新华书店		
印　刷	天津鑫丰华印务有限公司		
开　本	787 mm×1092 mm　1/16	版　次	2021 年 5 月第 1 版
印　张	15.75	印　次	2024 年 1 月第 4 次印刷
字　数	316 000	定　价	39.00 元

前　言

幼儿园家庭教育指导是学前教育专业重要的实践技能课程之一，本教材遵循“理论知识够用，职业能力适应岗位要求和个人发展要求”的职业教育理念，充分考虑高职高专学生的知识背景和学习特点，体现“理实一体化”。本教材的特色主要体现在以下五个方面：

1. 体现最新的国家幼教法规精神，渗透幼儿园家长工作面临的新问题、新挑战、新要求。

本教材依据国家《教师教育课程标准（试行）》《幼儿园教师专业标准（试行）》《幼儿园工作规程》《3～6 岁儿童学习与发展指南》等教育法规精神，引导学生理解家庭教育的重要性，树立家园合作共育的理念，增强指导家庭教育的责任感。考虑到当前幼儿园教师队伍普遍年轻化的特点，特别强调对学生进行家园共情沟通能力培养，引导学生学会换位思考和理解家长的情绪，与家长顺利沟通；针对当前电子沟通手段的广泛使用，设专项分析了家园合作中电子媒介的有效应用问题。

2. 精选能较好支撑实践能力培养的课程内容

家庭教育指导能力是幼儿教师必备的工作能力之一，是实现家园合作共育的条件和保障。而家庭教育指导能力是一项综合能力，它要求学生必须掌握家庭教育的理念、技能和方法，家园沟通的技能和方法，以及幼儿园场域中家长工作的多种形式和实践操作方法。本书力求根据高职高专学生的知识基础，把握恰当的理论深度，精选各模块的核心内容，较好地支撑家庭教育指导能力培养的课程目标。

3. 突出实践性、实用性和可操作性，密切结合幼儿园家长工作实践

本教材强化实践环节，在编写体例上采用“项目-任务”式结构，在项目设计上，既设计了通用的知识技能学习模块，也设计了幼儿园家长工作模块。通用知识技能学习模块包括学前儿童家庭教育基础知识、沟通与家园合作关系的建立；幼儿园家长工作模块包括来离园的交流与指导，个别约谈的准备与实施，辨析讨论会、家长会和家园活动的策划与组织，家园合作中电子媒介的有效应用；最后是家园社区合作共育的延伸模块。

各项目任务设计基本是先呈现概述性知识，然后提供实践案例，再分析实践工作流程和操作方法；实践工作模块还设计了“实践演练”。实践案例既方便学生感受幼儿园的真实工作情境，理解具体的工作流程，也方便学生模仿学习，掌握实践工作技能。“实践演练”可以帮助学生进行综合实践练习，提高学生的实践能力。这种编写方式与幼儿园家长工作实践对接紧密，使学生在走上工作岗位之后，能更快地适应幼儿园的工作，增加了本教材的职业指导价值。

4. 牢牢把握学生的学习特点

为了方便学生理解相关内容，本教材每一个任务前都设计了“课前思考”，引导学生进入课程情境；任务中穿插有趣的拓展小知识、实践小案例和课堂小练习，以激发学生的学习兴趣；任务后设计“重点回顾”，帮助学生把握重点内容；最后是与学生生活和实践紧密结合的“思考与练习”，引导学生全面理解和掌握学习内容，达到更好的学习效果。

5. 融入课程思政元素

教育既是科学，也是艺术。本教材秉承“传授知识、培养技能、塑造人格”三位一体的课程理念，深入挖掘课程思政元素，在引导学生掌握知识和技能的同时，培养学生尊重儿童成长规律的科学精神和乐于帮助儿童健康成长的社会责任感，使其勇于担当，为了家庭的幸福和谐与国家的繁荣富强，努力成长为有能力、有家国情怀的学前教育工作者。

本教材主要适用于职业教育学前教育专业学生，亦可作为幼儿园教师在职培训用书。全书学习时间为一学期，约为 32 学时。各项目学时安排可参考下表，教师亦可根据当地及学生实际情况灵活调整。

项目	一	二	三	四	五	六	七	八	九	合计
学时	2	4	2	6	2	4	6	4	2	32

本书以党的二十大精神为引领，全面贯彻党的教育方针，落实立德树人根本任务，推进习近平新时代中国特色社会主义思想进教材、进课堂、进头脑，力求成为培根铸魂、启智增慧、适应时代要求的精品教材。

本教材的编写分工为：项目一和项目二由济南幼儿师范高等专科学校王普华编写；项目三、项目四和项目五由济南市历城区钢城幼儿园李少娟，济南市历下区万科幼儿园刘凌芬、张利、高田田编写；项目六、项目七由济南市历下区景城幼儿园时霞、李同健、黄巧、朱伟，山东省人民政府机关幼儿园韩晓华，济南房屋修缮管理处幼儿园刘青编写；项目八和项目九由滕州市实验幼儿园胡文峰，济南市章丘区东山实验幼儿园张红，王普华编写；全书由王普华整理并统稿。

在编写过程中，济南市历城区钢城幼儿园、济南市历下区景城幼儿园、滕州市实验幼儿园等提供了大量案例和素材，在此对他们表示真诚的谢意。

书稿编写匆忙，难免有错误和不周之处，敬请批评指正。欢迎广大读者交流，电子邮箱：945930462@qq. com.

编者

2021 年 1 月

目　录

项目一　学前儿童家庭教育基础知识

任务一　学前儿童家庭教育的特点及重要性

课前思考

有人认为，小孩子吃饱喝好就够了，教育是长大以后的事，这种观念对吗？为什么？

学前儿童家庭教育是指在家庭中，由家长即家庭里的长者（主要是父母）对学前儿童（0～6岁）实施的教育和影响。学前儿童因年龄较小，主要生活在家庭当中，受家庭的影响比较大，学校及社会对其的影响相对较弱，因此，学前儿童的家庭教育在早期教育中占有无可比拟的地位。

法国思想家卢梭在《爱弥儿》中说：人的教育在他出生的时候就开始了，在能够说话和听别人说话以前，他就已经受教育了。也就是说，早期教育不是从幼儿园才开始的，父母需要发挥家庭教育的优势和重要作用，科学地进行家庭教育，才能保证学前儿童的健康成长。

一、学前儿童家庭教育的特点

相比学校教育、社会教育以及其他年龄阶段的家庭教育，学前儿童家庭教育主要有以下几个特点。

（一）亲情性

婴幼儿和父母之间存在着一种特殊的感情关系，被称为依恋关系，它产生于婴儿与父母相互作用的过程，是一种感情上的联结和纽带，也是我们俗话说的“亲情”。这种依恋，使婴幼儿依赖父母，愿意接受父母的教育和影响。比如，婴幼儿会模仿父母的言行、动作，甚至连神情都相似。婴幼儿在与其他小朋友玩游戏的过程中，出现争执时，也往往引用父母的话来证实自己的言语行为是对的，如他们喜欢说“我爸爸是这样说的”或“我妈妈是那样做的”等。

（二）生活性

著名教育家陶行知先生提出“生活即教育”，他主张：生活是教育的根基与土壤，教育发生在生活中的每时每刻、方方面面。过什么样的生活，便会有什么样的教育。让孩子只学习书本上的文字知识，而不从真实生活中感受，这样的教育只能是假教育，是没有活力的教育。因此，儿童的生活即是儿童的教育。而且，对于婴幼儿来说，学会生活和掌握基本的生活能力本身就是最重要的学习目标，也必须在生活中进行和完成。所以，在生活中学习对学前儿童来说意义更重大。

家庭作为婴幼儿的生活场所，每个细节都可能成为教育中的支撑点，在潜移默化中教育和影响着婴幼儿。家庭对婴幼儿的影响主要来源于三个方面。

1. 婴幼儿一日生活的安排

如何安排婴幼儿的一日生活是一门学问，也是实现家庭教育影响的重要载体。比如婴幼儿生活作息规律，不仅有利于婴幼儿的身体健康，也会让他们感觉生活是可以掌控、预测的，因此产生安全感；婴幼儿参与一定的家务劳动，比如摆碗筷、洗袜子等，可以锻炼其肌肉动作以及认知的发展，同时也能学会独立自主以及培养责任心；与婴幼儿一起购物，既可以教给孩子数量概念，又可以引导其学会选择；亲子陪伴，与婴幼儿互动交流、做游戏，能促进其语言、交往及情绪管理等各方面的发展。

2. 家庭的环境与氛围

家庭环境分为物质环境和心理环境。

（1）物质环境。

物质环境干净、整洁、丰富，是婴幼儿学习和发展的条件。比如，准备方便婴幼儿就餐的桌椅、餐具，适量的玩具供婴幼儿玩耍，一定数量的绘本供婴幼儿阅读等。

（2）心理环境。

心理环境则为家庭氛围。家庭成员之间关系和睦、相互关心、相处时心情愉快，会让婴幼儿感觉轻松舒适。如果家庭成员之间经常争吵，或者冷战对抗，会让婴幼儿感觉紧张。

3. 父母的言谈举止及对待婴幼儿的态度

父母是婴幼儿的第一任老师，婴幼儿会模仿父母的行为，而且会把父母的期望、行为和一些生活标准内化为自己的期望和规则。也就是说，此时父母的行为准则就是模板，它直接决定了孩子一生所依据的行为准则。父母不但要关注婴幼儿的行为，还要注意自己的一言一行。父母在与婴幼儿互动的过程中，需要温柔、充满爱意并有明晰的规则，婴幼儿会因此感觉自己是被爱着的，内心会感觉比较安全和踏实。如果父母教养方式比较严厉，规则限制比较多，孩子会感觉到压力和紧张。儿童教育家多萝茜·洛·诺尔特认为“孩子们在生活中学习”：如果一个孩子生活在批评之中，他就学会了谴责；生活在敌意之中，他就学会了竞争；生活在恐惧之中，他就学会了忧虑；生活在怜悯之中，他就学会了自责；生活在讽刺之中，他就学会了害羞；生活在鼓励之中，他就学会了自信；生活在表扬之中，他就学会了感激；生活在认可之中，他就学会了自爱；生活在分享之中，他就学会了慷慨；生活在安全之中，他就学会了相信自己和周围的人；生活在真诚之中，他就学会了头脑平静地生活。

（三）启蒙性

学龄前也就是人们常说的早期教育阶段，是儿童生理、心理发育最迅速的时期，这个时期具有极大的发展可能与潜力，人的许多基本能力是在这个年龄阶段形成的，如基本动作、语言表达能力、良好的生活习惯、健康的人格等。

在成长过程中，婴幼儿出于自身发展的内在需求，在某个时间段对其感兴趣的事物产生尝试或学习的狂热，直到满足内在需求或敏感力减弱，这个时间段被称为“敏感期”。研究发现，婴幼儿阶段主要存在9个敏感期。

1. 口手敏感期（0～1岁）

婴幼儿喜欢吃手，所有接触到的物体都喜欢放到嘴里尝一尝，是因为他们处于口手敏感期，这个时期的孩子是用嘴探索世界的。

2. 语言敏感期（0～6岁）

婴儿开始注视大人说话的嘴形，并开始牙牙学语时，就开始了他的语言敏感期。学习语言对成人来说是一件困难的事情，但婴幼儿能容易地学会母语，是因为婴幼儿具有自然赋予的语言敏感力。在这个阶段，婴幼儿喜欢模仿别人说话，喜欢接电话，甚至说脏话。家长应该给孩子提供一个利于学习语言的氛围，促进其语言能力的发展。

3. 感官敏感期（0～6岁）

婴幼儿从出生起，就会借着听觉、视觉、味觉、触觉等感官来熟悉环境，了解事物。比如，婴幼儿对新奇的事物总喜欢摸一摸、尝一尝、闻一闻，喜欢涂鸦，喜欢玩沙玩水，这都是婴幼儿在发展和锻炼自己的感官，父母应尽量允许并提供相应的支持。

4. 动作敏感期（0～6岁）

婴幼儿在学会走路之后，总会不知疲倦地走来走去，父母应让婴幼儿充分运动，使其肢体动作正确、熟练，并促进左、右脑均衡发展。同时，父母还要促进婴幼儿精细动作的发展，比如手眼协调的锻炼。

5. 微小事物敏感期（1.5～4岁）

这个时期的婴幼儿会对微小的事物十分感兴趣，比如掉在地上的头发、蚂蚁等，这个时间是锻炼婴幼儿观察力的最好时期，父母应允许其探索。

6. 秩序敏感期（2～4 岁）

婴幼儿需要一个稳定有序的环境来帮助自己认识世界，在此基础上，逐渐建构自己的智力系统。换句话说，秩序敏感期是婴幼儿发展智力的关键期。有的家长发现，婴幼儿在两岁左右变得不听话，他会因为你打乱了顺序而哭闹，顺序恢复又喜笑颜开；他会为了维护自己的秩序跟你说“不”；他会因为秩序被破坏重新开始，不厌其烦。父母应该满足婴幼儿的需求，为孩子提供一个稳定有序的环境。

7. 社会规范敏感期（2.5～6 岁）

两岁半的婴幼儿逐渐脱离以自我为中心，开始对交朋友、群体活动有明显倾向。这时父母应与婴幼儿建立明确的生活规范、日常礼仪，使其日后能遵守社会规范，拥有自律的生活。

8. 阅读敏感期（4.5～5.5 岁）

婴幼儿的书写能力与阅读能力发展虽然较迟，但如果婴幼儿在语言、感官、肢体动作等敏感期内，得到了充分的学习，其书写、阅读能力就会自然产生。此时，父母可与婴幼儿进行亲子阅读，既能增强亲子感情，也能使婴幼儿爱上阅读。

9. 文化敏感期（3 岁开始）

幼儿从 3 岁左右开始对文化学习产生兴趣，这一时期幼儿的心智就像一块肥沃的土地，准备接受大量的文化播种。父母可在此时提供丰富的文化信息，供幼儿自由地涉猎和汲取。

二、学前儿童家庭教育的重要性

人的一生是一个完整的心理发展过程。在这个发展过程中，0～7 岁儿童的心理发展尤其重要，它犹如一座大厦的地基，决定了大厦的风格和高矮程度。学前儿童家庭教育属于早期教育，是儿童最早、也是影响最深的教育形式之一，其地位独一无二、无可取代。

（一）学前儿童家庭教育的影响深刻而持久

生命早期的体验在一个人一生当中扮演了至关重要的角色。俗语说：“三岁看大，七岁看老。”这句古老的谚语得到了越来越多的科学证明。

心理学家阿尔弗雷德·阿德勒在《儿童的人格教育》一书中指出，人格结构主要在 5 岁之前建构完成，之后的人格发展会在童年期人格模式上进行完善和重复。儿童早期的人格教育是全社会必须重视的事，帮助儿童形成健康和正常的人格是儿童教育的核心任务。

伦敦精神病学研究所教授卡斯比曾经做了这样的一份报告，报告称，通过 3 岁幼童的言行可预示他们成年后的性格。

1980 年，卡斯比教授同伦敦国王学院的精神病学家对 1 000 名 3 岁幼儿进行面试，根据面试结果，这些幼儿被分为充满自信、良好适应、沉默寡言、自我约束和坐立不安5大类。

2003年，当那些孩子26岁时，卡斯比等精神病学家再次与他们进行了面谈，并且通过这些人的朋友和亲戚进行了详细地调查，结果如下：

当年被认为“充满自信”的幼儿占28%。小时候他们十分活泼和热心，为外向型性格；成年后，他们开朗、坚强、果断，领导欲较强。

40%的幼儿被归为“良好适应”类。当年他们就表现得自信、自制，不容易心烦意乱。到26岁时，他们的性格依然如此。

当年被列入“沉默寡言”类的幼儿占8%，是比例最低的一类。如今，他们要比一般人更倾向于隐瞒自己的感情，不愿意去影响他人，不敢从事任何可能导致自己受伤的事情。

10%的幼儿被列入“坐立不安”类，主要表现为行为消极、注意力分散等。如今，与其他人相比，这些人更容易苦恼和愤怒。熟悉他们的人对其评价多为：不现实、心胸狭窄，容易紧张和产生对抗情绪。

还有14%的“自我约束”型的幼儿长大后的性格基本和小时候一模一样。

由此可见，早期的家庭教育对婴幼儿性格的影响会持续到成年阶段，所以，家长需要抓住机会，培养幼儿健全的人格。

（二）婴幼儿身心发展迅速，家庭教育要及时满足婴幼儿成长需求

美国著名心理学家布鲁姆曾做过一个对近千名儿童从出生一直到成年的追踪研究，结果表明：5岁前为智力发展最为迅速的时期，如果把17岁的智力水平看作100%，那么孩子在4岁前就已经获得了50%的智力，其余的30%是在4～7岁获得的，剩余的20%则在7～17岁获得。因此，学龄前这段时期是婴幼儿智力发展的黄金阶段，家长需要及时把握。

前面讲过，婴幼儿阶段存在大量的敏感期，如果父母适时地进行有针对性的引导，并提供相应的环境刺激，会有事半功倍的效果；如果错过了关键期，婴幼儿的发展速度会比较缓慢，学习某种技能也比较困难。

印度“狼孩”卡玛拉，从小被狼叼去，8岁时被人发现，但其生活习惯几乎与狼一样，四肢爬行，吃生肉，昼伏夜行，后来经过人为的训练，两年后才能站立，六年后可以像人一样行走，四年内学会了6个单词。在他17岁时，智力仅达到3岁孩子的水平。

（三）婴幼儿存在不同的个性特征，学前儿童家庭教育更具针对性

在幼儿园，教师面对着几十个幼儿，更多的是针对这个年龄阶段的幼儿进行共性教育。受时间和精力所限，更多地关注集体教育活动的教师很难照顾到每个幼儿的个性特点，而家庭教育可以弥补集体教育的不足。常言道：“知子莫若父，知女莫若

母。”家长与孩子朝夕相处，对他们的情况了如指掌，幼儿身上稍有什么变化，即使是一个眼神、一个微笑都能使父母心领神会，所以父母可以通过幼儿的一举一动、一言一行及时掌握他们的心理状态，发现幼儿身上存在的问题，及时教育，及时纠偏，使不良行为消灭在萌芽之中。

俄国著名心理学家巴甫洛夫曾说：婴儿降生的第三天开始教育，就迟了两天。他的话虽然有些夸张，但也明确地说出了早期教育的重要性。父母需要把握住教育的黄金时机，给予学前儿童合适的家庭教育，促进学前儿童全面均衡发展。

重点回顾

- 学前儿童家庭教育的特点
  - （一）亲情性：因依恋关系存在，学前儿童更愿意接受父母的教育
  - （二）生活性：婴幼儿一日生活的安排、家庭的环境与氛围、父母的言谈举止及对待婴幼儿的态度都在潜移默化中教育和影响着婴幼儿
  - （三）启蒙性：婴幼儿阶段主要存在9个敏感期
- 学前儿童家庭教育的重要性
  - （一）学前儿童家庭教育的影响深刻而持久
  - （二）婴幼儿身心发展迅速，家庭教育要及时满足婴幼儿成长需求
  - （三）婴幼儿存在不同的个性特征，学前儿童家庭教育更具针对性

思考与练习

假如班里某个幼儿的家长不重视家庭教育，你应该如何与其沟通，帮助他意识到家庭教育的重要性？

任务二　亲子关系和家庭教养类型

课前思考

有人认为，亲子关系是良好家庭教育的基础和前提，没有良好的亲子关系，就没有教育。这种观念对吗？为什么？

一、亲子关系与家庭教养类型概述

（一）亲子关系

亲子关系指的是父母与子女之间的关系，是通过父母与子女之间的互动而形成的一种特定关系，是儿童形成的第一个人际关系。

亲子关系是一切关系的基础，儿童会将与父母的互动模式带入与他人的互动模式中，亲子关系越密切，幼儿的社会化发展就会越完善。研究发现，良好的亲子关系有利于幼儿形成健康的人格，建立稳定的情绪，培养积极的社会行为（如良好的同伴关系、乐于助人等），减少问题行为（如攻击性行为、退缩等），取得较好的学业成绩。可以说，良好的亲子关系是学前儿童成长的基石，是学前儿童乐意接受父母教育和影响的前提条件。因此，父母需要把培养良好的亲子关系作为教育的首要目标。

（二）家庭教养类型

亲子关系的形成离不开家庭环境，家庭中父母的教养行为是亲子关系形成的基础，也是亲子关系类型的直接影响因素。可以说，家庭教养行为是因，亲子关系是果。

研究发现，父母的教养行为具有一定程度的固定性，无数教养行为的特征集合起来构成了一种方式或者倾向，这种方式或倾向受家长自身人格特质、价值观等个体因素的作用，较为稳定且较难改变，我们称之为家庭教养类型。

家庭教养类型大致可分为四种：

第一种：严厉型。

严厉型的父母是以自己为中心，要求孩子绝对遵循家长制定的规则，经常使用命令和责难的方法，强迫孩子顺从自己的意志，不鼓励孩子提问、探索、冒险及主动做事，较少对孩子表现温情，有时还会体罚孩子。这种家庭教养类型的父母可能比较省事，但其实在孩子心目中的威信不高。孩子虽然表面上屈服于“高压政策”，但会显得拘谨、敏感，常常处于恐惧状态，为避开父母的惩罚，往往习惯性说谎或者搞两面派，遇事不与父母沟通，常会造成较严重的后果。

第二种：溺爱型。

溺爱型的父母把孩子视为私有财产，把对孩子的教育视为私事，用一种生物本能式的感情无原则地满足和照顾孩子，对孩子过分宠爱，没有从社会关系的角度来履行自己的教育责任，不是理智地去爱孩子。父母往往重视孩子物质需求的满足，较少给予孩子行为上的规范，不注重孩子的心理及人格发展。

第三种：放任型。

放任型的家长对孩子的教育缺乏责任心或耐心，认为“树大自然直”，对孩子放任自流。表面上看，家长是给孩子足够的自由，但实际上是对孩子家庭教育的“无为”。家长经常借口自己没时间、没知识、没能力管教孩子，或者说一些空洞的话，如“你一定要好好学啊”或者“你要为爸妈争口气”，让孩子无所适从。

第四种：民主型。

民主型家长能够理解孩子的个性特点及内心想法，经常以合理、温和的态度对待孩子，站在引导和帮助的立场上，经常与孩子协商，制定合理的标准，并解释道理。这种类型的家长既尊重孩子的自主性和独立性，又坚持一定的原则；既能给予孩子充分的独立与自由，又不让孩子打破道德原则的底线；注重孩子个性的全面发展，鼓励孩子自理、自立，引导孩子合理消费，在学习上追求能力可及的高标准，适当克制自己的情绪，养成良好的行为习惯，具备一定的自我调节能力等。

在实际教育过程中，家长的教养行为有时不能明确地归于哪一类，一般是偏向于某种类型但又有其他类型的一些特点，教师可以根据实际情况进行分辨。

课堂讨论：

请根据上述家庭教养类型的介绍，思考并讨论：

（1）你自己成长中的家庭教养属于哪种类型？为什么？

（2）你现在的性格特点与这种家庭教养类型有什么样的关系？

二、建立民主型亲子关系的基本流程

民主型的教养方式既能尊重孩子的自主性又能给予孩子一定的帮助和支持，培养出来的孩子既有主见又乐于接受别人的意见，亲子关系也比较和谐。如何在每一次教养行为当中践行民主型教养方式，构建和谐的亲子关系呢？可以遵循下面的流程：

倾听 → 归纳 → 表达 → 思考 → 商定

我们以一个具体场景来详细了解这五个环节：

孩子上幼儿园哭闹，抱着妈妈的腿不让妈妈走，妈妈这时该怎么办？

环节 1：倾听

父母要善于观察、倾听孩子，唯有如此，才能了解孩子、走进孩子的内心世界。有关倾听的技巧，在后面的“共情”技巧中会详细讲述。这里简单介绍父母需要倾听什么。许多父母听孩子说话没有耐心，感觉孩子绕来绕去表达不清楚。其实，不需要了解全部细节，倾听最重要的是听孩子的感受和需求。感受和需求是人类共通的语言，只有了解了孩子的感受和需求，孩子才会感觉自己被理解、被尊重、被看见了。

对于前面的场景，孩子上幼儿园哭闹，不让妈妈走，孩子可能有如下感受：离开妈妈的不舍、伤心、担心、恐惧等，安全感需要受到影响。

所以，父母只要温柔地看着孩子，做出认真倾听的姿态，表达出对孩子的重视，就会在一定程度上缓解孩子的伤心和焦虑。

环节 2：归纳

在上一步倾听的基础上，家长可以将自己倾听到的内容用语言表达出来，跟孩子进行确认，表达时可以用疑问句。

前述场景中的妈妈可以说：“宝贝，妈妈看到你哭了，你是感觉舍不得离开妈妈，担心妈妈不来接你了是吗？”孩子可能会点点头。妈妈这时可以说“嗯，妈妈知道”，或者什么都不说，只是摸摸孩子的头或者抱抱孩子，表示对他的理解。

环节 3：表达

上一步是总结孩子的感受和需要，而这一步主要是表达家长自己的感受和需要。父母表达自己的感受，会让孩子突破以自我为中心的思维限制，看到不仅自己有需要，别人也有需要，别人和我是不一样的独立的人。

前述场景中的妈妈可以这样说：“妈妈也很想一直陪着你，离开你妈妈也感觉舍不得，看到你不开心妈妈也有点担心。但妈妈需要去上班，这是妈妈必须要去做的事。你也要去上学，这是你需要做的事。”

环节 4：思考

一般来说，交流感受之后，孩子的不良情绪会得到一定程度的缓解，这时就需要进入实质性的问题解决层面。可以邀请孩子与父母共同想办法，对于孩子想出来的办法不要急于评价，要鼓励孩子动脑思考，进行头脑风暴，多想几种办法。

前述场景中的妈妈可以跟孩子说："那怎么办呢？我们一起想三种办法吧。"然后一起开动脑筋想办法，动脑思考的过程也有助于孩子情绪冷却，恢复理智。想出一种办法，妈妈可以说："嗯，这是一种办法，再想想还有没有不一样的办法。"鼓励即可，不要评价。评价会挫伤孩子思考的积极性。

环节 5：商定

对于上面提出的办法，父母和孩子要共同决定这些意见的去留，并商定如何付诸行动。这个过程体现了对孩子的尊重，把决定的自主权还给孩子。父母如果有意见和建议，也可以表达，孩子也比较容易接受。

前述场景中的孩子，可能会说："我跟着你去上班。"妈妈这时就可以说："等有机会我带着你去参观妈妈上班的地方，平常上班时带着孩子就没办法工作啦。"父母和孩子一起讨论每一种办法，商定出可以执行的方案。

针对入园焦虑的问题，以给幼儿安全感为主，办法如下：来个魔法亲亲（妈妈亲吻孩子的手，孩子想妈妈时就可以把手放到脸庞感受妈妈的爱）；承诺一定按时来接；接园后陪着孩子玩几个身体接触的游戏，等等。

三、建立民主型亲子关系的要点

（一）尊重孩子

尊重孩子意味着孩子是独立于父母之外的独立个体，而不是父母的私有财产。许多父母觉得，这是"我的孩子，我想怎样就怎样"。这是没有界限的表现。正如纪伯伦的诗中所描述的：你的孩子/其实不是你的孩子/他们是生命对于自身渴望而诞生的孩子/他们通过你来到这世界/却非因你而来/他们在你身边/却并不属于你。尊重意味着平等，不是在能力、经验上的平等，而是人格上的平等。

尊重孩子有自己的感受，父母就不会用自己的感受去代替孩子的感受，从而忽略孩子的感受。

（二）接纳孩子

不论孩子呈现出什么样子，父母需要做的是接纳孩子真实的样子。这一点许多父母做不到。如果父母心中有一个理想的小孩，实际生活中就会拿着理想小孩的标准去看待和要求自己的孩子，孩子符合标准，父母就会十分高兴；一旦孩子不符合标准，父母就会努力把孩子改造成理想的样子。如此一来，孩子会感觉真实的自己不被接纳，造成许多痛苦。

（三）信任孩子

信任意味着相信孩子有能力，信任孩子可以做出最适合自己的选择，从而放手把选择权交还给孩子，放手让孩子自己做。许多父母不相信孩子有解决问题的能力，不会选择倾听孩子或者鼓励孩子思考解决问题的办法，而是盲目地把自己的意见强加到孩子身上，或者剥夺孩子自主思考的能力。这时往往会遭到孩子的反抗，久而久之，孩子会越来越不知道如何选择。

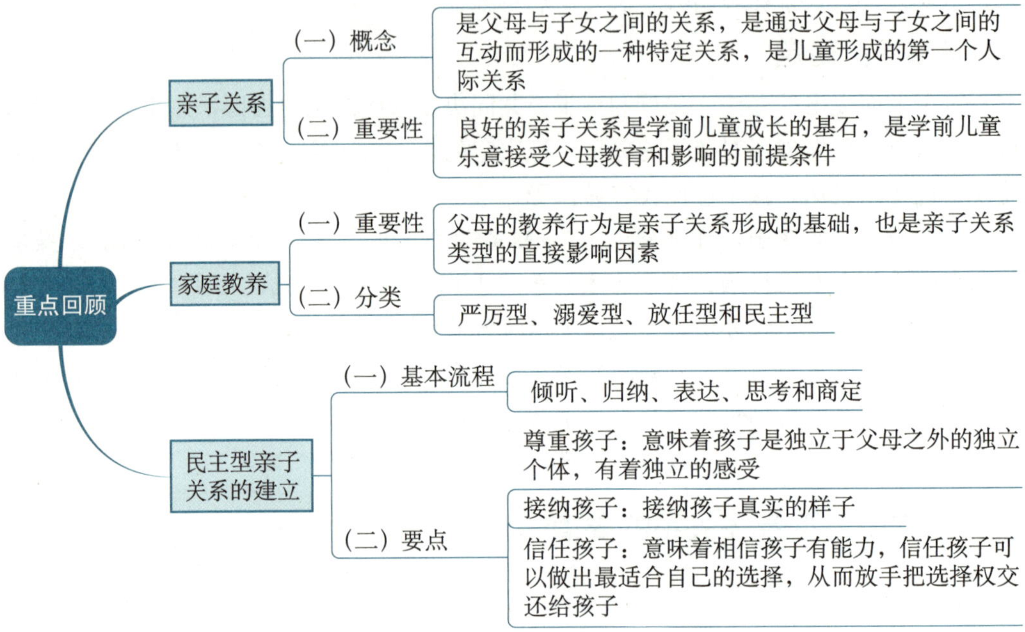

思考与练习

了解了民主型亲子关系建立的流程，请思考并讨论，另外三种家庭教养类型在哪些步骤当中有缺失或做得不到位？这些家长应该怎样调整？

任务三 当前学前儿童家庭教养的主要问题和指导策略

课前思考

有人说，当前父母都非常重视孩子，所以愿意在孩子身上花很多钱；还有人说，当前父母根本不重视孩子，生了孩子之后就把孩子交给老人，自己根本不管孩子。你认为哪种说法更符合实际情况？这对幼儿的成长又有什么样的影响呢？

一、目前我国学前儿童家庭教养的主要问题

（一）对早期教育的认识不足，重物质轻心理，重认知轻人格

许多家长认为，孩子小不懂事，物质养育比较重要。于是，特别追求给予婴幼儿物质上的满足，沉溺于各种海淘、购物，总想要给予孩子最好的物质享受。有时还会因为没给到孩子最好的物质享受而感觉焦虑、内疚。

还有许多家长秉承“不让孩子输在起跑线上”的教育理念，从胎教时就开始进行各种超前教育，孩子出生后，很小就开始认字、背古诗、学习算术，或者来回奔波于各种各样的兴趣班之中。有的家长听说亲子阅读重要，就陪孩子大量阅读，三四岁的孩子阅读量就能达三四千册。因公立幼儿园一般不教写字、算术等小学化的内容，家长的焦虑值飙升，又催生了各种各样的幼小衔接班。

【案例 1－1】

认字很多却不适应小学生活的越越

越越从小就接受妈妈的超前教育，主要是识字。他总是找有大人的地方，见字

就识，或者歪着小脑袋问“这个字怎么念”，惹得大人直夸他“好学，懂事”。可上了小学后，越越妈妈却屡次被老师请到学校，因为越越上课注意力不集中，阅读能力差，动辄就躺在地上。为什么早早就识字的越越阅读能力却不行呢？原来，识字与阅读是两种概念。机械地识字，使越越缺乏思考和分析的习惯。因为识字多，越越从小就受吹捧，觉得自己很厉害，从而不屑于与同学交往，因此，他无法融入集体当中。

其实，将早期教育等同于养育或知识教育是窄化了早期教育的内涵。早期教育注重的是婴幼儿的身心平衡发展，尤其需要重视婴幼儿的心理健康，发展健全的人格，为终身发展奠定基础。

（二）隔代教育普遍，父母缺位

由于早期托管机构的缺乏，年轻的家长忙于工作，只好把孩子的教养责任交给祖辈们，有的是全部交出，只在周末、假期时与孩子有短暂的接触，有的是联合教育，白天上班时由祖辈带养，下班后由父母负责。

多数学者认为，当代传统意义上的“隔代教育”具有严重的弊端。

一方面，由于隔代亲，祖辈对孙辈的疼爱往往缺乏理性；另一方面，对缺乏父母陪伴的孩子有亏欠和弥补心理，祖辈带孙辈时往往过分宠溺，要什么买什么，想干什么就干什么，物质上尽最大可能满足，行为上缺乏约束，生活上过度包办代替，造成孩子缺乏生活常识，自理能力差，独立解决问题能力弱，性情孤傲，容易以自我为中心。

再者，老人由于年纪大，体力不佳，动作缓慢，孩子跑起来他们追不上，他们担心孩子磕着碰着，因此干脆不带孩子户外活动，宁愿让孩子在家看电视、玩手机，致使孩子户外运动、探索及同伴交往等能力严重不足。这样长大的孩子缺乏活力和热情，懒惰不愿动，也不愿进行人际交往，常常会感觉无聊，失去了孩子自然的游戏天性。

【案例 1－2】

同龄的两个孩子差异怎么这么大？

我两个邻居的孩子同岁，生日只差一天，却对比非常明显。同样都是 3 岁，感觉小女孩佳佳要比小男孩南南小半岁。

南南的妈妈对孩子比较放手，南南从小就跟着楼下的一帮大孩子玩，不知道摔了多少跤，但很少哭，摔了马上爬起来，特别皮实。南南 2 岁时滑板车就骑得很溜了。3岁的南南跟大孩子们玩警察抓小偷，有些年龄比他大的孩子都追不上他。

而佳佳胆子很小，滑板车不敢骑，走路也不太稳当，见了这些疯跑的孩子就吓得赶紧躲起来，害怕被撞着。有次不小心摔倒了，哭了好长时间也哄不好。她整天披散着头发，有人问她奶奶为什么不把头发给扎起来，她奶奶说这孩子护头，不让理、不让扎。也难怪，平常都是奶奶带她，奶奶腿脚不好，害怕孩子磕着碰着，就只允许孩子在她周围，一旦走远，奶奶就喊："回来啊，咱不去远的地方。"

婴幼儿期是与父母培养感情的最好时期，这段时期如果儿童经常与父母分离，与祖父母生活在一起，就会给他们造成一种"被抛弃"的心理阴影，影响亲子关系甚至造成家庭失和。儿童与祖父母的感情更深，与父母没有感情基础，就难以接受父母的管教。父母如果对孩子的行为有所限制，孩子就会躲到祖父母身旁寻求庇护，让祖父母替自己说情，致使父母的教育不能一以贯之。

其实，很多时候，造成"隔代教育"现象的主要原因并非年轻父母工作忙，而是年轻父母教育知识贫乏，教育意识和教育能力不够，不能很好地承担做父母的责任，于是把教养孩子的责任推给老人。

（三）父亲参与度不够

许多家庭中，父亲或主动或被动地游离于教养孩子之外。

有的父亲依旧秉承"男主外、女主内""好男儿志在四方""整天围着锅台转的男人没出息"等落后思想，认为赚钱养家是他唯一的任务，从而让自己忙于工作，疏于参与孩子的教养。有的父亲可能一开始想参与家庭教育，但因为动作不熟练、显得笨拙而遭受排挤和嘲笑，久而久之也就不愿参与了。更有甚者，孩子出生之后，为方便母亲照顾孩子，父亲还经常被赶到另外的床上或者其他房间，这种物理空间上的阻隔致使父亲的角色进一步被弱化。

二、解决学前儿童家庭教养问题的指导策略

（一）正确认识早期教育的内容和方式

家长要学习儿童心理学相关知识，了解婴幼儿学习与发展的基本规律和特点，才有可能实施科学的保育和教育。

从内容方面来讲，婴儿阶段（0～3岁）最重要的任务是使婴儿与父母建立起安全的依恋关系，给予婴儿及时地满足，增强其安全感，为其以后的人格稳定和发展亲密的人际关系奠定基础。同时，还要在生活中放手让孩子运动、探索和自己做事，积累基本的生活经验和能力。物质方面使婴儿感觉舒适即可，无须过度追求昂贵的价格和高端的品质。

对于幼儿阶段（3～6岁），教育部2012年9月颁布的《3～6岁儿童学习与发展指南》（以下简称《指南》）中指出：以为幼儿后继学习和终身发展奠定良好素质基础为目标，以促进幼儿体、智、德、美各方面的协调发展为核心，建立对幼儿发展的合理期望，实施科学的保育和教育，让幼儿度过快乐而有意义的童年。《指南》从健康、语言、社会、科学、艺术五个领域描述幼儿的学习与发展，并着重强调要重视幼儿的学习品质："幼儿在活动过程中表现出的积极态度和良好行为倾向是终身学习与发展所必需的宝贵品质。要充分尊重和保护幼儿的好奇心和学习兴趣，帮助幼儿逐步养成积极主动、认真专注、不怕困难、敢于探究和尝试、乐于想象和创造等良好学习品质。忽视幼儿学习品质培养，单纯追求知识技能学习的做法是短视而有害的。"

所以，家长也需要领会《指南》的精神，树立科学的早教观，不刻意强调知识教育，注重在生活当中培养婴幼儿各方面的能力及学习品质，注重婴幼儿的心理健康和人格健全，使婴幼儿健康快乐地成长。

从方式来讲，游戏是孩子的天性，早期教育应以游戏的方式进行，尽量增加婴幼儿的亲身体验，而不是灌输抽象的知识。家务劳动，户外运动及到大自然中观察动物、植物，都是非常好的教育。

童年是游戏的、快乐的，让孩子成为孩子，让儿童充分享受童年的快乐，才是早期教育的正确方向。

（二）父母注重学习，增强自己的教育能力

年轻的父母需要清楚地认识到，教育孩子是父母的权利，也是父母的责任，祖辈家长只能起辅助作用，父母不可以失职，祖父母不可以"越位"。

养育孩子也不只是安全问题、卫生问题、陪伴问题，更是心灵问题、智力问题、行为习惯问题、道德品行问题。养育更不只是给孩子穿衣、喂奶，不让他们磕着、碰着，上学有人接送这些事情，更重要的是父母要在亲身的养育中，与孩子建立起血缘亲情，了解与感受孩子点点滴滴的成长经历，并且在与孩子的互动过程中，帮孩子建立起健康的人格，形成正确的三观和掌握各种做人做事的方法。祖父母可以在年轻的父母忙碌时，帮忙照看孩子，但不能完全代替父母。

教育孩子是一门大学问，父母需要不断吸纳现代科学的教育理念，学习科学的教育方法，增强自己的教育能力，主动承担起自己作为父母的教育责任。祖辈家长来帮忙带孩子，孩子的父母要心存感激，并且多向长辈学习好的教育经验，有意见不一致的地方要平心静气地协商，齐心协力教育好孩子。

（三）家庭教养中重视父亲的参与

父亲是子女教育的巨大资源，父爱与母爱有着不同的意义。

国外一项研究表明，在绝大多数文化和社会阶层中，爸爸会经常变换不同方式来抱宝宝，而妈妈通常每次都用相同的姿势，并且把孩子紧紧抱在怀里。这里传达出一

个信息，那就是母亲更倾向于给孩子更多的安全感和稳定性，而父亲更倾向于给孩子更多的变化和多样性。所以孩子在妈妈面前表现得温柔和安静，而在爸爸面前表现得兴奋和乐于接受挑战。

母亲天性细心和整洁，难免对孩子过度保护、包办，也难免限制过多；父亲则倾向于放手让孩子做，性格粗犷、豪放得多，他们会鼓励孩子冒险、探索，甚至“恶作剧”。在孩子玩耍时，母亲一般扮演旁观者和监督者的角色，而父亲则经常参与孩子的游戏，与孩子一起玩耍，这可以使孩子习得民主、自信及善于交往等良好品质。

如果说母子关系是孩子出生后建立的第一份关系，而父子关系则为母子关系之外的第一份关系，母亲给予孩子安全，而父亲则引领孩子走向世界。

父亲要充分认识自己在孩子成长中的作用，花更多时间陪伴孩子，增加自己在孩子心目当中的分量。

重点回顾

- 目前我国学前儿童家庭教养的主要问题
  - （一）对早期教育的认知不足，重物质轻心理，重认知轻人格
  - （二）隔代教育普遍，父母缺位
  - （三）父亲参与度不够
- 解决学前儿童家庭教养问题的指导策略
  - （一）正确认识早期教育的内容和方式：内容方面，家长需要树立科学的早教观，不刻意强调知识教育，注重在生活当中培养婴幼儿各方面的能力及学习品质，注重婴幼儿的心理健康和人格健全，使婴幼儿健康快乐地成长；方式方面，早期教育应以游戏化的方式进行，尽量增加婴幼儿的亲身体验
  - （二）父母注重学习，增强自己的教育能力，主动承担起教育责任
  - （三）家庭教养中重视父亲的参与

思政园地

2015 年 10 月，教育部印发《关于加强家庭教育工作的指导意见》，特别强调“家庭是孩子的第一个课堂，父母是孩子的第一任老师。家庭教育工作开展的如何，关系到孩子的终身发展，关系到千家万户的切身利益，关系到国家和民族的未来。”

2019 年 5 月全国妇联、教育部等九部门联合印发《全国家庭教育指导大纲（修订）》，其核心理念部分第一条特别强调：“家庭教育是学校教育和社会教育的基础。……家庭生活中父母对儿童的教育和影响，对其良好行为习惯、思想品德、价值

观的形成，健全人格培养等都具有基础性作用。”

解读：近几年从国家到社会都非常重视家庭教育，明确了家庭教育对国家未来人口素质和儿童一生成长的重要影响，要求全社会共同努力，不断提高家庭教育水平，保障儿童青少年的健康成长。学前教育专业学生需要具备以下思想品质：

（1）热爱我国学前教育事业，尊重每一个生命的价值，树立积极的人文精神和家国情怀，努力为国家未来人口素质的提高和每一个生命的健康成长而努力；

（2）树立大教育观，不仅要重视幼儿园教育，还要积极关注和重视家庭教育，积极与家长沟通与配合，形成教育合力，共同教育幼儿。

思考与练习

根据上述关于目前我国家庭教养主要问题的分析，想一想你身边是否接触过类似的家庭教养案例，请记录下来，并分小组讨论交流。

项目二　沟通与家园合作关系的建立

任务一　家园合作共育的重要性

课前思考

有的家长认为，父母的职责是“养孩子”，“教育”的责任就交给幼儿园老师来做，自己又不专业，这种观点对吗？

一、家园合作共育是幼儿健康成长的保障

幼儿园和家庭是幼儿成长的两个重要环境，互为补充，缺一不可。幼儿很多生活能力、良好生活习惯和优秀个性品质的培养必须依靠幼儿园和家庭共同努力，才能有效地完成。

【案例 2－1】

生活自理能力差的健健

健健今年上小班，老师发现他吃饭时不会用勺子，手拿着勺子不会转手腕，动作很僵硬，往嘴里送时总是撒饭。为了纠正他的动作老师费了不少劲。可让老师头疼的是，努力了五天，过个周末，到下周一，健健又回到了起点。跟健健的父母沟通后发现，健健在家都是奶奶喂饭。奶奶生怕健健吃不饱，整天追在他屁股后面喂，健健在家里几乎没有自己吃过饭。老师跟健健的父母说，其实吃饭是很好的锻炼孩子精细动作发育的方法。比如使用勺子，孩子需要学会转动手腕才不会撒饭，手腕的灵活性与力量又会对孩子将来握笔写字有影响，所以，需要让健健练习自己

吃饭，一方面锻炼他的自理能力，另一方面也让他的精细动作得到发育，为将来上小学做好准备。至于吃饭，孩子懂得饥饱，现在营养又好，饿不着的！健健父母一听，回家做通了奶奶的工作，放手让健健自己吃饭，健健自己吃饭的能力得到很大的提高。

吃饭并不仅仅是达到健康与营养，吃饱、吃好就可以了，吃饭的过程也是教育的过程。比如，孩子学习自己吃饭，练习自己端碗、拿勺、使用筷子等简单的技能，有助于精细动作的发展和专注力的培养；提高孩子的独立生活能力，减少对家长的依赖；还可以让孩子感受到自己的成长和进步，获得自信心和自我价值感。很多家长追着喂，甚至为了让孩子多吃点，许诺“吃了这口饭，就给你买玩具”，这会让孩子下意识地将“吃饭”当作要挟家长的手段，养成界限不清、对自己不负责任、任性、自私等不良的个性品质。

培养幼儿独立生活能力是幼儿教育的重要内容，由于家长的包办代替，很多孩子丧失了在3岁前就应该掌握基本生活能力的机会。入园后，在集体生活的影响和环境的逼迫下，幼儿的自理能力得到锻炼，但生活能力的提高和良好生活习惯的培养仍需要家庭和幼儿园的紧密合作。

【案例2－2】

拧小朋友嘴的月月

月月在幼儿园出现了攻击其他小朋友的行为，老师找月月妈妈约谈。

老师：“月月妈妈，您好！月月在幼儿园各方面表现不错，自己吃饭、睡觉都很好，上课也能认真听讲，积极回答老师的问题。但最近这段时间班里的小朋友不断反映月月打人。昨天站队的时候，月月插在了宇航的前面，宇航不愿意，请她站到后面去，两个人吵了起来，吵着吵着，月月叉着腰指着宇航说：‘你再说，我就拧你的嘴。’说完就上手拧了宇航。了解情况后，老师让月月向宇航道歉，可她就是不道歉，还大喊大叫。”

月月妈妈：“哎呀，听您这么一说，我觉得很惭愧，您说的这个场景就是我在家批评月月的样子，我一生气就会拧她的嘴，没想到她在幼儿园里拧了其他小朋友。”

老师：“噢，原来是月月在模仿您。月月这个年龄段正处于模仿学习阶段，在家里您一时生气动手拧她的嘴，她虽然在家里不敢反抗，但潜移默化地受到影响，在园里和其他小朋友接触时就会出现这种攻击性行为。”

接着，老师向月月妈妈分析了经常被父母暴力对待的孩子，到了青春期会非常逆反，对孩子的一生都有不利的影响，并进一步分析了配合型亲子关系的重要性，告诉月月妈妈一些与孩子正确沟通的方法。

之后的一段时间里，老师明显能看出月月的改变，月月也没有再出现动手打人的情况，只是性格还有些执拗。

家庭是孩子出生后的第一个生活和成长环境，家长和家庭对孩子影响最早、最直接，也最深刻。亲子关系是孩子来到这个世界上建立的第一个关系，亲子关系会成为孩子将来与他人交往的模板，孩子会模仿家长对待自己的方式对待别人。就像案例中的月月，妈妈拧她的嘴，她会拧其他小朋友的嘴。所以，父母要不断反思和修炼自己，既要言传，也要身教，用自己良好的行为影响孩子。

【案例 2－3】

不与别人交往的松松

松松是个 3 岁的男孩，上幼儿园后，老师发现松松只是自顾自地到处玩，别人和他说话他好像听不见一样，与别人没有目光交流。他胆子比较大，不害怕，也不哭，最喜欢玩的是拖地和扫地，或者到处去开门和关门，不愿意参加集体活动，幼儿园只能专门安排一个老师看着他。老师向松松妈妈反映了松松的情况，松松妈妈也很着急，但之前由于工作原因，孩子被送回了农村老家跟着奶奶长大，老人性格内向，基本不让松松出去和小朋友玩。现在刚接回身边，孩子跟妈妈不亲，妈妈也不知道该怎样教育孩子。

针对这种情况，老师理解了松松妈妈的苦衷，表示愿意和松松妈妈一起为了孩子而努力。同时，老师建议松松妈妈接纳、理解孩子的状态，孩子因为缺乏亲子依恋，不愿意与人亲近。妈妈需要多鼓励、少批评孩子，多给予孩子爱的温暖，经常拥抱孩子、摸摸孩子的头，晚上回家跟孩子玩一些身体接触的游戏，比如骑大马、夹心饼干（父母将孩子夹在中间）等，想办法让孩子笑起来，感受人际互动和游戏的快乐。老师也承诺，在幼儿园里也会给他提供更多与同伴游戏和交往的机会。

经过双方的共同努力，有一天，松松竟然愿意跟着大家一起玩“老狼老狼几点了”，还笑得前仰后合，老师的脸上也露出了开心的笑容。

这是一个“问题儿童”的典型案例，家长不懂孩子，知道孩子有问题，想配合老师改进，但不知道如何下手。现实中类似的案例比比皆是。案例中，老师给出了切实可行、十分具有操作性的改进方法，妈妈也感觉到老师的用心，十分乐意配合，家园共同努力，孩子的进步显而易见。孩子进步，父母开心，老师更开心，这就形成了正向循环。

因此，作为专业的学前教育工作者，幼儿教师不能满足于只关注孩子在幼儿园不出问题，还应在幼儿园日常工作中积极观察孩子，发现和诊断孩子成长中的问题，对家长进行专业、有效地指导。

家园合作共育是幼儿健康成长的必备条件，体现在以下方面。

（一）幼儿教育目标的实现需要家园合作共育

《指南》中指出，幼儿的学习与发展划分为健康、语言、社会、科学、艺术五大领域。以健康为例，目标是培育幼儿健康的体态、愉快的情绪、强健的体质、协调的动作、良好的生活习惯和基本生活能力等，这些目标的实现都离不开家长的参与。著名教育家陶行知认为：生活即教育。幼儿学习与发展的五大领域内容渗透在生活的方方面面，因此，有效地实现家园合作共育是幼儿健康成长的保障。

（二）幼儿“在生活与游戏中学习”的特点需要家园合作共育

幼儿是在生活与游戏中学习的，而生活，更多地在家庭中发生，家庭中的生活也更真实，持续时间更长，对培养幼儿的独立生活能力和良好的生活习惯更加重要。

（三）“紧密的亲子关系”使家园合作不可或缺

父母为幼儿带来了生命，满足他们的基本需求，为他们创造了生命之初的安全感，所以，他们热爱和信任父母，也更乐意接受父母的教导。当家长和教师要求不一致时，孩子更愿意相信家长的话，所以，如果家长不配合，教育效果很难达成。

（四）幼儿社会性发展的需要和家长教育水平参差不齐使家园合作不可或缺

从幼儿社会性发展来说，幼儿也需要建立家庭之外的社会关系，如师生关系、同伴关系，这是单独的家庭生活，特别是独生子女家庭无法完成的。另外，许多家长并不完全了解儿童的成长规律和学习特点，在教育观念、教育知识和教养行为方面都缺乏基本的常识，使幼儿出现许多偏差行为。通过家长参与幼儿园活动等家园共育形式，幼儿教师可以帮助家长提高教养能力，家园共育让幼儿健康成长效果更显著。

家园合作共育的成效得到了实证研究的支持。华东师范大学李生兰教授在2000年进行过一项研究，把父母参与幼儿园教育的程度（以父母参与幼儿园教育活动为代表）从强到弱依次分为“总是”“经常”“一般化”“有时”“很少”五个层次，把幼儿发展水平在班级中所处的位置依次分为“上层”“中上层”“中层”“中下层”“下层”五个层次。结果发现，不论是父亲还是母亲，如果他们总是参与、援助、配合幼儿园活动，那么他们孩子的发展水平在班级大多处于“上层”，从而提出了父母要加强与教师的沟通与联系，以促使幼儿得到最大程度的发展。同理，教师也要加强与家长的沟通与联系，以取得更好的家园共育效果。

为明确幼儿教师的家庭教育指导职责，我国学前教育的法规和文件都针对家园合作共育提出了明确的要求：

《幼儿园工作规程》第三条明确规定：幼儿园除了要教育好幼儿之外，还要“同时面对幼儿家长提供科学的育儿指导”。第四十一条幼儿园教师职责规定：幼儿教师要“与家长保持经常联系，了解幼儿家庭的教育环境，商讨符合幼儿特点的教育措施，相互配合共同完成教育任务”。

《幼儿园教育指导纲要（试行）》第三部分“组织与实施”第八条规定：“家庭是幼儿园教师的重要合作伙伴。应本着尊重、平等的原则，争取家长的理解、支持和主动参与，并积极支持、帮助家长提高教育能力。”

教育部2012年颁布出台的《幼儿园教师专业标准（试行）》第58条规定：幼儿园教师要“与家长进行有效沟通合作，共同促进幼儿发展”。

所以，幼儿教师必须明确，指导家长、开展家园合作共育是自己的职责，要不断学习，提高自己的家庭教育指导能力，有效完成指导任务。

二、家长拥有强大的、待开发的教育能力和资源

教育是一个系统的工程，单靠幼儿园是无法独自完成的。家长拥有强大的、待开发的教育能力和资源，可以分两个层面来看。

（一）每位家长都是教师的助手，是幼儿的个别指导教师

父母是孩子最亲密的人，对幼儿有较深入和细致的了解，这使得父母能从幼儿的实际情况出发，根据幼儿已有的知识经验、个性特征，有的放矢，因材施教。

在一般情况下，幼儿的家庭生活条件不会有太大变化，教育过程不会中断，有着特殊的连续性。在这个熟悉的环境中，婴幼儿与父母有较为稳定的亲子依恋关系，愿意听从父母的教导，父母一贯的要求和有效引导可以帮助幼儿形成和巩固良好的行为习惯。这些都是幼儿园的集体教育所无法比拟的。因此，教师需要带动和激发家长的教育积极性，给予家长一定的专业指导，使家长成为教师的助手，成为幼儿的个别指导教师。

（二）调动家长资源，服务于更多幼儿

家长不仅可以教育自己的孩子，还可以将有专长的家长请进幼儿园，担任志愿教师的角色，组织班级特色活动。这可以丰富孩子们的生活、开阔孩子们的眼界、活跃孩子们的思维，有助于孩子的全面发展。比如，可以请做医生的家长为幼儿组织一节医学卫生课，让孩子知道讲卫生的重要性；做面包师的妈妈可以带领大家做面包、蛋糕，增强孩子们的动手能力，使孩子们在品尝自己的劳动成果中感受喜悦；在消防队

工作的爸爸可以给孩子们上一节安全防火知识课，让孩子们学习如何在灾难面前保护自己等。当然，内容方面并不局限于实用知识，有位爸爸很喜欢养蛐蛐，他就把自己养的蛐蛐带到幼儿园，带领孩子们观察“斗蛐蛐”，并教给孩子们识别哪些蛐蛐更强壮，讲解一些逮蛐蛐的方法和趣事，孩子们很喜欢。形式也不局限于讲课，比如，从事园林工作的家长可以组织幼儿户外活动，在出版业工作的家长可以带领孩子们了解一本书的出版流程，这些都是非常好的实践活动。

其实，家长们十分乐意贡献自己力所能及的教育力量，只不过需要教师作为伯乐，拥有一双发现“其实每个父母都是千里马”的眼睛。

重点回顾

- 家园合作共育是幼儿健康成长的保障
  - (一) 幼儿教育目标的实现需要家园合作共育
  - (二) 幼儿在“生活与游戏中学习”的特点需要家园合作共育
  - (三)“紧密的亲子关系”使家园合作不可或缺
  - (四) 幼儿社会性发展的需要和家长教育水平参差不齐使家园合作不可或缺
- 家长拥有强大的、待开发的教育能力和资源
  - (一) 每位家长都是教师的助手，是幼儿的个别指导教师
  - (二) 调动家长资源，服务于更多幼儿

思考与练习

请根据本节课学习内容，分析下列观点：

(1)“教育好孩子，需要幼儿园和家庭双方共同努力，只靠幼儿园和老师的力量是不够的。”

(2)“教育孩子时，教师并不孤单，每一位家长都是我们的助手，是幼儿的个别指导老师。”

任务二　合作是家园共育的基础

课前思考

有的家长认为，我缴纳了托儿费，教师就应该为我们服务好，于是一味要求教师满足自己的要求，这种观点是否正确？为什么？

一、家园关系不是商业服务关系，而是合作关系

曾经有一位在幼儿教师岗位工作了近40年的老教师写过这样一段话：

“我最不喜欢听到的一个词是服务，尤其是说，我们是服务于家长的。家长在教育上并不专业，如果我们只是服务于家长，那是不是就等于让家长牵着我们的鼻子走呢？我们是不是就会沦为高级保姆呢？作为专业的幼儿教师，我们首先是服务于教育的，必须始终坚持教育的原则。如果家长的要求与教育原则相悖，在向家长充分解释和说明之后，我们可以委婉地拒绝。我们应该做家长教育理念和方法的引导者。”

这位老教师的话澄清了教师的服务对象应该是教育本身而非家长。虽然幼儿家长需要向幼儿园交纳一定的托儿费，但幼儿园与家长并非纯粹的商业服务关系。如果说教师是服务者，他们对家长提供的是教育专业服务，那么他们首先应该履行的职责是教育，必须遵循教育科学规律做事，教育好孩子，而不是让家长满意。如果只是服务家长，让家长满意，有可能违背教育的原则，因为家长不是专业教育人士，他们的观念很可能是不正确的。

所以，家园关系应该是在教育原则框架下的合作共育关系，以教育好孩子为共同目标，不是为了让谁满意，双方需要相互信任、精诚合作、共同努力。

以下为一个幼儿教师分享的家园沟通实例。

【案例 2－4】

别人不能碰他

坤坤是大班的男孩，他吐字不清，也很少说话，不能和别人有身体接触，如果有人碰他或者拉他手，他立刻甩开，然后使劲擦手，好像别人很脏一样。有一次刚接手这个班的班主任李老师不知道情况，拉了他一下，他很厌烦地皱眉甩开。坤坤被爸爸逼着问老师好的时候，声音很小而且眼睛躲闪、不看人。他虽然长得很高，但特别瘦，只吃白米饭或者馒头，只喝纯米的稀饭，不吃水果。他特别喜欢绘画，似乎总是在画画，但多以黑色为主，有时候画得密密麻麻，重复的图案让人看了眼晕。他的脾气特别怪，教过他的小班、中班老师都说他很不合群，性格孤僻，不理人。孩子每天基本都是奶奶接送，李老师尝试了解他的家庭情况，可奶奶回避孩子的问题，李老师本来想建议奶奶去儿童医院查查看是否有问题，结果换来他奶奶的白眼和指责，吓得李老师不敢再说。

于是李老师就从孩子入手。每天多观察他的行为举动，发现他虽然不爱交流但心地善良，有一次无意间看到他扶起小班的一个小朋友，还耐心地领着她上台阶，虽然过后使劲地擦手。李老师抓住这个机会在班里表扬了他，并请他以后上下楼梯时领着那个小妹妹，他虽然面无表情也不看老师，但李老师看到他眼睛发亮，心里是高兴的。李老师发现他喜欢做手工，就单独在手工时间和他交流，慢慢地他总是跟着李老师，虽然不说话但是李老师摸他的时候他不再躲了。李老师利用家长会的机会终于见到了他爸爸，和他长谈了一次，委婉地说出孩子出现的一些异于其他孩子的行为问题，如太挑食，不能与人有肢体接触，不爱说话，也不与别人交往等，家长也说发愁，李老师趁机说让家长在家多和孩子交流，比如可以朗诵五言古诗，练习说话发音，每天十分钟就行，为上学打好基础。家长很高兴地接受了。老师们在班里也特别关照他，给他更多的关注和拥抱，慢慢地他习惯了李老师的拥抱，但不是所有人都可以。

最大转机出现在春节之前，他爸爸想带他去理发，他死活不去，闹了好几天，上幼儿园时也不停地发脾气。李老师和班里的保育老师想了一个办法：给保育老师剪刘海，并一连几天给班里几个老师的孩子剪刘海，还问他们疼不疼，剪完以后是不是更好看更精神了。李老师还说："我的孩子最讨厌去理发店，那个推子一响他就哭，所以都是我用剪刀给她剪，所以我的技术很好。"李老师瞄见他点头而且一直看着自己，就说："要不你也试试我的手艺？如果觉得不好我立刻停止，好吗？"他说"好吧”。于是两个老师一边夸他懂事一边给他剪头发，剪了半个小时他都没有动。剪完后问小朋友们好看吗？小朋友们都说好看。他笑着说：“谢谢老师。”这是老师第一次见他笑，虽然只是笑了一下。李老师立刻抱住他说不客气，他居然脸红了，不过没有推开老师，保育老师趁机也要求抱抱，他也同意了。放学时听到他大声对奶奶说：“老师给我剪头了，一点也不疼。”他奶奶第一次笑着和老师说“谢谢老师，再见”。李老师知道家长和孩子终于认可了自己。后来的半年，家长和老师的互动多起来，慢慢地李老师针对坤坤制订了一些家庭配合的教育方法和措施，家长也很高兴地配合。毕业时坤坤主动过来和李老师说他喜欢老师，舍不得老师。

李老师觉得这种孩子首先要多关心，关注他的心理需求，多给他温暖和爱，让孩子感觉到你对他的爱，能走进他的心里他才会信服你，听你的建议。再就是多发现他的长处，帮他树立自信，同时多表扬，鼓励他和一名幼儿交往，帮助他找到与人交往的方式，不能操之过急，要等待他一点点地改变，更宽容地对待他。

从上面的案例中，我们不得不佩服幼儿教师的伟大。这位老师在家长不理解、不配合的情况下，默默地关注和鼓励孩子，帮孩子打开紧闭的心扉，一点点接受老师，与他人建立良好的关系，慢慢走上正常的发展轨道。

在家园合作的过程中，教师是经过专业训练的教育工作者，当家长教育观念不正确、教育方法不科学时，需要耐心地指导家长。尽管有时家长不理解、不配合，但为了孩子，幼儿教师也要接纳和包容家长，在耐心等待家长理解和想尽办法帮助家长成长的同时，想办法帮助孩子。因为孩子的成长是不能等的，这就是幼儿教师的情怀和伟大。就像足球场上队员间的合作，不管踢哪个位置，相互的支持和补位是必需的。

所以，老师的努力和付出不是家长交纳的托儿费能够衡量的，不是一般的商业关系能做到的。所以家园关系不是简单的商业关系，而是合作关系，教师和家长需要为了孩子们健康成长的目标共同努力。

二、建立家园合作关系的要素

要想实现家园合作，需要双方努力具备以下四个要素。

（一）目标一致

合作需要共同的目标，否则无法合作。在家园合作关系中，共同的目标即为帮助幼儿健康成长，这一点是毋庸置疑的。家长是非常爱孩子的，对自己的孩子怀着深入骨髓的浓烈亲情，从孩子一出生就把孩子放在家庭的第一位，精细地照料，希望孩子身心健康地成长，更希望孩子一生顺利幸福。幼儿园教师经过专业学习和训练，深知幼儿阶段教育对个人一生成长和国家未来人口素质提高的重要性，在理性层面希望把本职工作做好。在与孩子们朝夕相处的过程中，教师又会被孩子们的纯洁可爱感化，生发出母爱一样的感情。所以，不管是家长，还是教师，孩子们健康成长是他们最大的心愿。这个一致的目标是家园合作的基础。

（二）统一的认识和规范

为了合作顺利进行，合作者还需要在联合行动中遵守共同认可的行为规范和原则，也就是对目标实现的途径和具体步骤有基本一致的认识。

虽然家长和教师的目标都是为了孩子健康成长，但如何实现这个目标有的家长可能和教师存在不同的观念。因此，需要教师加强与家长沟通，统一教育方法和路径，才能有效地实现家园合作共育。

前面我们说，家长和老师目标一致，都希望孩子健康成长。但怎样才算健康成长？健康成长的标准、要素有哪些？要通过什么样的方法实现这个目标？家长和教师可能存在一定的分歧。家长可能更多地关心孩子生活上是否被细心地照顾，过得是否开心，而老师不仅要照顾好孩子的生活，更希望孩子通过自己做的过程，提高生活自理能力；老师不仅关心孩子是否开心，更重视孩子在生活中学会应对挫折、克服困难、乐于挑战，以及学会与人合作、遵守规则、融入集体生活等能力的培养，为孩子独立自信和参与同伴交往做好充分准备。

所以，在“帮助孩子健康成长”的实现途径和具体步骤方面，家长和老师还是存在比较大的差异，因此会产生很多的矛盾和问题。请看以下案例。

【案例 2－5】

扣子扣错了

一个中班的家长在看班级监控时，发现女儿在幼儿园中午起床之后，衣服的扣子扣错位了，衣服下边缘一边长一边短，于是非常生气，马上打电话给园长，质问老师是怎么照顾孩子的，孩子衣服扣子扣错了，也不管，老师这么不负责任。当园长把这个情况反馈给班里的老师之后，老师说，她看到这个小女孩把衣服扣错了，她认为这个问题不会影响孩子的安全，也无伤大雅，所以没有马上给孩子纠正。而且，她还故意把自己的衣服也扣错了，然后引导全班小朋友观察她们穿的衣服哪里不对劲，通过小朋友仔细的观察和七嘴八舌的讨论，引导孩子们探索“一一对应”的关系，又引导小朋友思考和讨论，以后穿衣服的时候怎样找到上边缘，一一对应地扣扣子才不会出错。

上述案例中的家园矛盾就是老师和家长的教养观念不同造成的。家长把老师当保姆，希望老师能替孩子扣好扣子，而教师秉持“让孩子在生活中成长”的理念，更重视幼儿自理能力的培养，让孩子学会自己扣扣子。还把这个小错误当作孩子学习和成长的良好契机，引导孩子们探索了一一对应的数理逻辑关系。

家长大多没有受过正规的教育专业训练，对于幼儿阶段的成长任务并不了解，难免在家庭教育的观念和方法上存在误区。教师是受过专业训练的专业人员，需要更多地与家长沟通，适时指导家长掌握科学的教育方法，必要时可与家长分享《指南》，引导家长明确幼儿成长的目标。这样既能减少家长对教师的误解，也可以帮助家长担负起家庭教育的责任，共同完成教育幼儿的目标。

（三）相互信任的合作气氛

信任关系是可以自由表达自己的思想和感受的关系。教师如果发现孩子有什么问题，会很愿意向家长提出来，家长也十分乐意听取教师的建议，并不觉得难为情或者心理上有阻抗，认为教师在推卸责任或者不喜欢自己的孩子。同时，家长相信教师是全心全意为了孩子好的，自己如果对教师有意见或者对孩子在幼儿园的生活有疑虑和困惑，直接向教师询问并获得解答。那就说明教师和家长在这份关系当中，都可以感受到支持和滋养，可以得到相互的理解和接纳，都可以做真实的自己。在这种无障碍沟通中，教师会积极理解和支持家长，家长也愿意配合老师、全心全意地支持老师的工作。亲师合力教育孩子，孩子也会成长得更加顺利。

在家园合作关系建立的过程中，作为沟通的主导方，教师发挥着更重要的作用。在家园合作过程中，教师在努力做好自己的本职工作，让家长放心并取得家长信任的同时，还需要学会与家长共情，并把握一系列的沟通原则、方法和心态，后面两个任务我们将在下一个任务中进行详细阐述。

（四）具有合作赖以存在和发展的物质基础

教师和家长每天都会以孩子为纽带不断沟通、配合工作，幼儿园是亲师合作关系发生的最佳场所，可以举办一系列的亲子活动、座谈会、开放日、家长进课堂、家庭教育讲座等，为家长参与家园合作共育提供机会和平台。

综上所述，家园合作关系的建立既要具有比较好的物质基础，也要有共同的目标，这是家园合作关系建立的前提保障。为了家园更好地合作，幼儿园一方面要加大科学家庭教育知识的宣传，使家长在教育孩子的理念和方法上与幼儿教师形成统一的认识和规范；另一方面要向家长宣传幼儿园和教师的工作，提高家长对幼儿园和教师的信任度。同时，教师要掌握共情沟通技术，通过沟通与家长建立相互信赖的合作关系，才能真正实现家园合作共育。

- **重点回顾**
  - 家园关系不是商业服务关系，而是合作关系
    - （一）教师服务于教育，而不是服务于家长
    - （二）教师因受过系统专业的训练，需要担负起向家长普及家庭教育知识的责任，共同完成教育幼儿的目标
    - （三）教师和家长需要为了孩子的健康成长相互补位，尽己所能去对孩子的成长施加积极影响
  - 实现家园合作关系的要素
    - （一）目标一致：需要教师和家长统一教育目标
    - （二）统一的认识和规范：需要教师加强与家长沟通，统一教育方法和路径，共同达成教育目标
    - （三）相互信任的合作气氛：作为沟通的主导方，教师需要学会与家长共情，并把握一系列的沟通原则，方法和心态
    - （四）具有合作赖以存在和发展的物质基础：幼儿园可以举办一系列活动，为家长参与家园合作共育提供机会和平台

思考与练习

请判断下列情景中家园合作关系哪里出了问题，提出改进的办法。

（1）有的家长认为，公立幼儿园啥也不教，光知道瞎玩。

（2）每两周，幼儿园会让孩子把被褥带回家换洗，王老师倡导让孩子自己拎被褥锻炼孩子的自理能力，可有的家长舍不得让孩子拿，总是代劳。

（3）有位家长看视频时，发现老师“打”了孩子一巴掌，于是不依不饶，后来才弄明白，原来老师是在帮孩子打蚊子。

任务三　共情沟通的策略与方法

课前思考

教师是太阳底下最光辉的职业，教师一心为了孩子，为何家长却经常不愿意配合教师的工作？

在当前社会日益重视家庭教育、倡导家园共育的今天，家园沟通显得格外重要。但媒体报道中不断出现的家园矛盾事件却是家园合作中最不和谐的音符，给家园共育带来困难。

调查研究发现，家园沟通中存在着教师和家长沟通不畅，相互不理解、不信任等诸多问题。老师抱怨，有的家长真难沟通，讲了那么多家庭教育的理念、方法和建议，一点都听不进去；家长抱怨，现在孩子一有事就找家长，要求家长好好管管孩子，那还要老师干什么。似乎，双方都在责怪对方推诿教育责任，没有尽到自己应有的教育义务。

那么，怎样与家长正确地沟通就成为幼儿教师必须掌握的技能。

在人际沟通中，共情有利于建构温暖的人际关系，缓解冲突，幼儿教师学习和掌握共情沟通的方法，有利于开展家园沟通工作，与家长建立信赖的合作关系。

一、共情的概念及内涵

所谓共情，即设身处地地站在别人的立场上去体会和理解他人的感情、需要和意图。

在家园沟通中，幼儿教师共情则是指教师和家长就幼儿的各种教育问题进行交流时，教师能够恰当理解家长的内心体验和观点，并且能把这种理解传递给家长。从沟通学的角度出发，有效的沟通需要沟通双方都能获得平等的、被尊重的感觉，从而更能调动沟通者的积极性，使沟通双方从沟通中获得自身的价值体验。比如，家长获得教师的认同，教师获得家长的支持等，都是促进和谐沟通的重要因素。但在这里，我们强调的沟通主体是幼儿教师，期待通过教师的专业引导，来帮助家长探索有效的育儿方法，树立正确的育儿理念等。

共情能力是个综合体，包含认知、情感和行为三个维度。认知共情是指教师在和家长的沟通中，能够理解家长的想法，预测家长的动机和愿望；情感共情是指教师能够理解和感受家长的情绪体验；行为共情是指教师能够向家长提供他们所需要的帮助。

心理学家卡科夫将共情分为五级水平，下面我们将通过实际沟通案例进行分析：

水平一：对沟通信息没有理解，只是简单告知。

妈妈："王老师，鹏鹏的脸蛋右侧怎么这么红呀？"

老师："脸红吗？啊，可能是蚊子咬的，没事的。"

水平二：对沟通信息从认知层面进行理解，但是忽视了情感情绪。

妈妈："哎呀，鹏鹏，怎么你脸上有道划痕呀？是别人欺负你了吗？"

老师："啊，是这样，今天在图书角看书的时候，鹏鹏伸手就去拿丽丽正在读的一本书，丽丽不肯，把书往后一拽，不小心划到鹏鹏的脸一下，没事的！"

水平三：对沟通信息从认知、情感两个层面来理解，但没有指导。

妈妈："哎呀，鹏鹏，怎么你脸上有道划痕呀？是别人欺负你了吗？"

老师："啊，是这样，今天在图书角看书的时候，鹏鹏伸手去拿丽丽正在读的一本书，丽丽不肯，把书往后一拽，不小心划到鹏鹏的脸一下，没想到划得还挺重，当时我也很心疼，还用冰袋给他敷了好一会儿！"

妈妈："哦，是这样啊！"

老师："是的，鹏鹏妈妈，您看到孩子脸上有伤，一定很心疼吧，到家再给孩子敷一下。"

水平四：对沟通信息全面了解，并给出指导意见。

……（前面内容同上）教师说完，家长叹了口气。

妈妈："这孩子就是这样，想要什么就得马上得到，不给就抢，都是我们太宠他了。"

老师："所以，下午我们就在班上讲了一个怎样请求别人和自己分享玩具的故事，然后还让小朋友一块讨论。"

妈妈："谢谢老师，我们在家里也不能太顺着他了。"

老师："是，在幼儿园里抢东西是很危险的。您回家也得好好管管他。"

水平五：对沟通信息全面了解并理解，并给出具体化的指导意见。
……（前面内容同上）
老师："下午我们就在班上讲了一个怎样请求别人和自己分享玩具的故事，然后还让小朋友一块讨论。"
妈妈："谢谢老师！"
老师："还建议您在家里做各种交往情景的演练，教给他正确地向别人发出请求的方法。有了正确的方法，他就不会去硬抢了。"
妈妈："好的，谢谢您，老师！"

综合来说，卡科夫共情水平的五个层级为：

水平一：仅有少量的认知共情。

水平二：可以做到认知共情。

水平三：可以做到认知共情和情感共情。

水平四：可以做到认知共情和情感共情，并进行部分指导。

水平五：可以做到认知共情和情感共情，并进行具体的指导。

共情五级水平的示意图如图 2－1 所示，可以帮助大家理解。

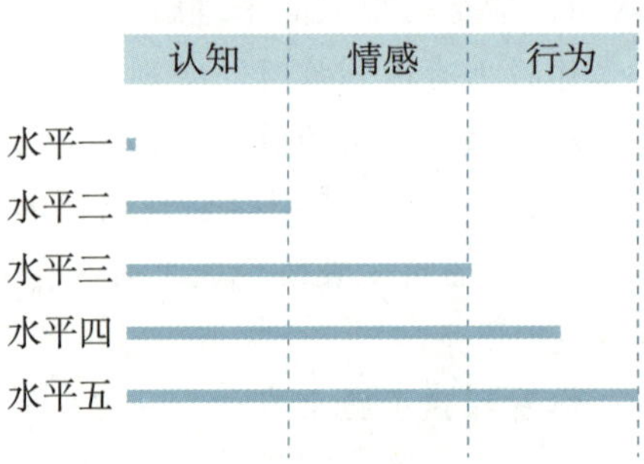

图 2－1　共情五级水平示意图

二、共情的操作流程

了解了共情的相关知识后，如何做到共情呢？共情操作可以分解为五个环节：

积极倾听 → 识别表情 → 体察感受 → 表达共情 → 解决问题

环节 1：积极倾听

先扫码阅读教师与家长沟通的情景 2－1 和情景 2－2，情景中的两位老师对家长主动来反映的问题做出了不同的沟通回应。

情景 2－1　　情景 2－2

课堂讨论：

看完上面两段对话后，请分组讨论：

（1）两位老师在接待家长时，专心程度和态度分别是怎样的？她们分别说了什么？家长离开时的感受是什么？你觉得家长是否满意？

（2）你认为哪位老师做到了积极倾听？

参考答案 2－1

倾听是接收口头和非语言信息，确定其含义并及时做出反应的过程。在倾听过程中，倾听者需要做到身体和心理专注，这是一个积极参与的过程。

（一）身体专注

身体专注（非语言行为）指倾听者的全身姿势，传达出他对叙说者的关切，愿意聆听与陪伴。一般有下列五要素。

（1）面对叙说者：倾听者要将身体朝向叙说者，给叙说者传递的信息是，你与他同在，是一种表达投入的姿态。

（2）开放的身体姿势：这是一种显示接纳和包容叙说者的态度，有利于叙说者敞开心扉，增加安全感。

（3）身体稍向前倾：我们经常看到两个亲密交谈的人上身自然地向对方倾斜，它是一种体现关切的交流手段，表达了你正全身心地投入到叙说者所诉说的问题上来。

（4）保持良好的目光接触：眼睛是心灵的窗户，倾听时眼睛看着对方，可传达对叙说者的关切、支持与重视。但是，倾听者不能长时间地直视叙说者，以免使对方产生压迫感。

（5）身体姿势放松自然：放松自然的身体姿势能够传递出倾听者的平和、安详、自信，叙说者会感到安全并放松。

（二）倾听者的心理专注与倾听

（1）倾听并非仅仅是用耳朵听，更重要的要用脑子、眼睛、心去听。用耳朵去听叙说者说话及其语调；用脑子去领会话语中潜在的信息；用眼睛去注意叙说者的身体姿势等非语言信息与行为；用心去设身处地地感受。

（2）不仅听，还要有适当的反应。反应既可以是言语性的，也可以是非言语性。

（3）倾听更重要的是理解叙说者所传达的内容和情感，不排斥、不歧视，把自己放在叙说者的位置上来思考，鼓励其表达和诉说。

古希腊哲学家第欧根尼说：“上帝给我们两只耳朵，一个舌头，为的是让我们多听少讲。”在每天的沟通过程中，倾听占有重要的地位，我们花费在倾听上的时间，要超过其他沟通方式许多。积极倾听是共情的第一步，它既能让我们通过倾听充分了解对方传递的信息，达到认知共情，又是一种最好的情感共情方式，表达了对对方的充分接纳和尊重，使沟通更顺畅，我们能从沟通效果中明显体会到积极倾听的重要作用。只有教师放下自己，愿意倾听家长，才有可能达到共情。

倾听练习：

● 鸡同鸭讲：学生分成两组，两两结对成甲乙两方，甲方先向乙方分享自己成长中最难忘的经历，乙方以爱听不听、漠然处之的态度回应，然后角色互换，体会自己的感受。

● 看我听我：要求一人扮演说话者的角色，另一人扮演倾听者，要求倾听者根据倾听技术的要求积极倾听，之后叙述说话者所说的内容，以及说话者的内心感受，然后角色互换。

● 最佳倾听：要求学员摆出几种倾听时最佳的身体姿势，拍成照片，然后让学员自己对照片进行解释，主要介绍为什么会有此种姿势，为什么会是最佳姿势。

环节 2：识别表情

要做到共情，还要能够准确地判断对方的情绪和感受是什么。那么，我们通过什么来判断一个人的情绪和感受呢？首先是通过对方的表情。

“真相尽在我们脸上”，表情可以透露出一个人内心的很多信息。在与家长沟通的过程中，教师需要注意观察家长的表情，来调整自己谈话的方向。

参考答案 2－2

美国心理学家保罗·艾克曼列出 7 种基本的面部表情。有相当多的研究表明，这 7 种表情可以在全世界被识别并做出来。

表情识别练习 1：

请解读下面的表情分别表达了什么情绪。

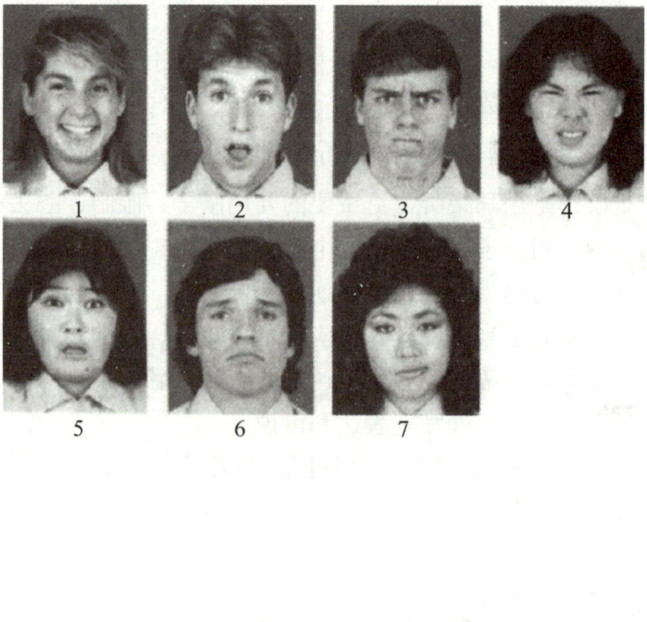

最基本的情绪特征已经告诉大家了，在以后的沟通中，一旦对方出现了嘴角下拉、眼睛微眯的表情，那就意味着你该换话题了。

表情识别练习 2：

情绪猜猜猜：先让一部分同学作出某种情绪反应，然后定格，另一部分同学进行情绪的识别，然后轮换。

第一组：高兴、喜欢、满意、兴奋；

第二组：好奇、吃惊；

第三组：着急、生气、愤怒、无奈；

第四组：心疼、悲伤、痛苦、伤心；

第五组：厌恶、尴尬；

第六组：羞愧、恐惧。

美剧《别对我说谎》讲的就是美国联邦调查局根据罪犯的微表情破案的故事，娱乐的同时可以学到不少有关微表情的知识，值得一看。

视频 2－1：《别对我说谎》片段

除了面部表情可以识别家长的情绪之外，教师也可以根据家长在沟通中的身体姿势、声调以及用词造句去推测家长在沟通中的情绪或心理状态。这一点可以在日常生活中练习。

环节 3：体察感受

通过观察到的表情，我们可以知道别人的感受是什么。但是，有时候，家长可能喜怒不形于色或故意掩饰自己，没有通过表情显露出自己的情绪，教师要试着站在家长的立场“感同身受”，体察家长可能有的情绪和感受。比如，前面情景中讲到的，“孩子辫子被绑得太紧了，疼了一下午；汤被喝掉了，孩子没有喝到汤”，我们可以把自己想象成这个孩子的妈妈，感受这位妈妈可能产生的情绪：如心疼、着急、生气、担心，等等。心疼的是孩子前一天受了疼痛和委屈；着急的是老师不知道这个事，着急告诉老师；有点生气的是老师竟然对孩子的情况没有觉察，让孩子疼了一下午；担心的是，孩子胆小，担心孩子会再次遭受类似伤害。

角色体察练习：

请同学们想象你是下面孩子的妈妈，你会有什么样的感受？

情景一：接孩子时，明明妈妈发现明明的鼻子磕破了，老师告诉明明妈妈是明明在操场上跑得太快，不小心摔倒了。明明妈妈的感受和情绪可能有哪些？

情景二：开放日活动中，老师给家长们上了一节公开课。别的小朋友都在认真听课，只有轩轩一直到处乱跑、乱说话，轩轩妈妈的感受是什么？

情景三：宁宁总是不愿意上幼儿园，每天妈妈送他到幼儿园他都会撕心裂肺地大哭大叫，还抱着妈妈的脖子不肯下来。宁宁妈妈的感受如何？

情景四：晨检时兰兰被查出手心有红点，老师让家长带孩子回家观察，但兰兰妈妈说家里没有人看孩子，自己还要着急上班，请求让孩子留园。老师为了保护所有孩子的安全，坚持让兰兰妈妈把孩子带走，于是双方发生争执，兰兰妈妈的感受如何？

参考答案 2-3

环节 4：表达共情

做到对别人表情的识别和情绪体察之后，想让对方知道你懂他、理解他，就需要共情的表达。共情只有表达出来，才能达到拉近人际距离的效果，所以这个环节非常关键。

孩子受伤了，教师体会到了家长的心疼，如何表达给家长呢？

教师可以说：

“看到孩子受伤了，您一定很心疼吧？我当时看到孩子受伤了也很心疼。这次是由孩子们争抢玩具引起的，这种事情我们以后一定会尽最大努力避免。”

教师对孩子受伤的事实和家长的心情进行了描述，也说了自己的感受并表明如何处理，家长听了就会感觉比较放心。由此，我们可以推导出一个表达共情的公式：

描述事实＋对方的感受＋自己的感受＋表达安慰＝表达共情

共情既是一种态度，也是一种能力。作为态度，它表现为一种对他人的关切、接受、理解、珍惜和尊重；作为一种能力，它表现为能充分理解别人的心情，并把这种理解以关切、温暖、尊重的方式表达出来，让对方知道你懂他，你能理解他。

共情表达练习：

请针对前面体察感受的案例，进行共情表达练习。

参考答案 2-4

环节 5：解决问题

共情包括认知共情、情感共情和行为共情。前面的几个环节是在进行认知和情感共情，而此环节是行为共情。“通情”才能“达理”，只有与家长在充分共情的基础上，再一起分析问题，探讨解决问题的方法，家长才愿意听。

共情水平识别练习：

请同学们扫码阅读情景 2-2 和情景 2-3 中教师与家长的沟通对话，根据卡科夫的共情理论，分析两位老师的沟通分别处于哪一级水平并说明原因。

情景 2-3　　　　参考答案 2-5

五级水平的共情包含认知、情感和行为三方面的共情，体现了老师的沟通能力和水平。只有做到认知共情，才能充分沟通信息，达到彼此了解；只有做好情感共情，才能让家长感到被理解，保持沟通顺畅；只有做好行为共情，才能从根本上帮到孩子，最终解决问题。当然，教育好孩子是家长最大的心愿，帮助家长教育好孩子，才是对家长最大的共情。

共情的流程如图 2-2 所示。

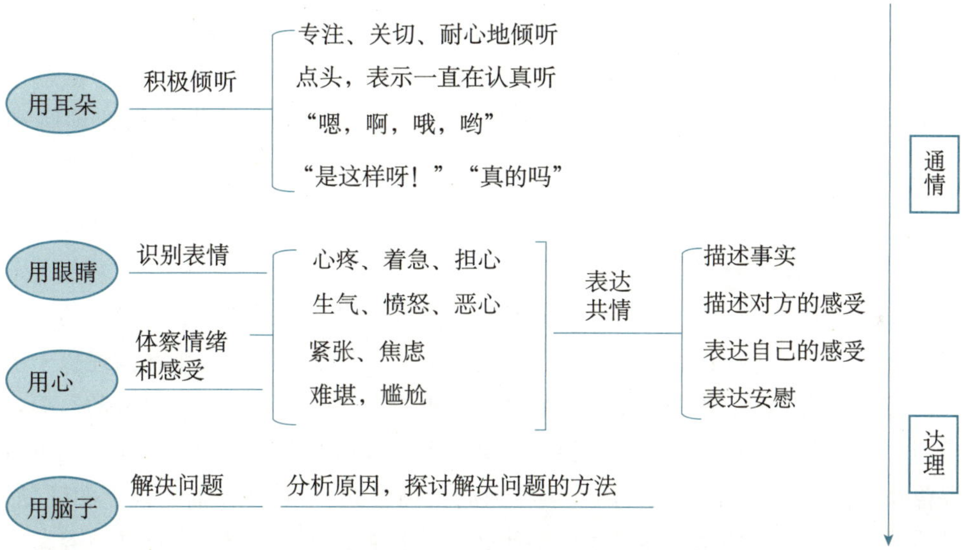

图 2-2　共情的流程

三、共情的要点

（一）积极倾听要“认真”

再回看一遍积极倾听的两个情景，不难总结出积极倾听需要注意的几个关键点：

第一，教师需要放下自己的事，面对家长认真听。这种认真听的姿态会让家长感受到被重视，为沟通打开一扇门，同时，也为教师倾听家长做好了准备。

第二，在听的过程中，教师需要积极回应，可以用肢体语言回应，比如专注的眼神、不断点头等，表示自己一直在洗耳恭听；也可以用语言回应：“嗯”“啊”“哦”“哟”“是这样啊！”“真的吗！”

在沟通中只要充分尊重别人、重视别人，那么积极倾听并不难，可以在日常人际交往中加以练习。

（二）识别表情要练习

成人往往十分善于掩饰自己的情绪，不轻易展露自己的表情。微表情往往是不经意的、轻微的，因此需要教师善于观察和捕捉。

另外，肢体动作也是很好的观察情绪的方式。比如，双手抱在胸前，表示不安全或回避交流；不停地看表、打哈欠，表示对沟通厌烦。

情绪是人类共通的语言，要想做一个对别人情绪敏感的人。可以通过观察和感受自己产生各种情绪时的表情、动作，通过积累的相关的图式经验，练就感受他人情绪的能力。

（三）体察感受自己人

老师要站在家长的角度，感受孩子的问题，对家长的情绪“感同身受”。同时，也要让家长真切地感受到：老师和家长一样，是一心为了孩子好，愿意为孩子的成长付出努力，是“自己人”，这样才能在最大程度上获得家长的理解和支持。比如，教师在表达时可以说“咱孩子”，一个“咱”，就会让家长觉得：老师是自己人！

（四）表达共情多描述

从表达共情的公式中可以看出，教师需要多描述事实，描述自己感受到的家长的感受和自己的感受，描述处理的方法等，尽可能减少评价。有的老师在描述孩子的问题时，喜欢给孩子扣上各种帽子，比如“调皮捣蛋”“胆小”“任性”“多动”等，家长听到这些负面评价内心会十分抵触，就会关上了沟通的大门。印度哲学家克里希那穆提曾经说：“不带评论地观察是人类智力的最高形式。”教师在描述孩子的问题时，尽量站在中立、客观的角度描述发生了什么，不要加上自己的评论，这样更容易使家长接受。

（五）解决问题要透彻

孩子的行为问题往往有着深层的心理原因，因此解决问题也不能仅仅停留在行为层面，要透过现象看本质，挖掘行为问题的心理原因及背后父母错误的家庭教养方式，比如孩子打人，并非仅仅告知孩子“不可以打人”就能解决问题，需要了解孩子攻击性行为背后的原因，引导父母发现哪些错误的家庭教养方式导致孩子出现好打人的行为，并有针对性地提出解决问题的策略和方法。

重点回顾

- **共情的概念**
  - 设身处地地站在别人的立场上去体会和理解他人的感情、需要和意图
- **共情的水平**
  - 水平一：仅有少量的认知共情
  - 水平二：可以做到认知共情
  - 水平三：可以做到认知共情和情感共情
  - 水平四：可以做到认知共情和情感共情，并进行部分指导
  - 水平五：可以做到认知共情和情感共情，并进行具体的指导
- **共情的操作流程及要点**
  - （一）积极倾听：积极倾听要“积极”，用专注的眼神、不断点头等，表示认真倾听，同时也可以用语言回应：“嗯，啊，哦，哟”“是这样啊！”“真的吗！”
  - （二）识别表情：识别表情要练习，因为成人往往善于掩饰表情，微表情往往是不经意的、轻微的
  - （三）体察感受：体察感受时要站在“为了孩子”好的角度，与家长站在同一立场，体察家长的感受
  - （四）表达共情：表达共情要多描述、少评价，尤其是在描述孩子的问题时，尽量站在中立、客观的角度描述发生了什么，不要加上自己的评价，更容易使家长接受
  - （五）解决问题：解决问题要透彻，通过孩子的行为问题分析其心理原因及错误的家庭教育方式，并提出有针对性的解决策略

思考与练习

请给以下案例设计共情沟通方案，并分角色两两进行沟通演练。

明明是一个4.5岁的中班男孩，父母在灯具市场经营一间生意不错的门店，工作一直比较忙。3岁前明明主要由奶奶带养，奶奶很疼爱孩子，对孩子百依百顺。3岁后明明上幼儿园小班，经常因为生病不去幼儿园，如果明明哭闹得厉害，也会不送了。不送幼儿园时明明就跟着爸爸妈妈在店里玩，明明倒也很省心，爸爸妈妈忙着接待客户，他就自己玩电脑，他总能找到自己喜欢的游戏，自得其乐，很是开心。

9月初明明开始上中班，妈妈发现每次送明明去幼儿园时，他都歇斯底里地大哭大闹，甚至在妈妈骑着电动车时自己跳下来往回跑。看到明明情绪反应这么强烈，妈妈是又心疼又着急，怀疑是不是老师不喜欢明明，或者是明明在幼儿园经常受到老师的批评，所以才会这么抵触上幼儿园。

实践演练

请同学们扫码阅读情景 2－4、情景 2－5 中老师与诚诚妈妈的离园沟通及诚诚妈妈的一段独白，完成以下任务：

（1）用共情沟通的理论分析老师在与诚诚妈妈沟通的过程中，哪些方面没有做到共情。

（2）老师与诚诚妈妈针对孩子打人问题的沟通使诚诚妈妈感觉十分难过、伤心、无助、担心和苦恼，开始回避与老师沟通。尽管老师是诚心想帮助孩子，却没有达到应有的效果。如果你是诚诚的班主任老师，会如何与诚诚妈妈针对孩子的打人问题再进行沟通呢？请分组讨论，然后设计沟通对话方案，再进行沟通的演练。

情景 2－4

情景 2－5

参考答案 2－6

任务四 沟通的定位、原则及心态

课前思考

有的幼儿教师看到家长有明显的教育观念错误，甚至连最基本的教育常识都不懂，就会非常生气，从心底里看不起家长，感觉家长很可笑，这种做法是否欠妥？为什么？

尽管全社会都在呼吁家园合作共育，但许多家长的家园合作意识还有待提高，因此，家园合作关系的建立，依赖于教师的主动沟通，期待通过教师的专业引导，来帮助家长探索有效的育儿方法，树立正确的育儿理念。但令许多教师困惑的是：为什么自己掏心掏肺地跟家长沟通，有的家长就是不听呢？沟通的技巧此时显得尤为重要。

一、"为了孩子"的沟通定位

沟通定位是指说话者站在谁的利益角度说话，也就是说，你提出问题时是为了解决谁的困扰和问题。如果说话者站在自己的角度、为自己争利益，会显得比较以自我为中心甚至自私，往往不容易被人理解和接受；如果站在公众道德的角度说话，那么缺乏同理心或道德修养水平不高的人可能也很难理解和接受。只有站在对方的角度说话，才总是容易被对方理解，并取得配合。

场景：快餐店里，大家都在安静地吃午餐。4 岁的明明和鹏鹏却在一排排桌子中间追逐，不时发出很大的吵闹声。很多就餐的客人皱起了眉头。这时，一位店员走过来。

方法一：店员大声地抱怨说："这是谁家的孩子这么吵，影响别人午餐，父母也不管吗？人家还怎么做生意呀？真是没教养！"两位孩子的妈妈也生气地说："小孩子不就是调皮、坐不住嘛，谁家里没有小孩子呀。你怎么这么说话呢？"就这样，他们吵了起来。

方法二：店员大声地说："这是谁家的孩子，快点停下来，饭店的桌子很高，这样跑来跑去，磕到你们脸或眼睛就不好了！"两位孩子的妈妈一听，马上叫孩子安静地坐好，然后对店员说："谢谢！"

从上面的小故事可以看出，沟通定位很重要，站在对方的角度、从为了对方好的角度说话，不仅容易让对方理解和接受，还能让对方感觉温暖，并心怀感激。

家长是一个复杂、多元的群体，有不同的年龄、性格、职业和文化背景。有的家长文化水平、素质修养比较高，因此善解人意、很容易沟通；但也有一些家长性格敏感多疑，总担心自己的孩子遭受老师或者小朋友的欺负，有的家长会固执己见，也有的家长会有较多的特殊需求，这样的家长对教师的沟通要求很高。

尽管家长们千差万别，但却有共性，即：他们都爱自己的孩子，希望自己的孩子好，也希望自己的孩子未来成长得更好。孩子是家长关注的焦点，幼儿教师一定要牢记，与家长沟通的出发点是——为了孩子。这样的沟通定位，也定义了老师与家长的关系——合作共赢。有了这样的关系基础，后面的沟通就会十分顺畅。

【案例 2－6】

小孩子调皮有什么大惊小怪的

有一位妈妈说，儿子精力充沛，显得非常调皮。老师经常向她告状，说儿子上课不好好听课，到处乱跑，影响全班小朋友上课；在幼儿园非常霸道，如果谁惹到他，他就会动手打人，老师劝也劝不住，惹得很多小朋友家长来提意见；中午不好好睡觉，还影响别人休息。说完，她轻轻地叹了一口气，说："小孩子好动不都是正常的嘛，有什么大惊小怪的。老师当然愿意带老实的孩子，这样她也不用那么累，中午孩子都睡了，她也能歇一歇了。"

分析：

孩子上课时到处乱跑——影响全班小朋友上课

非常霸道，好打人——惹得很多小朋友家长来提意见

中午不好好睡觉——影响别人休息

从上面这段话可以看出，这位家长认为教师之所以来向自己反映孩子的问题，完全是为了自己，因为老师怕麻烦，工作中不愿意更多地给予孩子付出，所以才希望孩子听话一点、老实一点。家长之所以产生这样的认识，一方面可能是由于家长的防御和戒备心理，倾向于认为老师是从自己的角度考虑问题，但另一方面可能也与老师的

沟通方式有关。这位老师都是从影响自己的工作、影响其他小朋友休息的角度提出问题，而这位家长可能同理心不强，不会更多地考虑别人的感受，所以也不会重视孩子的问题。

如果案例中的教师从这位家长的孩子成长的角度来表达，阐明孩子目前遭遇的困境和对未来成长的影响，会更容易被家长理解和接受。比如，老师可以说：

孩子上课时到处乱跑，我担心他会受伤，而且形成不认真听讲的习惯，影响他上学之后的学习成绩；孩子总是动手打其他小朋友，我担心他会遭到同伴的孤立，这会影响孩子的心理健康。

分析：

孩子上课时到处乱跑——他会受伤；他形成不认真听讲的习惯；影响他上学之后的学习成绩

总是动手打其他小朋友——他遭到同伴的孤立，影响他的心理健康

这样的沟通会让家长感觉到，老师关心自己的孩子，希望自己的孩子安全和健康成长，因此也就更乐于配合老师，与老师建立信任关系。

家长最大的心愿是孩子的安全和健康成长，“为了孩子”的沟通定位，其实是对家长最深度的理解和共情。幼儿教师在与家长沟通的过程中，把握好“为了孩子”的沟通定位，就非常容易被家长理解和接受，使接下来的沟通更顺畅。

二、沟通的原则

沟通过程中，教师需要把握以下几个原则。

（一）接纳孩子和家长，情绪平和

近几年，由于家长陪伴和引导不足，幼儿园里多动、不能参与集体活动的孩子越来越多。这些孩子严重影响幼儿园的集体教学和管理秩序，给教师们的日常管理工作带来很大的麻烦，也让教师们在日常管理中充满了焦虑情绪，非常希望得到家长的支持和配合。

但是，家长们教育观念多种多样，很多家长并不能理解教师的要求。他们倾向于认为小孩子就是天性调皮；有的家长溺爱孩子，家庭生活中凡事以孩子为中心，导致孩子任性霸道，在幼儿园的集体生活中经常引起同伴间的矛盾和冲突。

幼儿阶段的孩子非常依赖家长，幼儿良好习惯的培养也需要家园一致、同步协调才能奏效，因此，如果家长不配合，仅靠幼儿园教师的力量是远远不够的。

所以，当老师与家长沟通时，如果家长不认可、不配合，就非常容易引起教师的焦躁情绪，教师的焦虑和急躁又会给家长带来很大的压力，使家长也产生焦虑情绪，从而不能冷静平和地分析、思考孩子的问题。

因此，教师在与家长交流时，要保持平和的态度，不能焦虑和急躁，否则只能适得其反。真正好的教育是一种艺术，并不是指责、说教、训斥、命令，而是润物细无

声地改变，是爱与接纳，是感染，是熏陶，是以身作则。教师如果透彻地领悟了教育，就会理解教育家长和教育孩子如出一辙，并行不悖。如果教师在教育家长时缺乏耐心，就说明他对教育的理解还有待于提高。当然，教师也是人，难免有接纳、包容不了的时候，这就需要通过职后培训及生活感悟慢慢提升自己。

（二）先优点后缺点

教师与家长沟通时，要体察家长的心理感受，用家长比较容易接受的方式与家长交流，比如先报喜后报忧：先说孩子的优点和长处，肯定孩子的进步，再说缺点和问题。如果教师直截了当地向家长反映孩子的问题，直接批评孩子，喋喋不休地指出孩子的一大堆缺点，家长一般很难接受。

有一位培训老师给骨干班主任上课，说到如何与家长的沟通问题时，他说："一位女性十月怀胎、一年哺乳，一把屎一把尿把孩子带大，她不容易超脱。你当着她的面一味地说孩子如何不好，你是不是在伤害她？"

所以，在与家长沟通时，可以先说孩子 15 分钟的优点，快分别时"随口"说 2 分钟小朋友需要改进的地方，这才容易让家长接受。

民间有句俗语"护犊子"，就是形容长辈容易不分对错地护着自己的孩子，不愿意别人说自己的孩子不好。其实家长这种心理可以理解，他们非常爱孩子，希望孩子各方面成长优秀，不愿意看到孩子的缺点和不足。当教师说自己孩子的缺点和不足时，他们内心会充满痛楚，尽管他们内心知道孩子的问题所在。

先优点后缺点的沟通原则会让家长有一个积极的情感体验，家长情绪好才更愿意接受孩子的不足，更乐于配合教师和接受教师的建议。先肯定孩子优点和进步的做法也意味着教师对孩子的关心和喜爱，会一下子拉近教师与家长的距离，建立合作式的亲师关系。

（三）多描述少评价

教师向家长反映孩子的行为问题时，只需要向家长描述孩子的具体行为表现，告诉家长发生了什么事情，让家长自己判断孩子可能有的问题，这样比较容易让家长接受。描述是一种客观的态度，而评价则是主观的、往往掺杂个人的观点和感情，容易让家长产生误解。如果教师对孩子做出负面的评价，还可能让家长认为教师不喜欢自己的孩子，甚至还会引起家长的反感。请看下面这则案例。

【案例 2－7】

你孩子的智商只有 2 岁孩子的水平

一个刚上幼儿园的 3 岁男孩，完全不听老师的要求和指令，老师上课的时候，他会独自一个人走到操场上瞎转。老师和他说话时，他既不做出回应，也不用眼睛看老师。晚上，孩子爸爸来接孩子，因为照顾这个“特殊”孩子而身心俱疲的老师对他说：“你的孩子怎么好像听不懂我说话，我看他的智商只有2岁孩子的水平。”爸爸一听就不高兴了，对幼儿园老师的意见非常大。后来，这个爸爸来找咨询师咨询，非常愤怒地说：“说我们孩子智商只有2岁孩子的水平，她的智商就高吗？她不就是个中专毕业的小老师嘛！”

这个爸爸向咨询师咨询，说明他对孩子的行为问题是有觉察的，但教师对孩子的负面评价激起了家长的对抗和防御心理，也给教师与家长的进一步沟通带来很大的障碍。仔细分析一下，这位教师对孩子的评价确实有欠妥当。智商到底有多高，得经过专业的智力测验才能确定，她怎么能主观下判断呢？而且，孩子的行为有多种原因，在没有了解清楚之前，这种主观判断首先就有问题，也怪不得家长生气。教师与家长沟通，重点是让家长了解孩子在园的表现，一起分析原因再寻求解决问题的方法。所以，描述现象很重要，切不可评价在前，以免伤了家长的自尊，带来后续的家园矛盾。

（四）提出具体、可操作的教育建议

教师需要明白，家长花时间与教师交流，并不是来听教师指责孩子或只是摆出孩子问题的。教师向家长简单地分析孩子现存行为问题之后，一定要向家长提出合理、有效的教育建议，帮助家长解决问题才是最重要的。

案例2-7中，老师不需要对孩子的智商评价，只要陈述孩子在幼儿园的表现，并和家长一起分析原因，再寻找解决的办法。比如，不听老师指令，不参与集体活动，不愿意与别人互动和交往，别人与他说话他也不作回应等。教师通过与家长沟通，确定孩子语言表达能力不强，再给出一些改善性的家庭教养建议。比如，父母跟孩子一起玩“听指令”的游戏：家长说自己的鼻子是遥控器，只要点一下，就变成了听话的机器人，让干什么就干什么。然后让孩子也当这样的机器人，孩子一定玩得很带劲。在“嘻嘻哈哈”中增强孩子的掌控感，也可以使亲子关系更亲密，对孩子学习听指令也是极好的锻炼。这样可操作的游戏简单易学，家长也十分乐意配合。

三、沟通的心态

教师在与家长具体沟通时还需要秉承一些基本的态度，主要概括为八个字：平等、尊重、真诚、谦和。这些态度是人与人沟通的态度，不仅适用于家园合作，也可以用于与其他人际交往中。

（一）平等

平等是人与人交往的基础，它体现在各个方面。

首先，家长与教师是平等的。教师不应因为家长不懂得专业的家庭教育知识，就自高自大觉得自己了不起，从而对家长“居高临下”地指导，让家长感觉教师“刚愎自用”，从而敬而远之，不愿向教师敞开心扉。

其次，某些家长可能学历比教师高，或者年龄比教师长，但是在人格层面上家长与教师是平等的。即便是刚毕业的年轻教师，也不用自惭形秽，觉得自己没有社会经验或者专业知识技能不强，从而在家长面前感觉自卑，甚至回避与家长的沟通。

最后，家长与家长之间是平等的。家长的类型不一，社会地位、经济条件、文化水平、性格、素质修养等差别很大。教师对家长要一视同仁，否则会在很大程度上阻碍与家长信任关系的建立。同时，教师还要用平等的眼光看待发展水平不同、发展状态不同的幼儿家长，特别是水平暂时落后的家长，更应保护其自尊心。

（二）尊重

因为平等，所以尊重。而表达尊重最好的方式就是倾听：我愿意听你说话，因为你的感受很重要。

当然不同类型的家长，对尊重的理解也不一样，需要教师把握他们的心理特点，有针对性地给予尊重。有一位具有多年工作经验、家长认可度比较高的教师讲了她如何尊重不同类型的家长：

与祖辈家长沟通时，一定要体察祖辈家长的心理。祖辈家长非常希望得到他人的尊重和认可。所以，面对祖辈家长时，我们可以使用尊称，可以叫叔叔、阿姨等；然后再对他们带孩子的辛苦表示理解，表扬他们所带的孩子的优点，拉近与他们的距离，使接下来的沟通交流变得更加顺畅。

对于年轻的父母，教师要试着和他们做朋友，在平等、尊重、友好的基础上交流。

与文化素养比较高的家长沟通，教师以探讨的语气与他们沟通，会比较顺畅，也可以采用请教的语气，毕竟孩子的问题只有家长最清楚。

与一贯自以为是、不愿意配合的家长沟通，要迅速切入正题，必要时可以向其展示孩子在幼儿园表现情况的照片，用事实说话才能让他信服，否则他们很可能会纠缠不清，最后问题得不到很好的解决。

（三）真诚

所谓真诚，指的是沟通时要真心实意，态度诚恳，不虚伪，不说假话。教师与家长沟通时，要真诚地表达自己的想法，不要因为担心家长接受不了“别人说自己孩子不好”就刻意逢迎、讨好家长，或者避而不谈孩子的问题。当然，真诚地表达自己想法时，也要考虑家长的感受，以家长能接受的方式进行沟通。

教师如果发现孩子的问题，在考虑家长感受的基础上真诚地指出来，并给予合理的建议，促使孩子的问题得到改善，教师就会获得家长的由衷敬佩，形成更积极的家园合作关系。

（四）谦和

谦和、有礼，教师拥有较好的社会交往礼仪，会让家长感受到教师的尊重和强大的亲和力，获得美好的情感体验，家长也愿意进一步与教师沟通，听取教师的建议。可以说，良好的社交礼仪是沟通顺畅的润滑剂。

谦和的沟通态度会让家长获得美好的情感体验，教师强大的亲和力会迅速拉近与家长的距离，取得家长的好感，为进一步的家园沟通铺平道路。

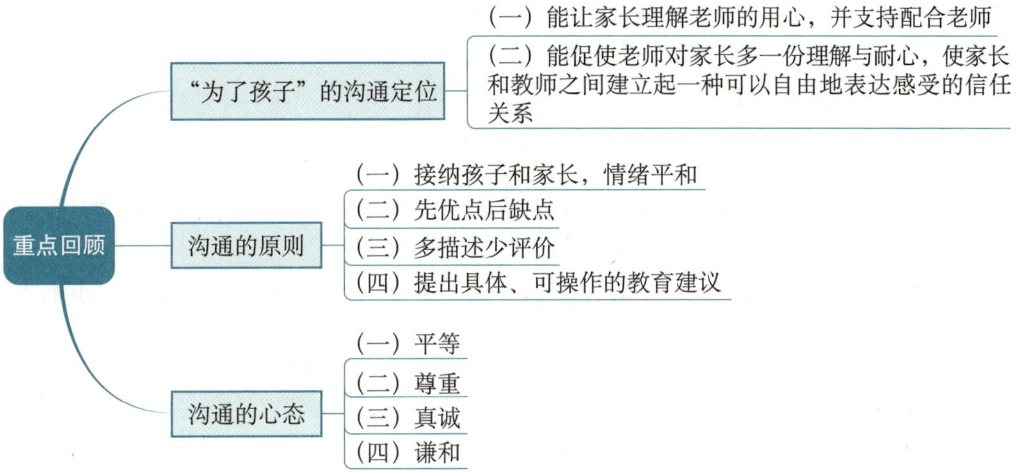

思政园地

《幼儿园教育指导纲要（试行）》强调，“家庭是幼儿园重要的合作伙伴。应本着尊重、平等、合作的原则，争取家长的理解、支持和主动参与，并积极支持、帮助家长提高教育能力。”

《幼儿园工作规程》中“幼儿园教师的主要职责”的第四条规定：幼儿教师要“与家长保持经常联系，了解幼儿家庭的教育环境，商讨符合幼儿特点的教育措施，共同配合完成教育任务”。第五十二条规定：“幼儿园应当主动与幼儿家庭沟通合作，为家长提供科学育儿宣传指导，帮助家长创设良好的家庭教育环境，共同担负教育幼儿的任务。”

《幼儿园教师专业标准（试行）》强调，幼儿教师要“与家长进行有效沟通合作，共同促进幼儿发展。”

解读：这些文件都强调发挥中小学幼儿园教师的专业指导作用，帮助和指导家长提高家庭教育能力和家庭教育水平，共同担负教育幼儿的任务。所以，学前教育专业学生要具有以下思想品质：

（1）具有强烈的责任感和使命感，树立为学前教育事业努力工作的家国情怀；

（2）树立平等、尊重、真诚、谦和的心态，与家长有效沟通，构建相互信任和配合的亲师关系；

（3）作为经过专业训练的幼儿教师，要努力学习，掌握为国家学前教育事业服务的专业的、可持续的工作和创新能力。

思考与练习

请使用本任务所学的沟通定位、原则及心态，思考下列情境中，教师该如何与家长沟通。

皮皮性格比较冲动，在园里横冲直撞，很少规规矩矩地走路，经常撞到小朋友，老师提醒也没有用。

项目三　来离园的交流与指导

任务一　来离园交流概述

课前思考

来离园交流中，教师与家长之间一般会沟通有关孩子的哪些事情？请把你想到的全部列出来。

一、什么是来离园交流

来离园交流是在家长接送幼儿的过程中教师、幼儿、家长之间进行个别沟通与交流的一种形式。来离园交流在幼儿园每一天都会发生。由于接送时间较短、家长人数多，所以家长和教师都会选择使用最简洁的语言，就幼儿在园或在家的生活情况和行为表现方面最重要的信息来沟通，教师对家长的教育建议和指导也会选择精要的三言两语，因此来离园交流与指导非常高效，也被称为“快餐式交流”。

来离园交流与指导是所有家庭教育形式中最频繁、最及时、最高效的面对面家庭教育交流与指导形式，帮助教师和家长解决了大量的日常沟通问题。虽然电话、QQ、微信交流也比较简洁、高效，但是缺乏面对面交流的优势，因此教师应该主动掌握与幼儿家长沟通的基本方法，主动学习家庭教育知识，利用来离园交流时间更好地向家长汇报分析幼儿的成长发展情况与不足，回答家长对幼儿问题的咨询，有针对性地宣传一些科学育儿的知识、方法，有的放矢地为家长在教育孩子过程中遇到的一些难题、疑惑进行分析指点，出谋划策，提出建议，帮助家长解决具体困难，从而提高家长科学育儿的水平，也可提高家长对教师的尊重与信任，在家园共育方面与家长达成共识，形成合力，共同促进幼儿发展。

二、来离园交流的内容

（一）沟通幼儿在园、在家的生活情况

来园时，主要是家长向教师反映幼儿在家的生活情况，包括幼儿吃饭情况、喝水情况、大小便情况、睡眠情况等，针对幼儿生活进行家园交接，做好保育工作。如来园时家长会向教师反映孩子在家有没有吃早饭、有没有大便、是否有身体不舒服、是否有外伤等；离园时教师同样要向家长汇报幼儿吃喝拉撒睡等生活情况，比如孩子在幼儿园饭吃得多不多、中午有没有睡着、是否大便、精神状态是否良好，以及在幼儿园的生活自理表现等。这种交流可以让教师和家长更好地了解幼儿的身体情况和生活情况，以便照顾孩子，保证孩子的身体健康。

视频 3-1：来离园交流

【案例 3-1】

帅帅今天中午在幼儿园没睡着

帅帅妈妈来到幼儿园门口，王老师把帅帅妈妈拉到一边。

王老师："帅帅妈妈，您好，帅帅今天中午躺在床上翻来覆去地，又没睡着。下午户外活动时，我看他有点困了。"

妈妈："是吗？"

王老师："是的，所以晚上您让他适当早一点上床睡觉，明天早一点醒，这样明天中午他可能就睡着了。"

妈妈："帅帅在家一般是 10 点上床，得 10 点半之后才能睡着，早晨起床得叫起来。"

王老师："这么大的孩子，一般 9 点钟就得上床睡觉了，10 点钟上床有点晚了。"

妈妈："好的，我今天晚上调整一下。谢谢您，王老师。"

王老师："不客气。"

在来离园生活情况交流的过程中，教师也可以对家长进行适宜地家庭教育指导。比如，教师发现幼儿因为挑食在幼儿园吃得少，在告知家长这一情况时，向家长提出一些改变幼儿挑食的小方法，引导家长改变幼儿的挑食问题；如果幼儿吃饭慢，可以提醒家长在家给幼儿提供更多的练习机会；发现孩子在幼儿园午睡困难，应引导家长帮助孩子养成早睡早起的习惯，避免孩子在家睡得晚、起得晚，第二天中午又会出现

午睡困难等。独立生活能力和良好生活卫生习惯的培养是幼儿保教中最重要的内容之一，但家长对此往往重视不够，有些家长还会有过度包办等不良养育习惯，所以教师与家长就孩子的生活情况交流时，要适时指导家长，通过家园共育，有效完成保教结合的工作目标。

来离园生活交流是小班工作的重点，是小班家长普遍关心的问题，所以教师要有计划地与每一位小班家长进行生活方面的沟通，确保他们放心。到了中大班，工作的重点更多转到行为方面的教育，只对生活上有问题的个别幼儿进行沟通。

（二）沟通幼儿在园、在家的行为表现

来离园交流过程中，教师与家长就幼儿的行为表现进行交流，比如，孩子在幼儿园遵守规则的情况、上课积极回答教师问题的情况、同伴交往情况等信息要反馈给家长。这些信息既能满足家长想了解孩子在幼儿园情况的需要，也方便家长据此做好适当的教育配合。同时，家长也会向教师反馈孩子上幼儿园之后的一些小情绪、小感受，比如孩子说不喜欢上幼儿园、教师不喜欢他、小朋友不和他玩，有哪个小朋友总是欺负他等情况，请教师了解孩子的情绪，进行适当地教育和引导。幼儿园是集体生活环境，一个教师面对许多孩子，这些情况教师可能观察不到，或者孩子没有机会和教师说、不愿意和教师说，甚至不敢和教师说等，但是孩子回家以后会和家长说，这些情况如果家长及时反馈给教师，也非常有利于教师开展有针对性的教育引导工作，有效地帮助孩子。有时教师也会就白天在幼儿园发生的比较重要的事件与家长进行沟通，提醒家长配合教育幼儿。

【案例 3－2】

放学的时候，班主任李老师叫住了明明妈妈，让她等一会儿，有事和她说。等大多数孩子都接走之后，李老师请配班谭老师带明明在操场玩，她带明明妈妈来到校门旁边的空地上，对明明妈妈说："明明很聪明，好奇心也很强，爱学习，最近班级里进行玩具交换活动，涛涛带来一套磁铁玩具，小朋友都很喜欢，可是在上午的活动时间，磁铁玩具不见了，涛涛哭了起来。我鼓励小朋友做一个诚实的好孩子，可是没有人承认自己拿了玩具。中午睡觉脱裤子的时候，磁铁玩具从明明的裤兜里滑落出来，有的小朋友看到了，马上来报告老师，我走过去平静地对明明说：'明明，你是不是玩完之后忘记把玩具放到分享橱里了？'明明有点紧张地点点头。'你以后记得把玩具归位，好吗？现在你就把玩具放回去吧。'明明放回玩具之后，我还轻声地说：'明明真棒！现在上床睡觉吧。'"明明妈妈听后马上着急地说："这孩子怎么随便偷拿东西，这种磁铁玩具家里也有呀！"李老师说："您千万别说孩

子偷拿，他只是特别喜欢新玩具，想独立再玩会儿而已。明明中午翻来覆去很长时间没睡着，看来这件事让他心里有了压力。我跟您说这事，是想告诉您，如果晚上回家发现他的情绪不高，可能与这件事有关，您心中有数就可以了，不要责怪孩子，更不要给孩子贴‘坏孩子’的标签，而是要正面引导孩子，告诉他玩具是大家一起玩的，玩完之后还要放回原处，下次还可以再玩。”明明妈妈说：“您说得太好了，谢谢老师！”

李老师与明明妈妈的这一交流过程，既让家长了解了白天发生在幼儿身上的事，也自然地引导她正确对待和处理幼儿偷拿别人东西的行为。教师应当帮助家长了解幼儿在园的行为，共同帮助幼儿知道哪些行为是被社会所接受的，可以做，哪些行为不可以做。所以，在来离园交流过程中，教师和家长都要本着相互信任的态度真诚地交流信息，这是家园合作共育的重要步骤。

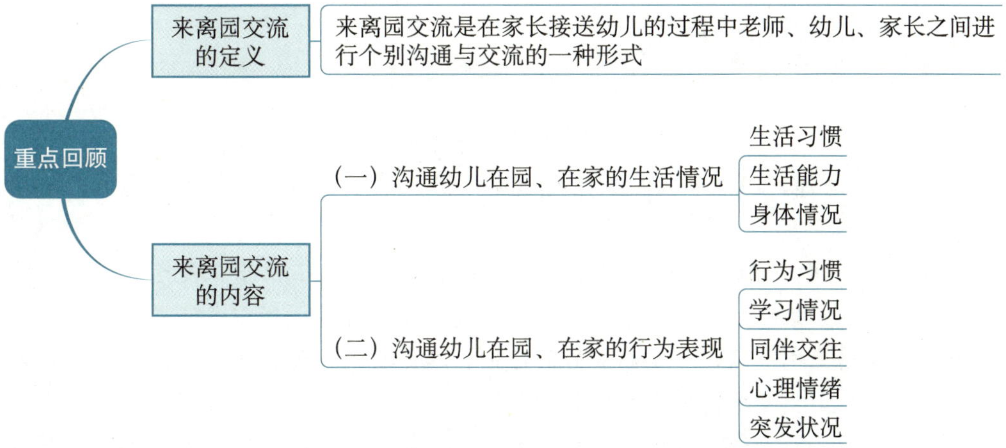

思考与练习

作为“快餐式交流”，来离园交流有哪些特点？需要注意什么？

任务二　实践案例分析

【案例 3-3】

教师建议幼儿以后在园里吃早饭

妈妈："老师，阳阳今天在家里吃过早饭了，来了以后，他想吃就吃点，不想吃就算了吧。"

教师："好的，阳阳妈妈。阳阳最近饭量很好，看来小伙子正处于长身体的时期，有时候在家里吃过饭，来了也吃不少，我都怕他撑着。所以我还是建议您，让孩子尽量来园里吃早饭，一是养成好的习惯，二是我们也能把握孩子的进餐量，以防在家里和在园里都吃得不少，引起积食。"

妈妈："好的，老师，您这个建议太好了，真的是为孩子的健康着想，以后我们尽量让他在园里吃早饭，也让他更好地适应集体生活。"

教师："对的，阳阳妈妈，您一如既往地支持我们的工作，真的是对我们最大的信任啊。"

妈妈："不客气，这是我们应该做的，也谢谢您提醒我。"

案例思考

教师在向阳阳妈妈提建议时，阳阳妈妈为何能愉快地接受？

【案例 3－4】

教师向家长反应孩子吃饭挑食的问题

教师："您好，欢欢妈妈，欢欢最近进步很大，尤其在入园焦虑方面，已经基本适应幼儿园了。但是，欢欢有点挑食，在幼儿园总是这也不喜欢吃，那也不喜欢吃，让我们很着急。"

妈妈："谢谢老师，自从上了幼儿园，孩子的确进步了许多。孩子挑食可能是家里是老人做饭，只做孩子爱吃的那几种。"

教师："这可不行。咱们幼儿园都是专业的保健医生科学配餐的带量食谱，荤素搭配，保证孩子成长中需要的各种营养素摄入。"

妈妈："是啊，看得出咱们幼儿园真的是为了幼儿的健康成长营造好的环境，我们回家也给老人说说，不要过于迁就孩子的饮食喜好。"

教师："好的，谢谢您的配合，一定要循序渐进地进行食谱改变，可别一下子全改了，让孩子有个适应的过程。"

妈妈："好的，老师，谢谢您！"

案例思考

教师在向欢欢妈妈提出建议前，为何要先说欢欢最近进步很大？

【案例 3－5】

教师向家长反映孩子穿衣服务的问题

虽然已经开春了，瑞翔奶奶在瑞翔出门时依旧给他戴帽子、加毛衣，裤子套了一条又一条，送到幼儿园后也不走，会在幼儿园外面检查他的帽子戴没戴，不允许教师帮忙摘下来，经常热得瑞翔一身汗。

奶奶："老师啊，现在还是有些冷，出门前我给翔翔又套了一件厚毛衣！还有他的帽子一定别给他摘下来啊。"

教师："好的，阿姨，您真细心，我们在园里也会好好照顾翔翔的，其实现在这个温度，翔翔穿的衣服有些多了，小孩子跑来跑去很快就暖和了。等翔翔说热的时候，把帽子和毛衣脱下来，您看可以吗？"

奶奶："哎呀，毛衣脱下来可以，帽子就别摘了。"

教师："好的，听您的阿姨，帽子先不摘。以后天气会越来越热，所以阿姨您在家里给翔翔穿衣服的时候适当地减少一件。"

奶奶："谢谢你，老师。"

案例思考

教师在与祖辈家长沟通时，需要注意什么？

【案例 3 - 6】

教师向家长反应幼儿拉裤子了

教师："您好，见见妈妈。不知道怎么回事，见见今天突然拉在裤子里了，大便有点稀。现在裤子已经洗干净了，也给他换了干净的裤子。"

妈妈："是吗？怎么搞的？谢谢您，李老师，给您添麻烦了。"

教师："不客气，这是我们应该做的，也谢谢您的理解。"

妈妈："见见跟老师说再见。"

见见："老师再见"

教师："明天见。"

案例思考

教师在向见见妈妈说见见拉裤子时，提到了哪些内容？为什么要这样说？

【案例 3 - 7】

幼儿不愿意来幼儿园

妈妈："老师，盛盛这几天一上幼儿园就哼唧着说不愿意上幼儿园，问他为什么，他说别的小朋友都不喜欢和他玩。"

教师（关切的语气）："噢，是吗？平时感觉他在区域活动中玩得挺高兴的！这样吧，盛盛妈妈，我今天在活动中仔细观察一下，晚上再回复您，好吗？"

离园的时候，盛盛妈妈来接盛盛。

教师："盛盛妈妈，我今天有意识地观察了盛盛和小朋友玩的情况，发现在游戏的过程中，盛盛总是想让其他小朋友都听他的指挥，连一块积木怎么摆，也得听他的。最后，很多小朋友玩着玩着，就走开了。盛盛有些伤心。这可能就是他自己说的，别的小朋友都不和他玩的原因吧。”

妈妈：“啊，他在家也这样，我们和他玩的时候，他总想让我们听他的。谁扮演什么角色，怎么摆放东西的位置，都由他来指挥。我们反正也是陪他玩，他想怎么样就怎么样。”

教师：“看来原因就出在这里。我建议您以后和他玩的时候，改变一下做法，有时可以提出自己的玩法，请他认真倾听，并相互商量着进行，让他学会尊重别人的看法。”

妈妈：“好的，我试试。”

案例思考

教师在面对家长的提问时，如果一时不能回复家长，应该如何做？

【案例 3－8】

湛湛受伤了

教师：“湛湛妈妈，非常抱歉，看到孩子的脸和手受伤了，您肯定很难过，我也非常难过。湛湛和懿德你们两个跟着王老师去教室玩一会儿。”

教师：“湛湛妈妈、懿德奶奶，事情是这样的，今天户外活动排队时，湛湛排在佳佳后面，懿德也想站在佳佳后面，湛湛不让懿德插队，两个人发生了争执，懿德就把湛湛的手和脸抓伤了。”

湛湛妈妈去查看孩子受伤情况。

教师：“懿德奶奶，毕竟咱孩子把人家抓伤了，孩子受伤家长肯定会很心疼，咱一会儿跟湛湛妈妈道个歉好不好？”

懿德奶奶：“湛湛妈妈，对不起，让孩子受伤了。回家我让他妈妈说他，真是对不起了。”

教师：“湛湛妈妈，不好意思，让孩子受伤了。湛湛可以表达自己的观点和指出别人不守规则的错误，这样的勇气和做法是值得肯定的。我以后也会引导孩子们学会用正确的方式去表达自己的观点，尽量减少正面冲突，避免孩子间一些不必要的受伤和矛盾。最近我也会留意一下湛湛在幼儿园的情绪，有什么情绪波动我会及时给您反馈，实在不好意思了。”

湛湛妈妈：“没关系，谢谢老师这么专业的指导。”

案例思考

当教师与家长沟通幼儿在幼儿园受伤情况时，需要注意哪些问题？

【案例 3－9】

必须给我的孩子换床

妈妈：“老师，昨天沛沛回家说，中午睡觉时，旁边的开开老是用脚踢他。今天你必须得给我们孩子换个床，而且不能在上铺了，我的孩子胆子小，你得给他换个下铺才行，还要在门口。”

教师：“您好，沛沛妈妈，谢谢您的直言不讳。我知道，您都是为了孩子好。您说的情况我们需要再了解一下。我观察一下，再给您回复，好吗？”

妈妈：“好的。”

教师：“至于您提出来的换床要求，我们也等观察之后再说，再考虑一下还有没有更好的解决办法，可以吗？”

妈妈：“好吧。”

案例思考

教师面对沛沛妈妈的要求是如何回复的？为什么没有直接答应沛沛妈妈的要求？

【案例 3－10】

您的孩子有舞蹈天赋

教师（迎上去）：“您好，萌萌爸爸。”

爸爸：“您好，老师。”

教师：“今天我们上了一节舞蹈课，我发现萌萌的小表情特别美，跳舞动作也特别有‘范儿’，这个孩子有舞蹈的天赋，如果你们想给她报特长班的话，可以考虑舞蹈。”

爸爸（懵懂地说）：“噢，好的，老师。谢谢您。”

教师：“不客气。”

几天过后，爸爸来园时向老师反馈。

爸爸（很开心地对老师说）：“老师，您好！太感谢您了，上次您和我说萌萌有舞蹈天赋，建议我给她报舞蹈班。我已经给她报了，她去上了一次课，那个舞蹈老师非常喜欢萌萌，说萌萌跳舞非常有感觉，可以好好培养。”

教师：“是吗？那太好了。”

爸爸：“看来，我们自己的孩子我们都不了解，还是你们老师专业呀，太感谢您了。”

教师：“不客气，萌萌爸爸。”

案例思考

从萌萌爸爸的反馈来看，教师及时发现并向家长肯定幼儿的优点有什么好处？

【案例 3－11】

您的孩子专注力提高了

教师（面带微笑）：“您好，皓皓妈妈，今天上午上语言课时，皓皓听得很认真，小眼睛亮亮地看着老师，那个专注的表情，可迷人了！”（皓皓在旁边听着，很开心的样子）

妈妈（高兴地睁大了眼睛，边说边看着旁边的皓皓）：“是吗？”

教师：“是呀，皓皓最近进步可大了。不仅听课比以前认真了，还能经常举手回答老师的问题。”（皓皓在旁边听着，很自豪的样子）

妈妈：“啊，那太好了。”（说完，欣慰地看着皓皓）

教师：“好了，皓皓，跟妈妈回家吧。明天见。”

皓皓（清脆地说）：“老师，再见。”

妈妈（开心又诚恳地说）：“谢谢您，再见。”

案例思考

教师最好不要在孩子在场时，向家长反映孩子的问题；但教师可以在孩子在场时向家长表扬孩子，为什么？

★ 综合思考

来离园交流是幼儿家长和教师就幼儿的成长问题进行的一种交流，可以是教师主动发起的，也可以是家长主动发起的，请根据以上案例，回答下列问题：

1. 适合来离园交流的主要问题有哪些?
2. 教师与家长沟通时，需要注意哪些问题?
3. 家长主动发起交流时，教师的工作流程是什么？请尝试分析并依次列出。
4. 教师主动发起交流时，教师的工作流程是什么？请尝试分析并依次列出。

任务三 来离园交流的流程

课前思考

请思考家长主动发起的和教师主动发起的来离园交流在流程上有何不同。

来离园交流的主动发起人可以是家长，也可以是教师。下面我们根据发起人的不同来进行来离园流程的分析。

一、家长主动发起的交流

其流程如下：

热情接待 → 积极倾听 → 适当回应 → 做好记录和安排 → 离园反馈

环节 1：热情接待

教师看到幼儿家长有沟通的意愿后，要迅速迎上去，态度亲切、大方，面带微笑，使用礼貌用词“您好，××家长”，用自己的热情迅速拉近与家长的距离，为接下来的沟通营造和谐的氛围。

环节 2：积极倾听

家长主动向教师反映幼儿的问题时，教师要认真倾听家长的表达，观察家长的细微表情，体察家长的情绪和感受。

随堂练习：

妈妈面色有些凝重地领着 4 岁的远远来到幼儿园中一班门口，与站在门口的李老师进行了交流。

妈妈：“今天早晨起床就感觉远远恹恹的，精神状态明显不好，好像身体不太舒服的样子，但是我们量了体温，也不发烧。今天我和远远爸爸都要上班，只能把他送

参考答案 3-1

来幼儿园了。”

教师：“好的，知道了，我们会关照他的。”

家长不放心地走了。

分析：教师的情绪反应与家长的担心程度不对等，这样的交流没有起到好的效果。教师如何做才能更好地共情家长呢？试着重新设计对话。

环节 3：适当回应

家长主动发起交流时，教师要对家长做出正确的回应。下面我们总结一下各种语境下幼儿教师面对家长问题的沟通话术和回应的技术。

（一）初次见面

（1）选择我们幼儿园是您对我们的信任，谢谢您。

（2）孩子是您的，也是我们的，我们会和您一样爱他。

（3）这是我们的联系方式，请您记下。有需要，欢迎您及时联系。

（4）孩子刚入园，会有一些不适应，我们一起努力帮助孩子度过这段困难时期。

（二）家长来反映问题或提建议

（1）谢谢您的建议，这对于我们的工作非常有意义。

（2）我知道，您这么说，是为了我们更好地改进工作，谢谢您！

（3）您说的这个问题，我们原来没有注意到，我们再详细了解一下，谢谢您！

（4）您说的这个情况，我一定关注，我们保持联系。

（5）您说的这个事情，是我们工作的疏忽，非常抱歉！

（6）在这个问题上，您如果有更好的建议，请您告诉我们。

（7）对于这个问题，我们想听听您的建议。

（8）我们一起来想想还有什么好的办法。

（9）我想这件事该由××负责，我可以帮您联系一下。

（10）谢谢您的提醒！我查查看，了解清楚了再给您答复，好吗？

（11）我们非常欣赏您这样直言不讳的家长，您的建议我们会考虑的。

（12）您有什么想法，我们可以坐下来谈谈，都是为了孩子好。

（13）您有这样的心情我很理解，等我们冷静下来再谈好吗？

在人的本性中，隐藏最深的就是渴望得到他人的重视，幼儿家长也不例外。怎样才能让家长感觉到教师足够重视他呢？当家长向教师反映幼儿的问题时，教师要做到认真倾听家长的表达，并对家长的问题有所反馈。

反馈有三类不同的情况：

第一类：倾听家长的表达，立即给出反馈。比如来园时家长对教师说：“安安早饭在家已经吃了，在园里就不用给她吃了。”教师回答说：“好的，安安妈妈。来，安安，小朋友们都在吃饭，你先到图书角读一会儿书吧，跟妈妈说再见。”

第二类：家长提出问题后，教师没办法立刻给出反馈。此时，教师要认真倾听并表示接收到了家长的信息，然后注意观察幼儿在园一天的生活，从中找到原因，离园时再给家长做出反馈。比如案例 3 - 7 中的盛盛因为觉得别的小朋友都不喜欢和他玩，而不愿来幼儿园，教师表示在活动中仔细观察一下再给家长回复。

第三类：教师通过一段时间的观察，发现幼儿的优点或者进步再给家长反馈。比如，案例 3 - 11 中教师表扬皓皓听课认真了，并且还能举手回答问题。

不管属于哪种情况，当家长来提建议时，教师首先要做到的是虚心倾听并表示接纳。

示例：

家长："老师您好，亲子活动那天，我发现教室前面，老师的桌子没有安全防撞角。"

教师："您说的这个事情，是我们工作的疏忽，谢谢您的提醒，我们会尽快把防撞角装上。"

（三）家长提出令教师为难的要求

(1) 您提出这样的要求，我能够理解。不过，您看看我们是否可以先这样去调整(折中的方法)?

(2) 您希望我们这样做，我知道您的出发点是为了孩子。只是，我们要考虑一下这样做是不是最好的方法。

(3) 非常抱歉，您这个要求我感到有一些为难，让我了解一些情况后再看看怎么做。

(4) 我知道您的想法了，但还请给我一点时间，我需要仔细考虑一下怎样做更好。

案例 3 - 9 中沛沛妈妈要求给孩子换床，教师并没有立即同意，而是表示要观察一下，再考虑有没有更好的办法。

面对家长提出过分要求时，教师首先要态度冷静，从家长的要求中找到家长"为了幼儿好"的出发点去认可家长的动机，并认真倾听家长，表达出对家长的重视和尊重，然后可以使用缓冲处理的方法，比如教师可以说："您给我点时间，我考虑一下要怎么做比较好。"待想出合理的解决办法之后再与家长沟通。切忌直接拒绝家长，这容易激起家长的负面情绪。

（四）家长馈赠礼物

(1) 您的心意我们能够理解，但是礼物不能收。

(2) 您这么做，就真的见外了。我们和您一样，都会发自内心地对孩子好。

(3) 我们对孩子的爱与关心，与是否接受您的礼物没有关系。请您放心！

(4) 您对幼儿园工作的支持，就是对我们工作最大的感谢，不需要用礼物来表达。

当家长向老师送礼物时，要首先真诚地感谢，再有礼貌地拒绝，并表示一定会真心对待孩子，这是分内的工作，与送不送礼物无关。

（五）观察到家长想与老师沟通，欲言又止或一直不走

(1) 您有什么事情需要老师做吗？

(2) 您有特别需要我们帮助的事情吗？

总之，不管家长提出什么问题，教师都要感谢家长，不能回避家长的问题，尤其是新教师遇到不能解决或权限范围之外的问题，要明确告知家长需要向班长汇报或者向园长反映，稍后再回复；遇到家长提出不合理的要求需要利用缓冲技术委婉地向家长说明，再讨论合理的解决办法，尽量不要直接拒绝家长；面对祖辈家长，态度要谦和，真诚地向他们宣传正确的教养方法，并指出具体的做法。

环节 4：做好记录和安排

来离园时，教师需要接待的家长众多。建议教师准备一个专门记录的本子，随时做好记录，既方便对家长交代的事情有计划地安排，也方便教师之间交接，避免遗忘。

环节 5：离园反馈

老师要在离园时，对来园时或家长微信留言交代的事情，进行适当反馈，做好反馈会让家长感觉到教师对幼儿和自己的重视。如果因为时间原因实在无法反馈，可以在孩子全部离园之后在微信上回复，避免家长失落和不满。有关微信等电子媒介交流的部分请参考本书后面的内容。

来离园交流是教师与家长交流沟通的宝贵时机，无论是班级工作中的质疑还是幼儿成长中的困惑，对于家长提出的问题，教师都要予以帮助和解答。

二、教师主动发起的交流

其流程如下：

沟通准备 → 沟通请求 → 正确表达 → 简单指导 → 表达感谢

环节 1：沟通准备

（一）了解家长及幼儿情况

提前分析本班幼儿家长的情况，了解家长的工作规律，确定家长可能方便的时间与家长交流。比如全职妈妈入园离园的时间都比较充裕，上班族的家长则一般早上入园时间比较匆忙，只能选择离园时间交流。

（二）制订沟通计划

每个家长都希望了解幼儿在园的生活和学习情况，所以，教师要根据了解到的家长情况，制订每天来离园时间的沟通计划，确保每一位孩子的家长都能得到与教师的

交流机会，满足家长希望及时了解孩子在园情况的要求。

（三）选择沟通内容

适合来离园交流的内容如下：

1. 急的问题

在园一天的生活中幼儿发生的比较紧急的保育问题，比如：幼儿在园不吃饭，穿的衣服、鞋子不合适，在园里受伤了，吃饭的时候吐了，来不及去厕所拉裤子里了等问题。

2. 小的问题

小问题及时向家长沟通，并提出建议和简单的解决办法。比如：常规行为习惯问题，自理能力问题，幼儿之间相处的问题，尤其关注幼儿情绪和心理方面的问题，以减少家长焦虑。

3. 好的问题

教师的眼睛不能只盯着幼儿的缺点和不足，更需要发现幼儿的优点和进步，全面客观地评价幼儿。经常在家长面前表扬幼儿的成长和进步，会让家长更放心，也容易建立更友好的家园关系。

参考答案 3-2

随堂练习：

试着列出十个适合来离园交流的内容。

环节 2：沟通请求

争取家长的意见，发出沟通邀请。比如：“××家长，现在想向您简单说一下孩子的情况，您方便吗？”这时，一般都能得到家长的配合。如果家长不方便，也可以另约时间。

环节 3：正确表达

语言是人际沟通的主要工具，教师与家长沟通时，必须注意语言表达技巧，下面我们总结一下各种语境下幼儿教师向家长反映问题的沟通话术和回应技术。

（一）向家长反映孩子的问题

（1）孩子语言表达能力很强，很活泼，要是在遵守纪律方面再努力一下就更好了。

（2）孩子在举手发言方面的进步虽然不大，但他与小朋友相处方面比以前好多了。

（3）孩子近来在幼儿园情绪好像不是很好，请问他在家里的情况如何？

（4）与以前相比，她近来吃饭好像不是很好，我想知道她在家里吃饭如何？

随堂练习：

最近轩轩吃饭有点慢，总是拖拖拉拉，边玩边吃，教师与轩轩妈妈交流这个问题。轩轩妈妈说，最近他姥姥来了，老人总是喂他，还让他边看电视边吃饭，可能养成了边吃边玩的习惯。请依此设计沟通对话。

参考答案 3-3

（二）肯定孩子的优点及安抚家长

（1）这孩子太可爱了，老师和小朋友都很喜欢他，继续加油。

（2）请相信孩子的能力，他会做好的。

（3）请您不要着急，孩子偶尔犯错是难免的，我们一起来慢慢引导。

（4）对于改变他这个习惯，我知道您做出了很多努力，我知道您也很辛苦。

（5）我能理解您的难处，我们一块来想办法。

教师如果能做到全面地观察幼儿，发现并肯定其进步，表现出接纳和喜欢幼儿，家长更能体会到老师的用心，这样的方式有利于建立良好的家园关系。

（三）幼儿生病或受伤

（1）请您放心，我们一定按时给孩子服药。

（2）我们会好好照顾他，若孩子有特殊情况，我们及时和您联系。

（3）非常抱歉，孩子今天不小心摔伤了。

（4）看到孩子受伤了，我们心疼坏了。

（5）我们已经带他看过医生，现在他情绪很好。

（6）真是对不起，您别着急，小朋友在幼儿园发生的事故责任在我们，您有什么意见跟我说。

（7）您的心情我们特别理解，毕竟孩子受伤了。

（8）很抱歉，孩子受伤了，老师也很心疼，以后我会更关注他。

（9）看到孩子受伤了，我们和您一样，心情都很难过。

（10）谢谢您的理解！我们以后一定会更加关注孩子。

幼儿在园里难免会有头疼脑热的时候，一定要及时向家长反映实际情况让家长了解，向家长反馈的时候要进一步描述老师的保教措施，保教工作一定要做到位，保证幼儿在园身体健康，最后叮嘱家长在家里也做好预防措施。

幼儿在园里因小打小闹受伤是非常常见的事情，所以，在离园的时候要与家长进行如实的反馈和解决。幼儿受伤，家长肯定很心疼，老师要共情家长，真诚地向家长道歉，取得家长的谅解，同时要向家长说明原因并用正确的引导方法让家长放心。老师向家长反映问题的时候，要避开幼儿，沟通幼儿的错误行为时多描述、少评价，待家长了解了事情经过后自己判断出问题所在，再指出需要家长配合的地方，老师要家长共同努力引导幼儿正确的行为。

随堂练习：

教师：“您好，凯凯妈妈。很抱歉，今天区域活动时，凯凯在和小朋友玩闹的过程中，不小心摔倒了，鼻子磕破了。”

妈妈（马上心疼地拉过凯凯）：“是吗？我看看。”

（妈妈看到儿子鼻尖擦破了，留下红红的一片）

教师："凯凯也真是调皮，总是不老实，老师喊也喊不住。"

妈妈（一听，马上生气地说）："是你们没看好孩子，还怨孩子皮。有你们这么说话的吗？真是的！"

说完，凯凯妈妈抱着凯凯，爱抚着凯凯。老师不知如何接话，有点紧张地看着凯凯妈妈。后来，凯凯妈妈生气地领着凯凯走了。

将问题归因于孩子调皮，会引起家长的反感，造成沟通失败。如果教师换种方式沟通交流，效果就会大不一样，试重新设计对话。

参考答案 3-4

（四）指导隔代教育

(1) 明明爷爷，孩子今天在幼儿园都是自己吃的，而且吃得很好。您看，在家里是否也可以让他自己吃？

(2) 文文奶奶，文文讲故事特别好，以后她要是能按时到幼儿园，我们就请她早晨给小朋友们讲故事。

(3) 小宝奶奶，以后小书包可以让小宝背，小宝可能干了，他自己可以的。

面对祖辈家长事无巨细的照顾方式，教师首先态度要谦和，真诚地向他们宣传正确的教养观念，再给出具体的做法，帮助他们做出家庭教养方法上的调整。

随堂练习：

奕奕 4 岁半，妈妈是一名小学教师，工作很忙，所以大部分时间由奶奶照顾。奶奶照顾得事无巨细，经常要求教师给孩子穿这穿那，教师希望奕奕奶奶能锻炼奕奕的自主能力。

试就此设计模拟对话。

参考答案 3-5

环节 4：简单指导

向家长发起沟通之后，不能只把问题摆在家长面前，要针对问题向家长提出解决的办法，素质好、悟性高的家长可以积极听取老师的合理建议并自行解决。如果两次沟通后问题依然没有解决的话，要考虑安排专门的时间，找家长个别约谈。

环节 5：表达感谢

沟通结束之后要表示对家长的感谢，比如，"谢谢您的配合""您慢走""谢谢您""您放心吧！"

幼儿发展是一个不断变化、动态渐进的过程。作为教师，除了要善于观察，还要将工作中观察到的幼儿的情况主动向家长反馈，找出原因并寻求解决的办法。尤其是新教师，更要利用好这个让家长熟悉和认可你的机会，认真做好每一次沟通。

重点回顾

- 家长主动发起的交流
  - 环节1：热情接待
  - 环节2：积极倾听
  - 环节3：适当回应
  - 环节4：做好记录和安排
  - 环节5：离园反馈
- 教师主动发起的交流
  - 环节1：沟通准备
  - 环节2：沟通请求
  - 环节3：正确表达
  - 环节4：简单指导
  - 环节5：表达感谢

思考与练习

试总结不同情境中与家长沟通的话术要点。

任务四　来离园交流的工作要点

课前思考

有的教师喜欢当着孩子的面向家长告知孩子不遵守规则等不良行为，他们认为这样会给孩子一些压力，帮助孩子更快地改变，这种做法妥当吗？为什么？

一、热情面对家长，注意沟通礼仪

（1）对主动发起交流的家长热情接待，向家长打招呼时颔首示意。

（2）如果幼儿在旁边也要向幼儿打招呼，和幼儿打招呼时要蹲下来。

（3）礼仪和热情在来离园短时交流过程中非常重要，礼仪很大程度上可以影响来离园交流目的达成与否。

（4）教师要面带微笑情绪饱满，面部表情轻松平和，用自信的眼神注视家长，给人礼貌、亲切的感觉，身体动作自然大方。如果是幼儿父母，教师应该称呼××妈妈/爸爸你好；如果是祖辈家长，老师可以称呼叔叔/阿姨，或××奶奶/爷爷。语气要热情大方，声音温婉有力。

二、满足每一位家长想了解幼儿在园情况的需要

首先，来离园交流时，教师可以根据家园共育的需要，优先安排需要沟通的家长和有交流意愿的家长。

其次，教师还要制订每天的交流计划，确保在一段时间内，每一位家长都得到教师的关注，以建立良好的亲师关系。特别是一些日常表现优秀，没有什么问题的幼儿家长，教师也需要主动沟通，及时肯定孩子，不要让其感觉到被忽略。

三、沟通时注意共情家长及幼儿

共情能力在和幼儿家长交流时尤其重要，老师要能准确感知到家长的情绪，做到

共情。同时，来离园交流时以肯定和表扬幼儿为主，即便提出问题，也要先肯定幼儿好的地方，再提出问题，并且以解决问题为目标。

四、反映幼儿问题时要注意避开幼儿

心理学上有一个词叫“负强化”，如果在幼儿面前说他的缺点，这个缺点就被强化了，幼儿可能会越来越向缺点靠近。比如说一个幼儿胆子小，如果总是当着孩子的面说他胆子小，他的胆子可能会越来越小。所以，当老师想利用来离园时间反馈幼儿问题时，一定要避开幼儿，否则幼儿会感觉被老师批评了，认为老师不喜欢自己。如果幼儿因此又被家长指责或打骂，孩子就会怨恨老师，影响师生关系，导致幼儿在园时更加不配合老师的工作；相反，表扬孩子的时候可以故意让孩子听到，正强化幼儿的优点，把表扬的效果进一步放大。

五、提出切实有效的教育小建议

教师在分析幼儿现存行为问题之后，一定要向家长提出合理、有效的教育建议，帮助家长解决问题。切忌分析问题头头是道，一提解决方法就只剩下了说教。能帮助家长真正地解决幼儿的问题，才真正体现教师的专业水平。

六、多次沟通无效或比较复杂的问题要转入个别约谈

来离园时往往一个老师面对众多家长，沟通时间短，因此，只能了解和反馈一些当下就能说清楚并可以共同解决的小问题。遇到一些比较复杂和难解决的问题时，教师可以选择个别约谈的方式，确保能充分沟通，避免误解。

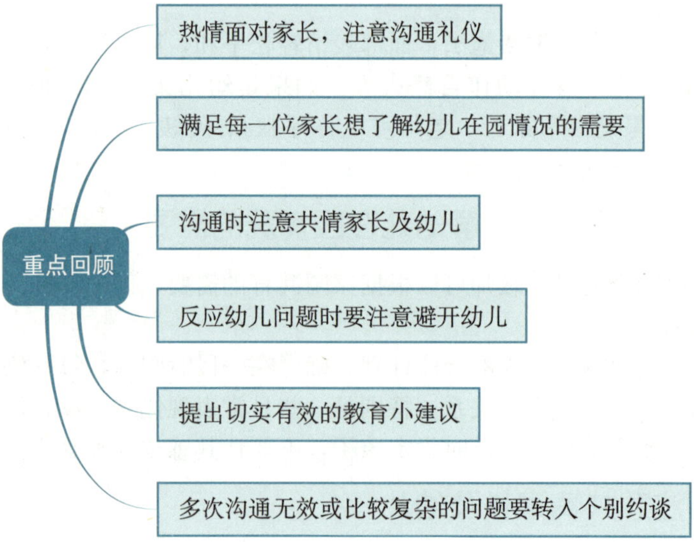

思政园地

《幼儿园工作规程》第五十三条规定："幼儿园应当建立幼儿园与家长联系的制度。幼儿园可采取多种形式，指导家长正确了解幼儿园保育和教育的内容、方法，定期召开家长会议，并接待家长的来访和咨询。幼儿园应当认真分析、吸收家长对幼儿园教育与管理工作的意见与建议。幼儿园应当建立家长开放日制度。"

教育部《关于加强家庭教育工作的指导意见》特别强调，要"强化学校家庭教育工作指导。……中小学幼儿园要建立健全家庭教育工作机制，统筹家长委员会、家长学校、家长会、家访、家长开放日、家长接待日等各种家校沟通渠道。"

解读：以上文件都特别强调幼儿园教师要通过多种形式与家长进行沟通交流，相互配合，以实现家园合作共育。本书项目三至项目八，分别介绍"来离园的交流与指导""个别约谈的准备与实施""辨析讨论会的策划与组织""家长会的策划与组织""家园活动的策划与组织""家园合作中电子媒介的有效应用"等多种家庭教育指导形式，在学习这些家庭教育指导形式的过程中，学前教育专业学生要具有下列思想品质：

(1) 作为专业的教育工作者，要本着"一个都不能少"的担当和教育情怀，积极选取有效的家庭教育指导形式，与家长通力合作，保证每一个孩子的健康成长。

(2) 尊重儿童身心发展规律和个性特点，具有科学探究精神，了解儿童成长的奥秘，积极分析儿童成长过程中的问题，并努力寻找解决问题的方法。

(3) 积极面对各种类型的家长，勇于接受挑战，不断超越自我，与家长密切配合，解决各种家庭教养问题。

思考与练习

共情家长和幼儿时，还需要注意哪些内容?

实践演练

请同学们根据来离园交流的流程和组织要点，两两一组分别扮演家长和老师，针对下列情景进行来离园交流的演练。

[**教师主动发起的交流**]

情景1：

童童今年4岁，在园里吃饭时挑食严重且边吃边玩，不喂就不吃。童童父母是上班族，接送基本上都是老人。平常由爷爷、奶奶、姥姥、姥爷轮流照顾，整个大家庭中只有一个小女孩，所以大家对童童疼爱有加甚至宠溺。

情景2：

离园时，航航的脸上有轻微擦伤还留着痕迹，老师与家长进行交流。

情景3：

美术课上，老师发现浩浩对画画很感兴趣，画面的颜色丰富，线条流畅，离园时老师向浩浩妈妈建议可以考虑给浩浩报美术班。

[**家长主动发起的交流**]

情景1：

入园时，家长向教师抱怨亲子体验课程结束后颁发的毕业证书纸张质量不好，被孩子一弄就坏了，是否可以重新做一张更好的补给她。

情景2：

上午孩子们在盥洗室洗手，璇璇找到老师告状，说游游向他吐口水。老师找到游游，问游游有没有向璇璇吐口水，他点了点头。教师就让游游给璇璇道了歉，并告诉游游这样做不对。第二天游游妈妈非常气愤地找到教师，说这件事不是游游做的，但是别的小朋友都说是，孩子一直哭，感觉自己孩子受委屈了。

情景3：

明宇渐渐适应了幼儿园，也结交了好朋友，回家还经常跟妈妈说幼儿园里有趣的事情，尤其喜欢王老师。家长非常感激，入园时找到王老师表示感谢。

评分标准参考下表：

分值（分）	指标	评分标准	得分（总分100分）	备注
20	沟通礼仪	热情接待。面带微笑，情绪饱满，使用尊称“您”，身体动作大方得体，语气亲和		
20	正确表达	先优点后问题，以肯定和表扬幼儿为主		
20	共情家长	认真倾听家长的表达，观察家长的细微表情，体察家长的情绪和感受		
20	简单指导	提出问题的同时，也提供解决问题的具体办法		
20	表达感谢	沟通后表达真诚的感谢		
合计				

项目四　个别约谈的准备与实施

任务一　个别约谈概述

课前思考

请思考，哪些问题适合个别约谈？

一、什么是个别约谈

个别约谈是指教师和家长围绕幼儿教育问题进行的有目的、有计划、有准备、一对一的深度交谈，旨在和家长一起探讨问题，通过家园共育解决幼儿教育问题的一种家庭教育指导形式。如果个别约谈效果好，可以迅速拉近家长和教师之间的心理距离，形成相互信任的亲师关系，为家园合作共育奠定基础。

视频 4-1：个别约谈示例

二、个别约谈的特点

相对于其他家庭教育指导形式来说，个别约谈有以下特点。

（一）主题鲜明、针对性强

个别约谈是教师与家长专门针对幼儿生活和成长过程中的某一情况和问题进行的深层次的沟通与交流，便于解决幼儿个性化的问题。交流的主题比较鲜明、针对性很强。约谈的发起方可以是教师，也可以是家长。

例如：教师可以就幼儿的挑食和吃饭太慢、攻击性行为太强或者幼儿不遵守规则等问题，向家长发起约谈邀请；家长也可以就幼儿不与人交往、任性、好发脾气等问题约谈教师，寻求教师的指导和帮助。

（二）内容复杂、沟通深入

与来离园交流不同，个别约谈的问题往往比较复杂，教师需要结合幼儿在园和在家的综合表现，与家长深入地交流和探讨问题形成的原因，与家长共同商量寻求解决问题的办法。个别约谈是教师和家长共同研究问题和解决问题的过程，是家园合作共育中不可缺少的一种个别指导形式，可以有针对性地解决个性化的问题，在幼儿园家长工作中经常被使用。

三、儿童个性化问题解决路径

个别约谈旨在联合家长共同解决幼儿成长过程中的各种问题。作为一名幼儿教师，在解决幼儿的某个问题之前，必须对幼儿当前的发展情况进行全面观察，对孩子的行为问题进行梳理和分析。

首先，要观察幼儿有哪些异于其他幼儿的行为表现，这往往提示幼儿的问题所在。

其次，要了解幼儿在家的行为表现，这些主要通过与家长的沟通实现。

最后，要全面了解幼儿的家庭教养情况，分析家长的教养行为，了解家长在幼儿教育上有无问题存在，分别站在家长和幼儿的角度对比观察和研究，找到幼儿问题产生的原因，然后教师与家长共同制订家园共育方案，以促进幼儿的发展和解决问题。

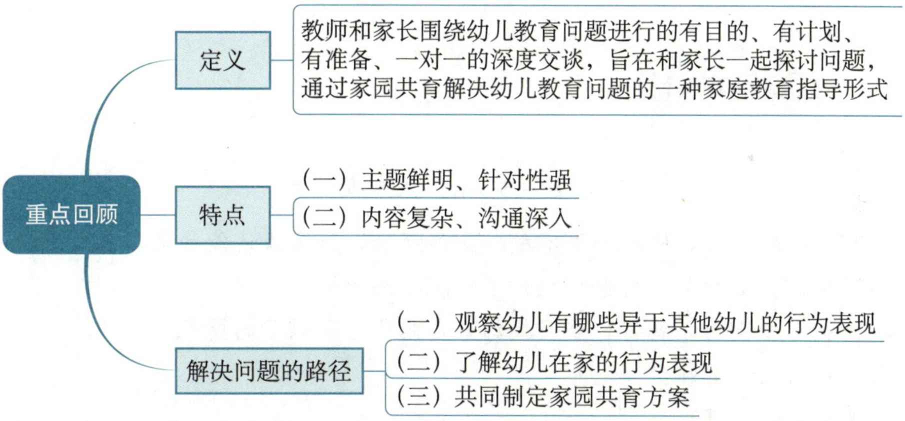

思考与练习

个别约谈与来离园交流有何不同之处？

任务二　实践案例分析

本节共呈现三个不同的案例，分别从完整的个别约谈流程、教师在个别约谈的过程中情感的参与，以及解决幼儿问题的过程中教师是怎样调整策略以达到家园合作共育目的三个方面进行阐述，请同学们学习后认真完成实践演练。

【案例 4－1】

不爱与人交流、挑食的可杨

可杨，小班幼儿，他在园里不参加集体活动，语言表达能力弱，五大领域各方面发展偏落后。教师与可杨爸爸进行了一次个别约谈。

教师：可杨爸爸，您好！今天找您来是想聊一聊孩子的情况。

爸爸：好的，老师。

（见面互相问好）

教师：可杨爸爸，可杨非常活泼可爱，我们都非常喜欢他。从运动能力来看，可杨能在老师的帮助下缓慢地上下楼梯，但与这个年龄应该达到的水平相比，平衡能力、跳跃能力等动作发展都偏弱。在精细动作方面，宝贝玩益智类拼插玩具能力较强，有很强的创造能力，想法很丰富，但在美工涂色、折纸等精细动作上有所欠缺。我感觉宝贝聪明、学得快，但锻炼的机会太少，自己的事总是依赖别人。语言发展方面，宝贝语言表达能力较好，能够说出自己的意愿和想法，但很少主动表达自己的想法，经常用点头、摇头来表达。在人际交往方面，宝贝自己感兴趣的时候能够跟和本组小朋友一起玩耍，但有时会抢玩具，在遇到问题时或者跟小朋友有摩擦时，用哭和动手来表达，不会向他人求助，也不给予他人回应，交往能力还需要提高。在集体户外活动时，经常自己独自玩耍。认知方面还不错，但注意力有所欠缺。

爸爸：噢。

老师：总的来说，一是，可杨不爱运动，比较懒散，运动量不足，每当跳律动操或者户外活动时自己一人蹲着，不活动；二是，吃饭挑食严重，遇到喜欢吃的就吃，不喜欢吃的就把饭和菜混一起，只玩不吃；三是，在幼儿园与小朋友交往少，有时一天都不和小朋友或老师说话。

（展开话题，向家长描述幼儿在幼儿园的行为表现，先优点后缺点）

爸爸：是吗？老师。

教师：我想问一下您，可杨在家经常自己玩吗？

爸爸：父母不在的情况下自己玩。一般回到家后会在家里玩玩具，比如枪、恐龙等，自己在那里编故事，拿着玩具相互演。

教师：宝贝在家里和父母互动的情况怎么样？

爸爸：只要父母在家就陪他一起玩。陪他一起玩角色游戏或者在床上给他讲故事，有时也一起看动画片。

教师：他在家玩什么游戏时间长？会进行体育类活动吗？

爸爸：玩玩具，看动画片，很少运动。

教师：你们会经常带他到小区里玩吗？

爸爸：家里就他一个孩子，偶尔会和邻居家哥哥姐姐一起玩，一般待在家里自己玩。

教师：在家里说话多吗？会和父母聊天吗？

爸爸：在家里还挺爱说的，睡觉前也会跟爸爸妈妈说一些幼儿园里的事。跟奶奶的时候，自己玩的时间多。

教师：家里谁做饭？大概都吃些什么？

爸爸：奶奶做饭，做饭种类比较单一，有粥、土豆丝、菜花、面条等。

教师：宝贝在家吃饭怎么样？

爸爸：跟着大人一起吃，在家里也挑食，吃自己喜欢吃的。

教师：你们大人中有挑食的吗？

爸爸：他妈妈也比较挑食，所以家里的饭菜种类比较单一。

教师：在家里可杨独立能力怎么样？自己的事情都有自己做吗？

爸爸：在家自己吃饭，穿衣服、拿书包之类的事都是大人给他做，他自己动手的机会少。

（了解幼儿在家的行为表现，了解孩子的成长背景和环境，尤其是家庭教养方式和亲子互动的方法）

教师：可杨爸爸，通过刚才的交流，我对你们的家庭教养情况也有了一些了解。

我感觉因为老人带孩子比较多，你们也很少带可杨到小区里玩，所以可杨运动太少，同伴交往的机会也太少，导致可杨身体平衡能力不强，也不愿意和同伴交往。挑食的话对孩子的身体健康有危害，会影响孩子身体正常的生长发育。可杨爸爸，你怎么认为呢？

爸爸：上次开放日活动时，我们也观察到孩子的这些问题，我和孩子妈妈回家说起这个事，他妈妈也特别着急。谢谢老师，那您说我们应该怎么办呢？

（老师和家长一起分析幼儿行为问题的原因）

教师：可杨爸爸，通过和您交流，我们也确认了问题的原因。下面我们商量一下，一起找到帮助孩子提高各方面能力的方法。

在幼儿园里，我们会尽量多关注可杨，会从他感兴趣的事入手，比如：可杨喜欢看书，在活动中老师会多给他表现的机会，及时地去鼓励和表扬他，增加他的自信心；在区域和集体活动时增加他和小朋友交往的机会，从他熟悉的小朋友开始，引导他多和小朋友一起玩，慢慢带动他参与集体活动，融入集体。

在体育活动方面，我们也会鼓励他在大户外活动时动起来，让他的好朋友带动他，多挑战自己，多尝试各种器材，发现他有进步就去鼓励他，提高他运动的兴趣和身体平衡、协调能力。

在吃饭方面，我们会利用餐前谈话时间，向孩子们介绍各种食物的营养，激发孩子们对多种食物的兴趣；同时，发挥小朋友之间相互影响和榜样的作用，培养他不挑食的好习惯；在遇到不喜欢吃的饭菜时，老师会鼓励和引导他，可以不用都吃完，一口一口慢慢地尝试，循序渐进。在他有进步时，及时地表扬、奖励等。

（在幼儿园里教师的帮助计划）

爸爸：谢谢老师，你们费心了！

教师：不客气。我们也希望您在家庭教养方面做出一些调整。比如，晚上和周末时间，你们多带可杨到小区或游乐场去玩，给他提供更多与小朋友交流的机会。对于孩子的畏缩行为，如不敢滑滑梯、跳蹦床、不敢大声说话等，家长也要多给孩子提供锻炼的机会，尽量克制自己的情绪，多鼓励孩子。

在家中，大人要放手，鼓励可杨自己的事情自己做，可以让他整理自己的玩具，自己叠衣服，准备第二天要穿的衣服，帮着家人做力所能及的事情，比如擦桌子、剥鸡蛋、洗抹布、帮忙整理物品等。这些生活自理活动不仅能提高他的身体平衡和协调能力，还能帮他克服依赖心理。

父母还要尽量多带孩子出来运动，进行跑、跳、扔沙包、踢球等。父母可以跟幼儿一起比赛，加上一些趣味性的角色会让幼儿更加喜欢运动。在家里可以跟孩子一起制订一周小方案，比如：周一一起在小区的小广场上玩健身器材，周二一起跳格子，周三一起踢球等，这些计划会督促家长和孩子一块坚持，每完成一项就画勾，如果一周的小目标都完成了可以进行奖励。

对于可杨挑食的问题，建议你们不要在幼儿面前强调他喜欢吃什么，不喜欢吃什么，要多积极暗示，比如，“我家宝宝吃饭很好，不挑食，什么都会吃，看，吃了一大口，真棒……”。在家也进行食欲教育，多说说食物营养价值，让孩子了解各种食物给自己身体成长带来的好处。也要和奶奶沟通好，让家里的食谱丰富一些。可以根据幼儿园的营养食谱制作多种花样的食物。妈妈也要以身作则，不要在孩子面前强调自己不喜欢吃什么。父母可以和孩子一起进行吃饭比赛，比如：“妈妈今天吃了两勺菜椒，宝贝能吃多少啊？哎呀，宝贝真厉害，比妈妈吃得多……”同时，减少家里的零食，让孩子少吃零食，也会有助于孩子挑食问题的解决。

冰冻三尺非一日之寒，孩子的改变也需要父母的长期坚持和努力。

爸爸：谢谢教师，您的建议太全面了，我们一定会努力做好。

教师：不客气。可杨是一个很聪明的孩子，您和可杨妈妈的文化水平都比较高，可能以前工作太忙，疏忽了孩子的问题。今天沟通之后，咱们一起努力，可杨肯定会更好地成长和进步，变得越来越棒。

爸爸：谢谢老师！今天的谈话让我收获很多。

（提出合理化建议，进行具体地家庭教育指导）

一星期后：

经过一星期的观察，老师发现可杨确实有进步。吃饭时能自己主动向老师表达他的想法，不再用勺子玩饭菜了。户外活动时，能跟着老师一起做跳的动作了。老师把他在幼儿园的进步向家长进行反馈，家长很高兴，表示在家里会继续努力。

一个月后：

经过一个月的家园共同努力，可杨有了明显的进步。他开始喜欢跟小朋友一起玩。户外活动时能够自己安排时间，跑累了就去玩滑梯或者木马、跷跷板之类的游戏休息一会儿。然后就再去玩攀爬架、穿越火线之类的游戏。比之前有自信了，在跳律动操时能勇敢举手去第一排领着小朋友跳。但吃饭的习惯又有点倒退，在第四个星期幼儿吃饭情况又没有以前好了。跟可杨爸爸联系后，爸爸说最近在家里吃饭情况也不太好，没有坚持下去。妈妈工作忙，以为改过来了就没有做好监督。临近过节，家里的零食也多了起来。

两个月后：

经过半学期的家园共同努力，可杨存在的问题基本得到改善。与小朋友相处比较和谐，区域活动时不再自己一个人玩。集体活动时也积极地参与。运动能力有了很大的提升。饮食情况也有了改善，老师给的饭基本都能吃掉，如果不想吃的会提前和教师说，做到不浪费食物。

案例思考

1. 案例中教师与可杨爸爸沟通了哪几个方面的问题？

2. 沟通之后，教师向可杨爸爸提了哪些家庭教养的具体指导和建议？

【案例 4－2】

好哭的萌萌

萌萌，4岁，女孩。她是一个比较敏感的孩子，抗挫折能力比较差，特别好哭，只要有事没有达到自己的要求就会哭，比如看到她想玩的玩具被别人先拿去玩了，她就大哭。甚至会因为别人的一个眼神、一句话，哪怕是皱了一下眉头就会大哭。有一天午睡起床后，老师发现她的鞋子穿反了，就对她说："萌萌，你的鞋子穿反了，快把鞋子换过来吧！"萌萌反应了几秒钟，接着大哭起来。这一哭把老师也哭蒙了，不明白她哭的原因到底是什么，老师也没有批评她呀。根据幼儿在园的表现，老师向萌萌妈妈了解萌萌在家的情况。

家庭情况了解：

由于工作原因爸爸经常出差，在家陪伴孩子的时间很少，萌萌的妈妈全职在家带孩子。在与妈妈聊天的过程中老师发现，妈妈的脾气比较急，家庭生活中，经常对孩子吼叫和呵斥，气急了也会打孩子。妈妈说，爸爸不在家，自己一个人带孩子很累很烦。现在萌萌太好哭了，一有点什么事就哭，她不明白这孩子怎么这样，她从没在孩子身上发现什么优点。看到孩子这个样子，她自己也很崩溃，有次看到孩子哭，她也忍不住哭起来。老师还了解到，萌萌妈妈的教养观念就是放任不管，把孩子的成长交给时间，总以为孩子大了心智成熟了，就不会哭了。虽然是全职妈妈，但平时陪伴孩子的方式就是自己和孩子各做各的事，很少跟孩子有互动的活动。

针对萌萌的这些问题，老师准备找妈妈来谈一谈，看一下怎么能帮助这个孩子。

情景 4－1

本案例展示了教师进行个别约谈过程中教师情感参与的重要性，请认真学习。

案例思考

1. 请扫码阅读王老师与萌萌妈妈约谈的情景 4－1，分析王老师通过哪些方法做到了与家长的共情。

2. 试总结王老师给萌萌妈妈提了哪些具体的建议。

【案例 4-3】

爱打人的翔翔

翔翔，6岁，男孩，大班。小班的时候我带过他两个月，那时候刚入园，比较顽皮，容易破坏规则，但经过提醒能够改正。两年后我又重新带他，我发现班里的其他幼儿都有了很大的进步，但翔翔却变得与幼儿园生活更格格不入了：打人行为特别明显，一整天会多次有人告他的状，而他对告状幼儿表现出极大的愤怒；破坏规则，且提醒无反应；非常孤僻，对于我的亲近行为显得排斥，没有回应；目光很少与人对视；与其沟通，不说话，眼睛看向地面，表现出很倔强的态度；很少说话，上课从不主动回答问题，多用摇头、点头来表示；平日里很少有笑容，比小班时的状态差很多。

针对他的行为表现和状态，教师尝试跟家长做了几次沟通。本案例中，教师不断调整和家长沟通的策略，非常清晰具体地展示了解决幼儿问题的过程。

第一次离园沟通（9月27日）

离园时，翔翔妈妈来接。我跟妈妈简单介绍了开学后观察到的孩子情况，尤其是攻击性行为，希望让妈妈了解并引起注意。妈妈看到翔翔出来，马上拉住他："今天你又打人了?!"我一看情形不对，马上结束了谈话，并匆忙嘱咐："跟您说这些情况并不是叫您批评孩子，不然会使孩子对我们产生抗拒。"

经过第一次沟通，我了解到，我向妈妈描述孩子的不良行为，她误以为我要她对孩子严加管教，为了显示配合教师工作而当着我的面批评孩子。这可能与其他教师以往的交流方式有关，也是我自身工作的疏忽。

第二次离园沟通（10月17日）

我把翔翔妈妈叫到旁边："今天翔翔和小明发生了一点冲突，一眼没看见俩人扭打在了一起……"话音未落，翔翔快速走了过来，拽住妈妈的衣服（意图往外拉），低着头说："今天小明把我本子撕烂了，还打我。"妈妈抓住他的手："你说你干啥了?! 你干啥了?!"我制止了妈妈，对翔翔说："我跟妈妈说这件事并不是说你做得不对，而是让妈妈知道这件事，我也会告诉小明的妈妈。因为你们俩不是第一次打架打得这么凶狠了，毕竟打架是不对的。"然后为翔翔开脱了几句，他们俩匆忙走了。

两次沟通都是离园接待时随机交流的，虽极力避开幼儿，但看上去幼儿有过"被告状"的经历，甚是敏感，交流根本无法进行。两次沟通本来都是以在园表现引出话题，期望通过和妈妈交谈了解其在家的情况，但都以失败告终。有一天早上，翔翔来到幼儿园，双眼通红。妈妈要求他向教师问好，翔翔一反常态没有理妈妈，妈妈抓住他暗暗发力，我赶紧把翔翔接进来，支走了妈妈。我已经感受到了母子间的火药味儿。我拉着翔翔的手问，“妈妈打你了？”他摇头。“骂你了？”还是摇头。我摸摸他的头跟他说：“洗把脸就好了。”他虽然没说话，但斜着眼看了看我，点点头去洗脸了。下午认识他母子的同事告诉我，早上翔翔妈妈在楼道里对他又打又骂。

这段时间翔翔经常用恶毒的话骂人，骂人或者打人的时候，我问他情况，他从不解释，只是恶狠狠地瞪着跟他打架的人。后来的沟通，我选择了个别约谈的方式。约谈的地点在幼儿园的心理咨询室。

第一次个别约谈

通过和妈妈交谈了解到，妈妈是小学教师，平时对孩子教育较多，喜欢说教，但效果并不明显。翔翔的爸爸平时不善言辞，对孩子比较严厉，让孩子觉得害怕。我问：“家里人着急了会不会打孩子？”妈妈想了想说，只有他爸爸偶尔打他，也很少打。问到家人是否骂人，妈妈说邻居喜欢骂人，孩子跟邻居学着骂人。妈妈提到自己工作非常忙，回家难免对孩子发泄不良情绪，但不会打孩子。

第一次个别约谈后虽然收效甚微，但妈妈经常发信息向我表示感谢。我看了她的微信动态，她接受我的建议：晚上早睡觉，尽量腾出时间多陪着孩子。能感受到妈妈在努力改变。为了使沟通更有效，我把交流的内容调整成找孩子优点。

离园时翔翔妈妈来接他，我走过去刚要说话，翔翔把头蹭到妈妈身边拉起妈妈就要走，妈妈没动，翔翔自己径直往前走，妈妈把他拉回来。我说：“今天翔翔当小组长做得很好，活动完了东西收拾得很整齐，其实翔翔有很多优点都没来得及和您说呢……”翔翔听了就慢慢挪到教室去玩了，没说几句妈妈就兴奋地说：“对呀，他的确有很多优点，比如他很会玩，能创造一些我想不到的游戏。”

有一天下午准备离园，大家都在座位上画画，翔翔几个人在跑来跑去，你推我我推你，我叫住他们说：“这个游戏你们一定觉得挺有意思吧？但这个时间不适合玩，如果你们真觉得好，不如把这个游戏画下来，或者做个游戏计划，这样还能分享给其他人。”

晚上翔翔的妈妈在朋友圈里发表的状态就是翔翔画画。第二天我问翔翔画的什么。他仍旧拉着脸，但还是轻轻说了句“画的游戏”。

通过与翔翔妈妈三次沟通了解的情况，我对翔翔做出以下分析：

● 虽然翔翔妈妈不承认家人的暴力行为，但爸爸妈妈都打人的事实一定会对翔翔的安全感造成伤害，幼儿极易模仿大人的打人行为。

● 爸爸不善言辞，妈妈忙碌没有正确引导，也导致翔翔并不会用语言清晰表达自己，尤其是情绪和感受。与人玩耍出现矛盾冲突，他无法用语言表达自己的观点，容易气愤，会更多地用动作表达自己的想法。而且他做事冲动，出现攻击行为多、不能自控、不遵守规则等行为。

● 家长专制对待，翔翔并未习得怎样邀请别人和自己玩，不会拒绝别人，不会与别人分享，以及怎样保护自己的权益等，典型的缺乏交往技能。

● 翔翔有几个固定玩耍的伙伴，但这几个人在一起通常也是矛盾不断，经常玩着玩着就打起来，其中以翔翔与人冲突最多。很多时候为了让别人听自己的，遇到与自己意见相左的情况翔翔就会挥舞拳头。这体现了价值感不足，通过攻击性行为来验证力量，证明价值，引起同伴关注。

● 焦虑、挫败、缺乏安全感。父母营造的家庭氛围紧张、暴力、剑拔弩张，孩子无法得到充足的爱，缺乏安全感；父母对孩子犯错缺乏宽容，对孩子所做的事缺乏支持，孩子多挫败感；父母多打骂、批评，孩子生活在焦虑中。这种氛围下成长起来的孩子内心匮乏，充满攻击。

给父母的建议：

● 妈妈多给孩子接纳和包容，让孩子感受到被爱。当孩子做了错事可以理性地指出其错误和造成的后果，但不要带着情绪去打骂。

● 父母统一教育意见，多给孩子民主参与家庭活动的机会，而非命令其做事，使其没有自主权。尊重孩子的合理要求，尊重孩子保持自己的意见，不随意侵犯孩子的空间，给孩子自由的空间。

● 多拥抱孩子，多嬉戏玩闹，和孩子多玩游戏，增添家庭的幽默氛围，放松自己，孩子也会感受到放松。

● 给孩子一定的任务，如绘画、运动、阅读、朗读、朗诵，好好利用晚上的亲子时光。

● 关注孩子微小的进步，表达自己的感受，如："妈妈做饭、你画画，这种感觉真美妙""为了学会这个动作你这么坚持，我很佩服你""你今天唱歌的时候，我觉得很感动"等，用感觉的词汇代替居高临下的评价性词汇。

● 晚上坚持早上床睡觉，睡前选择较安静的活动内容。

经过了一段时间的观察，翔翔的状态逐渐好转，我与妈妈进行了简单的沟通。

第三次离园沟通

我把翔翔近一段时间的变化反馈给妈妈，并与妈妈进行了比较深入的沟通。"翔翔的行为是不是和对家庭成员的模仿有关？"妈妈跟我聊了自己的情绪不好对孩子造成了很多伤害，我建议她情绪不良时和孩子隔离。

经过这次沟通，翔翔的行为明显发生了变化，身体攻击性消失，但语言的攻击性会不经意地跳出来。我与他聊天谈及爸爸妈妈的时候，他会跟我讲一些细节。这大大不同于以前坚决不开口的状态。针对他谈到的爸爸妈妈吵架自己感到害怕的情况，我说在家里如果遇到困难可以给我打电话，他认真地记下我的电话号码。

他开始亲近教师，和其他幼儿的关系日渐亲近，但仍不善于表达自己。

有一次妈妈来接他，他在门口不走还踢打妈妈，最终妈妈将其强行拉走。事后妈妈跟我聊起此事，原来是我们商议好谁的家长来接了教师就喊“××小王子（小公主），你的家长来接你了”。当我喊他的时候他没听到，所以非要在门口等，妈妈询问他也不说，直到回到家才道出此事。借着这件事的契机我与妈妈进行了第二次个别约谈。

第二次个别约谈

我问：“您与孩子爸爸的关系如何？”妈妈沉默半晌开始讲述家庭中夫妻相处的激烈矛盾，并表示出脆弱无助的一面。我跟她进行了深入的交流，指出为了避免对孩子造成更大的伤害，作为母亲必须要做出调整，务必要充满勇气地做出改变，并在细节上进行商讨。

经过一次又一次的交流，翔翔妈妈从最开始掩藏家庭问题到后来敞开心扉面对问题，经历了从怀疑到信任的历程。经过家园共同努力，翔翔变了，以前骂人、打人的现象基本上改正过来了。在园里参加集体活动的时候也能比较好地遵守规则。通过与妈妈的沟通，教师了解到翔翔与妈妈的关系也变得亲密了。

案例思考

1. 个别约谈过程中如果家长不配合教师应该怎么办？
2. 请总结上述案例中教师的哪些做法对你特别有启发。

★ 综合思考

请结合以上案例，思考以下问题：

1. 通过上面三个案例的学习，你感觉个别约谈对教师有哪些要求？你认为最有挑战的是哪个环节？
2. 根据上面三个案例，尝试梳理一下个别约谈的流程。

任务三　个别约谈的流程

课前思考

教师需要怎么做才能保证个别约谈取得理想的沟通和指导效果？

个别约谈的流程如下：

准备 → 实施 → 总结

环节 1：准备

在正式实施个别约谈前，需要做大量的准备工作，以确保个别约谈的顺利进行。准备工作主要包括选定约谈个案；梳理幼儿在园行为；分析准备约谈的问题，查阅相关资料；确定约谈目标；制订谈话提纲；确定约谈对象；预约合适的时间、地点。

（一）选定约谈个案

幼儿的问题各种各样，究竟什么样的问题适合约谈家长呢？

第一类问题：影响幼儿园正常的保教工作秩序，可能带来伤害的事件或严重影响幼儿成长和安全的心理与行为问题。比如好哭、好发脾气、专注力不集中、多动、乱跑、不遵守规则、不与同伴交往、好打人、中午不睡觉等。

第二类问题：会使家长和教师产生比较深的、可能影响到家园合作与配合的误解和矛盾等问题。

下面的案例中，描述了一个刚上小班的幼儿明明，他的成长似乎出现了比较严重的问题，为了解明明的家庭背景和成长情况，有效解决明明的问题，李老师准备约谈明明的家长。

【案例4－4】

自闭倾向的明明

儿童情况：明明，男孩，3岁2个月，小班。

明明刚来幼儿园时不会说话，家长介绍说，明明的语言能力较弱，其他方面基本正常。但是经过一段时间的观察，李老师发现明明除了语言问题外，还存在不少其他问题，比如喝水时拒绝使用幼儿园的不锈钢水杯，只用妈妈给他准备的塑料杯；他也不在幼儿园吃饭，教师喂他也不吃；午休时入睡很困难，而且要穿着鞋子入睡；自己不会上厕所，需要教师帮助；对周围发生的一切漠不关心，喜欢独来独往，不与小朋友一起玩，也不懂得如何玩玩具；不遵守游戏规则，只是以自己独特的方式玩耍；喜欢做单调重复的动作，不喜欢任何形式的变化，如果有人试图改变他，会变得非常烦躁；有些行为看起来显得毫无意义；没有与人沟通的欲望，对教师的话也没有反应，不与教师的目光对视，偶尔会反反复复说同一个词，比如妈咪妈咪妈咪，爸比爸比爸比等。李老师还发现明明没有交往的意愿，缺乏自我的概念。

（二）梳理幼儿在园行为

1. 全面梳理幼儿的五大领域发展情况

教师在解决幼儿的某个问题之前，要有意识地对幼儿五大领域及子领域发展情况进行全面的观察和梳理，一方面可以整体把握孩子当前的发展状态，更准确地分析孩子的问题，然后从关键问题入手，制订有效的解决方案；另一方面也有利于教师找出孩子发展的优势和劣势，在与家长沟通时，坚持使用先优点后缺点的沟通原则，避免对家长说孩子的问题太多，引起家长反感。

比如，上述案例中，李老师详细梳理了明明五大领域发展情况：

（1）大运动能力：大运动能力发展一般，有些行为看起来显得毫无意义，喜欢做单调重复的动作，不喜欢任何形式的变化，如果有人试图改变他，会变得非常烦躁。

（2）精细动作能力：动手能力较差，不会配合教师进行捏橡皮泥、折纸、画画等活动。自理能力也很差，不会自己穿衣服、上厕所等。

（3）语言表达能力：语言能力较弱，没有听见他说过完整的句子，不高兴时就会哭或者大叫，偶尔会反反复复说同一个词，比如妈咪妈咪妈咪，爸比爸比爸比等。

（4）认知：由于沟通困难，也很少表达，对他的认知情况了解甚少。但他似乎很喜欢门，经常开门、关门。

（5）专注力：专注力两极分化严重，有时会很专注地盯着一个东西，或者摆弄一些玩具；但许多时候专注力不强，会在教室里四处跑动，扰乱纪律。

(6) 遵守规则：不遵守游戏规则，只是以自己独特的方式玩耍。

(7) 上课表现：刚上幼儿园的时候，别的小朋友都哭得很厉害，明明却不怎么哭。但他存在许多适应性问题，比如喝水时拒绝使用幼儿园的不锈钢水杯，只用妈妈给他准备的塑料杯；他也不在幼儿园吃饭，教师喂他也不吃；午休时入睡很困难，而且要穿着鞋子入睡。

(8) 师生互动和同伴交往：不与人交往，对周围发生的一切漠不关心。老师喊他的名字，和他说话，他的眼睛不看老师，也不做回应。喜欢独来独往，不与小朋友一起玩，也不懂得如何玩玩具。

(9) 参与集体活动情况：不参加集体活动，经常自己在教室里毫无目的地到处乱走，这里看看，那里摸摸，不理会任何人。

针对明明的五大领域发展情况，梳理其优势与劣势：

优势：上幼儿园不哭闹，长得也很可爱，对自己感兴趣的事情很专注。

劣势：语言表达能力、社会交往能力较弱，大运动能力和精细动作也有待于进一步加强。

2. 描述幼儿的问题行为

个别约谈的目标是解决幼儿的问题行为，那么分析和研究幼儿的问题行为就是个别约谈准备的重点。为了保证客观性，让家长真实地了解幼儿的问题行为，我们可以采取教育叙事的方式，描述孩子的问题行为。

相关知识

教育叙事

教育叙事即是讲有关教育的故事。它是教育主体叙述教育教学中的真实情境的过程，其实质是通过讲述教育故事体悟教育真谛的一种研究方法。并非为讲故事而讲故事，而是通过教育叙事展开对现象的思索、对问题的研究，是一个将客观的过程、真实的体验、主观的阐释有机融为一体的一种教育经验的发现和揭示过程。

比如教师说："幼儿对别人不友好。""对别人不友好"是教师自己对幼儿的一种评价，这种评价是带有个人色彩的，不一定准确和客观。如果用教育叙事的方法来描述幼儿的行为，可以说："该幼儿将玩具从一个小女生的手里抢了过来。"这种行为是不是幼儿对别人不友好呢？其实不一定，可能是幼儿不懂得怎样去跟别人分享玩具，或者是不懂得怎样邀请别人和他一起玩玩具，缺乏交往技能。教育叙事也可以叫作白描，把事情发生的前因后果白描下来，以便教师更好地分析幼儿，找出关键问题。

教育叙事是客观地描述幼儿行为的一种研究方法。这种记录方法有利于让其他不在现场的教师和家长真实、客观地了解幼儿的具体行为表现，共同分析和研究幼儿的行为。比如，同样是幼儿打人的行为，场景不同，原因也不一样，用教育叙事的方式可以让其他人对幼儿的打人行为有更加具体的了解。

如打人行为具有多种不同的类型：有的是别人惹到他时他会打人；有的是想玩别人的玩具对方不给，就动手打人抢玩具；有的是别人抢他玩具时，出于自我防卫而打人；还有的是没有原因地打人。

因此，要对幼儿的问题行为进行详细描述，才能更好地了解幼儿问题行为背后的原因。

【案例 4－5】

你别过来

儿童情况：罡罡，男孩，5 岁，大班。

行为描述：在一次区域游戏中，教师看到罡罡将玩具从一个小女生的手里抢了过来，小女生想要拿回玩具，两个人发生了争执，最后罡罡因为没有得到玩具，“哇”的一声哭了，情绪比较激动，动手打了小女生，然后跑到了角落里。教师走过去，想要和罡罡进行交流，他看到教师，冲教师挥舞着手让教师没法靠近。

罡罡平时在班里和教师们的交流比较少，也没有固定的好朋友，很少参加集体活动，上课时不能遵守纪律安静地坐到小椅子上，而是在教室里到处走动。但是他很聪明，能够很快地接受新知识。

【案例 4－6】

好打人的强强

儿童情况：强强，男孩，5 岁，大班。

行为描述：强强一会儿和旁边的小朋友说话，一会儿打一下附近的小朋友，不遵守规则，具有一定攻击性行为，从洗手间回活动室仅有几米的路上就能打好几个小朋友，走起路来像一阵风吹过，好几个小朋友已经哭着来向教师告状了。区角活动时小朋友刚搭好的积木，他过去一脚就给小朋友踢倒了……

对比案例 4－5、案例 4－6 可以看出，同样存在打人行为，罡罡和强强的原因截然不同，这种教育叙事的方式描述问题有助于我们更好地了解幼儿问题的成因。而用教育叙事的方式准确描述幼儿问题建立在教师对幼儿翔实的观察基础之上。

为了更好地帮助案例 4－4 中的明明，李老师也不断地在观察明明的行为，并记录了几个事件：

事件一：

游戏时，老师故意把明明领到小朋友多的地方玩，还让班里几位比较活泼的孩子主动邀请明明一起玩。可明明眼睛四处看，完全不理会对方的邀请，似乎对方不存在一样。久而久之，没有小朋友主动找他玩了。

事件二：

有一次活动时，老师把明明抱在怀里，一边摇着他一边用手轻轻地抚摩他的后背和胳膊，他竟然非常乖地躺在老师的怀里，一动不动，非常配合地享受着抚摩，好像睡着了一样。

事件三：

明明对教室的门很感兴趣，经常自己将门打开，再关上，一直重复。教师从旁观察，他不理会，沉浸在自己的世界当中。教师要求他不再动门，他哭着拒绝，拼命摆头，似乎触碰到了他十分珍视的物品。

3. 找出关键问题

幼儿的问题可能有很多，但每个幼儿的关键问题是不一样的。同样是幼儿到处乱跑，有的是因为他听不懂老师的话；有的是因为他缺乏规则意识。教师要学会“透过表象看本质”，抓住幼儿的关键问题。

对于明明来说，因为他语言发展不好，必然人际交往能力差，认知也受到限制，因此，明明的关键问题是缺乏人际交往意愿，语言发展不好。增强亲子语言互动，提高明明的语言理解和表达能力，是解决明明问题的关键。

随堂练习：寻找幼儿的关键问题

请判断案例 4－5 和案例 4－6 中罡罡和强强的关键问题。

参考答案 4－1

（三）分析准备约谈的问题，查阅相关资料

找到幼儿的关键问题后，教师可以多方收集资料，对幼儿的问题进行透彻、深刻的分析，了解此类问题产生的可能原因和多种解决办法。可以通过上网查资料、翻阅图书等方法研究问题，也可以与本园有经验的老教师探讨交流，必要时还可以请教这

个领域的教育专家，做到与家长交流时“有备而谈”。

相关知识

查阅资料的方法

1. 百度关键词搜索

粗略浏览，筛选出5篇左右有内容、有方法且相对比较专业的文章后开始研读。按照“是什么、为什么和怎么做”的步骤，对照问题梳理出知识点，分层次做好笔记。“知乎”上有许多专业人士针对某一问题的回答，可以参考。

2. 幼儿教育专业网站搜索

中国知网中可以搜索到海量的学术论文，内容学术性强、有深度，也比较严谨，尤其是高校学生的硕博论文，文献综述部分会对某一领域的内容进行详细梳理，十分具有参考价值。另外，也可以进入幼教专业网站搜索，如幼教网和幼儿教师网等。

3. 阅读专业书籍

专业的幼儿教育著作有很多，在选择上会有一些难度，究竟该选择哪一本研读非常重要，有两个方法供教师们鉴别：第一搜索该书作者，了解作者简介，进行初步判断；第二查对该书的评价进行仔细鉴别，如果正面评价非常多，那么这本书就可以作为参考之一了。

准备幼儿的材料是一个长期的过程。平时教师应该注意收集最能说明幼儿发展情况的典型材料，为随后的个别约谈或其他形式的家园沟通做准备。

案例4-4中的李老师在约谈家长之前，上网查询了与明明的问题相关的资料，发现明明的行为表现具有自闭倾向。她同时查询了此类问题形成的原因和可能帮助明明改善行为问题的方法，并做了详细的笔记，还对各种矫正方法进行了仔细的分析和归类。做好这些准备之后，她才感觉自己可以胸有成竹地和家长交流了。

参考答案4-2

随堂练习：

专注力缺失的问题是当前幼儿家长普遍关注的问题，请用查阅资料的方法查找幼儿专注力缺失的原因及解决策略，各列出五条。

（四）确定约谈目标

确定约谈目标才能确保约谈有目的、有计划地进行，不至于漫无目的地瞎聊，浪费彼此的时间。通过对幼儿问题的分析确定约谈的目标如下：

（1）向家长介绍幼儿在园的行为，让家长了解幼儿的问题。

（2）向家长了解幼儿在家的行为和家庭教养情况，深入了解幼儿的成长背景以及在家表现。

（3）和家长一起分析原因和制订解决方案，对家长进行具体方法的指导。

案例 4－4 中的李老师对明明的问题认真分析和研究之后，制订了以下约谈目标：

（1）让家长了解明明的在园行为。

（2）深入了解明明的成长背景及在家行为，如出生后的主要带养人、成长经历、亲子互动情况、语言表达情况等。

（3）通过约谈，与家长一起探讨明明问题形成的可能原因，指导家长用正确的方式陪伴明明，调整家庭教养方法。

（五）制订谈话提纲

谈话提纲可以提前打印出来，以表格的形式呈现，方便约谈时按步骤进行和做记录，建议从以下几方面进行设计：

（1）向家长介绍幼儿在园的行为表现。

（2）向家长了解幼儿在家的行为表现。

（3）了解详细的家庭教养情况。

（4）共同分析问题行为原因。

（5）尝试提出解决方案。

（六）确定约谈对象

约谈的目的是和家长一起解决幼儿的问题，照顾幼儿的家长可能是爸爸妈妈或者爷爷奶奶，那么个别约谈的对象应该选择谁呢？

请扫码阅读教师与登登妈妈约谈的情景 4－2。

情景 4－2

情景中教师选择了登登的妈妈作为约谈对象，向登登妈妈提出了很多解决问题的办法，登登妈妈也听取了教师的意见。可是登登一般都是由爸爸来照顾，在登登的教育问题上爸爸非常固执，回家之后如何教育登登还是要听爸爸的，妈妈掌握的教育方法得不到有效的实施。登登的问题得不到解决，这次约谈的目的就没有达到。

所以，如果可能，个别约谈应尽量邀请父母双方均到场，因为家庭教育父母有共同的责任。如果实现不了，应该选择家里照顾幼儿时间比较多、话语权比较大的一方，这样才能保证约谈的目的。如果是祖辈家长在照顾幼儿，且已经出现比较严重的问题时，教师首先应该选择幼儿的父母来约谈。如果父母实在没有时间面谈，可以选择给父母发微信或者打电话的形式沟通幼儿问题。

（七）预约合适的时间、地点

与家长个别约谈的时间一般定在下午家长接孩子之前的 1～1.5 小时，便于家长和教师交流之后接孩子回家。地点就定在幼儿园，最好在一个单独、安静、不被打扰的房间里进行，以便教师和家长能进行深度交流。可以提前准备一杯清茶，营造一种轻松、愉快的氛围。约谈的时间和地点定好之后，就可以进入正式约谈环节了。

案例 4－4 中李老师的准备工作做好之后，把约定时间定在一个周三的下午，约谈地点就定在幼儿园。

环节 2：实施

（一）见面问好与寒暄

1. 向家长问好

教师面带微笑、热情地向家长问好，营造友好的沟通氛围。

2. 简单地寒暄

简单地寒暄是缓解家长路途奔波的紧张情绪，拉近与家长的心理距离，形成友好沟通气氛的一种有效方法。一般情况下，不建议教师开门见山，直接谈幼儿的问题，这会让家长紧张、戒备和产生防御心理，甚至让家长反感。特别是有些家长，看起来冷冷的很不好沟通。最好先聊一些轻松的话题，比如：聊聊最近的天气，吐槽一下拥堵的交通，也可以试着聊一聊对方的工作，交流一些家长熟悉的话题，慢慢地话匣子就打开了。如果教师是第一次与家长做深度的个别约谈，一定要有寒暄这一步。

如果家长高冷，有拒人千里之外的感觉，或者有戒备心理，这种寒暄就更加重要了。

（二）展开个别约谈

1. 向家长描述幼儿在幼儿园的行为表现，先优点后缺点

针对问题，教师借助事先准备好的素材向家长描述幼儿在园的表现。描述的过程中，教师需要遵循“为了孩子”的沟通定位，并时刻共情家长，如描述孩子的行为表现时注意要先优点后缺点，尽可能多地说出幼儿优点和进步，让家长感觉到教师非常喜欢自己的孩子。沟通幼儿问题时注意摆事实、讲道理，晓之以理，动之以情，让家长体会到教师是站在公平公正的立场上解决问题的，同时也要感谢家长对幼儿在园问题的关注，可以说“非常感谢家长这么配合工作，抽出时间就孩子的问题与我们交谈”。

向家长描述幼儿行为问题的技巧：

- “为了孩子”的沟通定位，建立关系。
- 先优点后缺点，切忌开门见山地说孩子的问题。
- 对于敏感的家长可以先聊家常和家庭情况。

请看以下案例：

【案例 4-7】

我的孩子很正常

有位妈妈比较敏感，不能接受别人说孩子不好，比如入园查体表上显示，孩子白细胞高，保健主任只是顺口说了句孩子白细胞有点高啊，妈妈就有些激动地说孩子很正常，没有任何问题，这都不是大问题。

与这类家长交流问题的过程中，注意不要说孩子的缺点和不足，也不要说孩子有问题。重点先放在了解孩子从小的家庭教养情况和亲子互动方式上。发现问题之后再友好地提出教育建议，慢慢建立关系。

2. 了解幼儿在家的行为表现

了解幼儿的成长背景和环境，尤其是家庭教养方式和亲子互动的方法。

向家长描述幼儿在园的问题之后，可根据制订的谈话提纲依次向家长进行提问。

对于幼儿的家庭情况，家长最有发言权，因此提问时一定要用请教的口气，并尽量问一些开放性问题，少用封闭性问题。交流过程中，注意时刻共情家长，耐心地倾听家长，体察家长的感受，并表达对家长的共情，引发其倾诉的欲望，这样做有助于从深层次发掘问题的原因。

相关知识

开放式问题与封闭式问题

开放式问题的内容极其宽泛，允许回答者有相对自由的空间来决定提供多少信息量以及如何回答问题。

开放式问题通常使用"为什么""如何""能不能""什么""愿不愿意"等词进行发问，让回答者就有关问题给予详细的说明。

带有"为什么"的提问通常可以引出对事件原因的探讨，如："为什么孩子不爱说话？"

带有"如何"的提问往往牵涉到了某件事的过程、顺序，如："幼儿在家一天是如何安排的？"

带有"什么"的提问往往能够获得一些事实资料，如："带养人有什么性格特点？"

带“愿不愿意”“能不能”的提问往往能够促进回答者进行自我剖析，如：“您能不能描述一下你们的亲子关系?”

不同的提问用词往往会导致不同的结果，因此在准备问题时要根据提问需求来选取合适的提问用词。

在封闭式提问中，提问者提出的问题通常已给出了预设，回答者不需要展开进行回答，只需要回答“是”或者“不是”。封闭性问题是为了确认，旨在澄清事实，获取重点并进一步缩小讨论范围。如，“您说的是……吗?”

在与家长交流的过程中，需要注意两个关键点：

(1) 家庭教养过程中是否存在特殊情况？这造成了什么问题？比如，带养人的身体状况，如果是老人且身体不太好，很少带幼儿出去玩，幼儿社会交往就可能会受到一些影响。

(2) 幼儿在园在家的表现是否一样？对不一样的点要尤其关注。比如，有的孩子在家“小绵羊”，在外“小霸王”，说明家里有个比较严厉的家长；有的孩子在家“小霸王”，在外“小绵羊”，则说明孩子的家庭教养中可能缺乏规则约束。

3. 共同分析原因

认真倾听家长表达的细节，边听边记录边思考，可通过思考以下三点迅速分析出问题的焦点所在：

(1) 教师要横向分析幼儿在园在家的行为，找出相同点与不同点。

(2) 教师也要纵向分析幼儿从小到大的成长，了解其各年龄的关键期教育有哪些缺失。

(3) 分析家庭教养中存在哪些问题。

请扫码阅读李老师与明明妈妈的个别约谈情景 4-3：

情景 4-3

约谈中，李老师从明明的生活行为表现和玩玩具等游戏行为两个方面，与明明的妈妈进行了沟通，李老师展开话题的顺序是这样的：

● 李老师向明明妈妈描述了明明在幼儿园的生活行为表现之后，接着询问明明在家里的生活行为表现是不是相同。

● 李老师向明明妈妈描述了明明在幼儿园玩玩具、遵守规则和同伴交往的行为问题之后，接着询问明明在家玩玩具、画画、做游戏的情况。

在上面两个回合的对话中，李老师了解到，孩子从小是奶奶带大的，奶奶对孩子照顾得太周到，“在家只要扭一扭身体，奶奶就知道他要上厕所了，而且上厕所也要奶奶陪着”。于是，李老师认为，孩子各方面能力都比较弱可能与奶奶不正确的教养方式有关。同时，李老师了解到，家长曾经带明明去医院做检查，发现孩子身体各项指标全部正常，这说明孩子的行为问题是后天教养不当造成的，改变家庭教育方式是可以帮助到明明的。

4. 提出具体解决方案

针对幼儿的问题，和家长共同讨论需要针对哪些发展目标来帮助幼儿，并探讨如何改进。具体解决方案可以说是个别约谈的灵魂，如果仅仅指出了一堆问题却没有切实可行的解决方案，个别约谈就是失败的。在深入分析问题原因的基础上提出具体可行的解决方案，是教师专业性的体现。

具体解决方案需要包含两个部分：

第一部分：在园解决方案。向家长说明教师将会采取哪些具体的方法改善幼儿在园行为。

第二部分：在家解决方案。方法要切实可行，指导要具体，便于家长操作。

对于案例 4-4 中的明明，“在园解决方案”在李老师制订的谈话提纲里有详细的说明，这里不再重复。李老师结合资料与明明妈妈的沟通交流，给明明妈妈提出了以下的“在家解决方案”：

(1) 妈妈在旁边玩，说“这个积木好有趣啊”，以此来吸引孩子搭积木。

(2) 陪孩子画画。

(3) 爸爸陪孩子到外面拍球。

(4) 妈妈睡前讲故事。

(5) 父母带孩子去儿童游乐场接触别的小朋友，学习与他人如何交往。

(6) 在家做一些亲子互动游戏，做游戏时要有眼神交流。

李老师还提醒家长，家庭教育是一个长期的过程，见效比较慢，需要家长耐心地坚持。

李老师向明明妈妈提出的家庭解决方案非常具体并具可操作性，相信可以帮助到明明妈妈。通过与教师的交流，家长十分有“收获感”，会对教师由衷地敬佩，有助于家园合作共育。

(三) 表示感谢，结束沟通

谈话结束时，教师要向家长肯定约谈收获，指出这次交流对家园双方都有益处，强调家长的到来对自己工作的帮助，有利于今后教育工作有针对性地开展；同时对家长来参加约谈表示感谢，欢迎家长今后继续支持班级里的工作，教师愿意真诚地与家长密切合作，共同促进幼儿的发展。

环节 3：总结

(一) 梳理信息，填写约谈记录表

约谈结束，送走家长之后，教师要详细记录此次约谈的过程，留下详细的约谈资料，以备后续的跟踪指导和研究之用。

(二) 进行约谈效果分析，总结经验

约谈沟通有时比较顺畅，有时也可能受阻，不管是成功还是失败，都是正常的，

重要的是沟通之后，教师要认真分析约谈的效果，反思约谈的过程，总结成功的经验或失败的教训。只有这样才能不断积累工作经验，提高自己的约谈指导水平。

（三）开展跟踪研究

教师在约谈后要仔细观察幼儿在园行为，认真总结幼儿的日常表现。幼儿一点细微的进步都要反馈给家长，激励家长树立教育信心，帮助家长提高教育素养。一段时间后，家园双方可根据幼儿的变化，交流对策的有效性，并进行调整改进，直至问题解决。

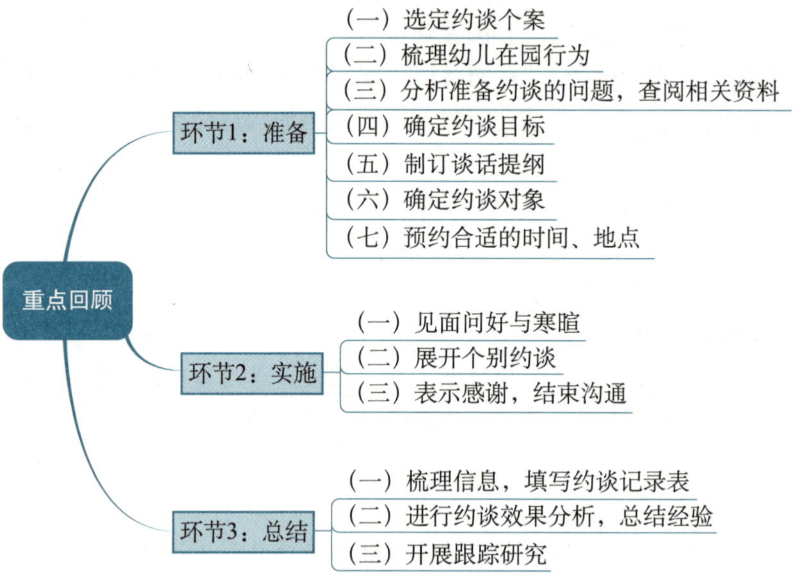

思考与练习

请针对以下案例制订个别约谈实施方案，要求流程尽量完整具体。

俊轩，男孩，6岁，大班，在之前的幼儿园被劝退，现插班到此幼儿园。俊轩在教育教学活动中，坐不住，满教室跑，教师要经常将其请回座位，但过一会儿他又跑开了。午睡时，俊轩不但自己不睡，还影响其他幼儿午休。教师规劝无效。但当让俊轩在前面带早操时，俊轩表现得很好。

任务四　个别约谈的工作要点

课前思考

请思考，在个别约谈时，如何共情家长？

一、随机应变，随时共情家长

教师和家长个别约谈的过程中不仅要有理性的沟通，而且要有情感的参与，随时观察家长的表情和心理状态，灵活应变，保证沟通的正常进行。如果发现家长听的过程中变得很焦虑，教师要共情家长，给予一定的安慰与支持；如果家长对教师提出的问题不以为然或者不配合，要先建立个人关系；如果家长对幼儿的问题不重视，教师要侧重讲幼儿问题可能的后果来引起家长的重视；如果家长明显地听不懂教师说话，要放慢语速，多做解释，减少本次约谈的内容；如果家长学历高，有比较好的家庭教育素养，教师要点到为止，多听家长说，可以先向家长请教。要根据家长的状态灵活调整约谈计划。

二、准确分析幼儿的问题，赢得家长的信任

当教师向家长反映孩子的问题时，不可避免地要对孩子的问题进行分析。这是体现教师专业水平的时候，如果教师对孩子的问题分析透彻、深刻，就会取得家长的认可；相反，如果教师分析得不够深刻，不能被家长理解和认可，不能让家长在与教师的沟通中有收获感，反而会让家长怀疑教师的专业水平，影响日后的家园合作。尤其是新教师，回答家长问题的时候会感到不自信，甚至会心虚，认为拥有丰富育儿经验的父母知道的比自己还多，不敢与他们沟通。其实父母的教育观念和教育行为有科学的成分，也有准科学、非科学、伪科学的成分，所以新教师完全不必害怕。在决定与家长沟通之前，教师应该做好了充分的准备，注意与家长沟通时，抱着虚心请教、共

同探讨的态度，了解孩子家庭教育过程中的各种情况，再进行深入的分析，以取得家长的信任。

三、解决方案要具体、可操作

家长没有受过专业的教育技能训练，需要教师耐心、细心地指导家长如何操作。比如，针对自闭倾向儿童，比较有效的方法是与幼儿进行目光对视的游戏。但家长不知道具体如何操作，教师需要给家长提供具体指导，可参考如下：

妈妈和幼儿玩“你拍一，我拍一，一个小孩子坐飞机……”的游戏，大人和幼儿一边目光对视，一边相互拍手说话，比较强的节奏感和身体接触可以帮助幼儿维持注意力，让幼儿全身心地参与游戏，获得亲子互动游戏的快乐体验。

还可以玩“请你跟我这样做”“听指令，做动作”等游戏，增加幼儿目光对视和亲子互动。

游戏开始时，妈妈可以先把幼儿的头转向自己，让幼儿与自己四目相对，再开始游戏。如果妈妈发现幼儿目光转移，可以利用声音的高低变化和拍手动作的强弱来吸引幼儿眼睛重新看着自己。

需要注意的是，父母在与幼儿做此类游戏时，要温柔地看着幼儿，按适宜的节奏和幼儿玩，让幼儿的动作和语言都能跟上自己，不能做得太快；如果发现幼儿注意力转移了，就要变换形式，继续吸引幼儿。

教师将具体的游戏方法及需要注意的点都详细地告诉家长，必要的时候可以给家长做示范，家长才有可能有效地实施教师的建议，并真正解决幼儿的问题。

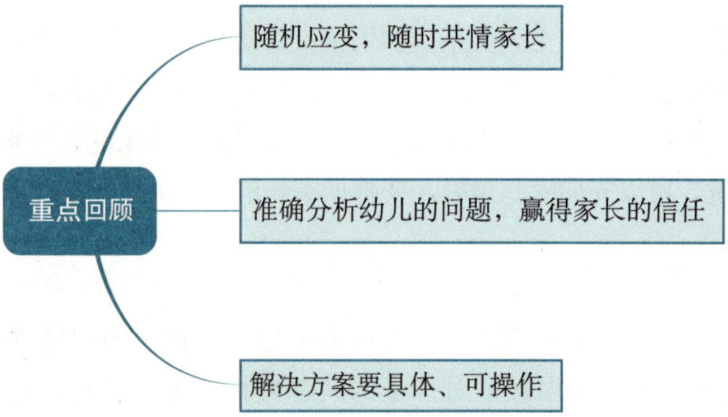

思考与练习

重新温习“共情”的流程及组织要点，思考如何在个别约谈时做好共情。

实践演练

请分组对以下两个案例进行分析，搜集合适的资料，做好个别约谈的准备，并从小组里选出两名同学分别扮演家长和老师，进行个别约谈实践演练，并对约谈过程录像和分析。

感统失调的阳阳

儿童情况：

阳阳，男孩，3 岁半，小班。

行为表现：

阳阳从来到幼儿园开始，行为上就与其他孩子有很大不同。试入园时，有老师与孩子拥抱的环节，阳阳妈妈带着阳阳走到老师面前，阳阳并没有看老师，只是比较被动地从妈妈怀里走过来，搂了老师一下。

正式入园后，阳阳的各种行为问题表现了出来。比如：哭闹，不理人；喊他的名字也没有反应；走路不稳，两只脚走起路来比较别扭，经常走得歪歪扭扭的，有时甚至会撞到别的小朋友，园里只能安排一位老师专门领着他；坐小椅子时，没有办法坐好，而是以一种奇怪的姿势坐在椅子上，有时候会坐在椅子一边儿，把身体再斜到椅子上。

进餐时间，阳阳不能独立完成进餐任务，他拿勺子很别扭，常常是老师手把手给他拿好了，自己又会反过来拿。

家庭情况：

教师通过与阳阳妈妈沟通得知，阳阳是剖宫产，体弱、易生病，并且有些感统失调，一直在上感统训练课。一岁以后阳阳就没有午睡过。上幼儿园之前，阳阳基本不会与他人互动、交流，更不会去触碰他人，感统没有异常表现。后来家人发现他走路不稳，接受事物比较慢，这才引起注意。经过感统训练之后，他才能去抱抱别人。现在妈妈已经辞掉工作，全职在家和姥姥共同看护阳阳。对于孩子的这些行为，妈妈有时也很费解。

专注力不集中的腾腾

儿童情况：

腾腾，男孩，5 岁，大班。

行为表现：

集体教学活动时，腾腾注意力不集中，一会儿玩尺子，一会儿玩自己的手，一会儿玩自己衣服上的扣子，一会儿用手抠桌子上面的小黑点，一会儿又弯下身子抓小椅子的腿。当老师提醒他坐好时，他马上回过神来坐正看着老师。但没一会儿，他又把目光移到别处，开始神游状态。老师和他讲道理，他也都懂，可就是改不了。只有在老师讲故事时他才能专心听讲，而且听得特别认真。

腾腾刚上幼儿园小班的时候，不会穿脱衣服和鞋子，不会拿勺子自己吃饭，生活自理能力非常差。通过一段时间的训练，他才掌握了基本的生活自理技能，但总是做得很慢。

家庭情况：

妈妈说，腾腾从小跟着奶奶长大，奶奶什么都替孩子做，所以生活上腾腾非常依赖奶奶，什么事都不动手。奶奶年龄大了，一般不带孩子出去玩，在家里主要就是给孩子拿着绘本讲故事。奶奶做家务时，就让腾腾自己看动画片。到 3 岁该上幼儿园时，腾腾回到父母身边。妈妈发现腾腾除了特别喜欢听故事、看动画片外，其他活动都不喜欢。腾腾不愿意运动，不愿意做手工，生活上特别依赖别人照顾。妈妈说，腾腾看动画片时，注意力特别集中，眼睛眨也不眨地盯着屏幕。

评分标准参考下表：

分值（分）	指标	评分标准	得分（总 100 分）	备注
20	约谈礼仪	热情接待，面带微笑，情绪饱满，使用尊称“您”，身体动作大方得体，语气亲和，表达对家长参与的感谢		
20	问题描述	先优点后缺点，以肯定和表扬幼儿为主。先建立关系，再交流问题。体察家长感受和情绪，灵活应对		
20	了解信息	以请教的口气，引导家长谈论幼儿，详细了解幼儿家庭教养情况		
20	分析原因并提出具体指导建议	认真倾听家长，共同讨论问题。提出在园和在家改善幼儿行为的具体方法		
20	表达感谢	对家长的配合表示感谢		
合计				

项目五　辨析讨论会的策划与组织

任务一 辨析讨论会概述

课前思考

你听说过辨析讨论会吗？家庭教育指导工作中，什么时候使用辨析讨论会的形式呢？

一、什么是辨析讨论会

视频 5-1：要不要鼓励孩子争第一？

辨析讨论会是指幼儿园针对家庭教育中部分家长存在的、比较有争议的问题，组织多个家长进行沟通讨论、辨别分析，在讨论与辨析中相互学习，共同提高的家庭教育指导活动。

比如，要不要鼓励孩子争第一的问题，不同的家长有不同的看法。通过辨析讨论就可以让家长明晰观点，把握好教育孩子的度。

二、辨析讨论会的特点

辨析讨论会是教师与多个家长相互交流观点、共同探讨问题、深入研究，最终解决问题的过程。这种指导形式可以让家长在教师的引导下，参与教育问题的深入探讨，带动家长和教师研究、探讨家庭教育问题的热情，培养家长学会自主思考问题、解决问题的能力。因此辨析讨论会具有家长观念碰撞激烈、问题探讨深入、家长参与度高的特点，对提高家长的教育素养和教育能力具有非常重要的作用。

三、辨析讨论会的目的

辨析讨论会可以引起家长对某些家庭教养问题的深入思考，帮助家长自主调整和改变自己的不良教育行为，提高家庭教育水平，保证家庭教育的正确性和科学性。俗话说：灯不拔不亮，理不辩不明。辨析讨论会的形式有利于家长澄清观点、统一认识。

重点回顾

- 定义
  - 幼儿园针对家庭教育中部分家长存在的、比较有争议的问题，组织多个家长进行沟通讨论、辨别分析，在讨论与辨析中相互学习，共同提高的家庭教育指导活动
- 特点
  - （一）家长观念碰撞激烈
  - （二）问题探讨深入
  - （三）家长参与度高
- 目的
  - 有利于家长澄清观点、统一认识

思考与练习

请思考并列出三个适合辨析讨论会的主题。

任务二　实践案例分析

为了让大家对辨析讨论会有一个更直观的了解，下面我们先来看三个实践案例。

【案例 5－1】

中班辨析讨论会案例

主题：要不要鼓励孩子争第一？

时间、地点：5 月 21 日下午 4:30，太阳花幼儿园大一班

主持人：孙老师

参会家长：乔森、李冉、王尔卓、吴晨越、顾晓乐、孙晓、王静、宁宇晨

讨论会过程：

首先组织家长有序入场。

孙老师主持本次辨析讨论会，引导家长签到就座后，孙老师提醒参会家长保持安静，手机调成静音状态，并对家长的到来表示感谢。

主持人：大家好，在竞争如此激烈的今天，有的家长认为要培养孩子有竞争意识，去争做第一名，有的家长认为不应该让孩子这么累，只要轻松愉悦地完成任务，享受完成任务的过程就可以了，那么我们到底要不要鼓励孩子去争做第一名呢？根据之前我们对各位家长的调查了解，请到了您几位对这个话题相对感兴趣的家长来到我们的现场，一起探讨我们到底要不要鼓励孩子争第一的问题。请大家畅所欲言，发表自己的观点。

（直接引出话题，并引导家长们畅所欲言地表达观点）

家长1（乔淼）：我不鼓励孩子争第一。我认为孩子在学习中获得快乐很重要，如果过于强调争第一，就会影响孩子的学习乐趣。

家长2（李冉）：我个人认为鼓励孩子争第一是不太好的。鼓励孩子竞争可以，但不必要每次都争第一。过度的竞争对孩子的心理健康成长非常不好。现代社会，孩子与孩子之间的竞争压力真的很大，别人家的孩子学的，我孩子在学，别人家的孩子不学的，我孩子也要学。如果这样的话，孩子的压力就太大了，可能会变得非常恐惧甚至产生自卑的心理。孩子承受压力的能力比我们成年人弱太多了，所以不要用大人的思维去教育孩子。

主持人：刚才两位家长都不鼓励孩子争第一，认为这会影响孩子的学习兴趣、不利于孩子的心理健康。其他家长怎么看呢？

（利用“先总后引”的方法，鼓励家长发言）

家长3（王尔卓）：我觉得有良性竞争意义的活动，会激励孩子自觉地去努力。参与的过程中会培养孩子遇事沉着冷静、性格开朗等良好品质，可以使孩子更加优秀。因此，我们要注意培养孩子的竞争意识，适时地鼓励孩子勇敢地参与竞争，但没必要非得争第一。

家长4（吴晨越）：我是不鼓励孩子争第一的。我认为孩子应该快乐成长，况且我们国家提倡素质教育，强调儿童全面发展。我们应该让孩子去享受参与的过程，而不是只看事情的结果。家长要做孩子的榜样，鼓励孩子树立自信心，重在参与。

家长1（乔淼）：我不鼓励孩子争第一。争第一会让孩子陷入恶性的竞争中，很有可能破坏孩子的人际关系。

家长5（顾晓乐）：我觉得竞争也是有好处的，关键是怎么看待竞争这个问题，我觉得可以鼓励孩子自己跟自己竞争，也就是不断挑战自己。这样，可以找到自己身上有待提高的部分，再努力去提高它，这种竞争比较好。

家长6（孙晓）：我认为应该鼓励孩子争第一，在当今社会中，竞争压力非常大，孩子从小有争第一的意识，以后进入社会也能很快适应。这样的孩子会严格要求自己，做事情也不会轻言放弃。我孩子喜欢画画，对于这件事情，不用我们去督促，她就能自己去做并且做得很好。所以，我认为敢于竞争，也是挺好的一件事情。

家长7（王静）：首先我是不支持孩子去争第一的。因为过多的竞争可能会使孩子的好胜心过强，而好胜心强的孩子性格可能会比较要强，在人际交往中很有可能会伤害到对方或者伤害到自己。这样的性格不利于孩子与同伴交往，所以我并不赞成孩子去争第一。

主持人：（面对家长8，微笑着说）：“刚才这位家长的观点是不支持孩子去争第一，他认为这样不利于孩子好性格的养成。对于这个问题，您有什么看法呢?”

（利用“先总后引”的方法，引导其他家长发表不同的观点）

家长8（宁宇晨）：关于争不争第一，我的观点是孩子一定要有争第一的这个劲儿，要为了获得更好的成绩去努力。但是太过于争第一而忽略过程的话，这个第一得的也没有意义。毕竟人生中最美的不是终点，而是沿途的风景。所以我比较纠结。

主持人：这位家长暂时还是比较纠结的状态，不知道到底该不该鼓励。相信通过我们的辨析讨论会，您一定会对这件事情有新的认识。对于要不要鼓励孩子争第一，还有哪位家长想和大家分享呢?

家长3（王尔卓）：我想给大家分享一个故事。在20世纪30年代，英国一个不出名的小镇上，有一个叫玛格丽特的姑娘。她从小就受到严格的家庭教育，父亲一直向他灌输“无论什么事情都要力争一流，不能落后于人”的观点。对年幼的孩子来说，父亲的要求可能太高了，但他的教育方法在以后被证实是正确的。正是因为父亲残酷的教育，才培养了玛格丽特积极向上的决心和信心。她就是被誉为“铁娘子”的玛格丽特·撒切尔夫人——英国第一位女首相。不甘平庸，勇争第一，是所有杰出人物共有的品质。对于要不要鼓励孩子争第一，我的观点有点动摇了，我觉得还是应该鼓励。

家长1（乔森）：我不鼓励孩子争第一，我认为争第一扭曲了孩子的心灵。当孩子争第一被打败时，孩子会嫉妒胜利者，从而产生嫉妒心理。我也找了一个实例，是中央电视台著名主持人白岩松的故事。在孩子出生的时候，白岩松给孩子写了一封信，信中提到了我们今天讨论的问题。他希望孩子学会宽容，不争第一。

主持人（边想边说）：好的，刚才各位家长就是否鼓励孩子争第一的问题已经谈了自己的看法。从大家的讨论中我们可以看到，鼓励孩子争第一或者不争第一的各种利弊。现在我想请大家回想一下生活中自己的孩子面对争第一的问题，是什么样的心态？又有哪些表现呢?

（归纳总结，把话题引向深入）

家长1（乔森）：我的孩子就是做什么事都想得第一的孩子。在幼儿园里，吃饭要争第一个吃完，喝水要争第一个喝完，做手工也要做得最好，得了第一就高兴，不得第一就难过。为了这个事，我非常烦恼。有一段时间连续几天没有得到第一，他都不想去幼儿园了。

家长4（吴晨越）：对对对，我儿子也有这样的问题。有一段时间，他不想上幼儿园了，我问他为什么，他说害怕抢椅子。一开始我不明白是怎么回事，仔细追问之后才知道，原来是幼儿园玩抢椅子的游戏，他怕自己抢不到椅子，幼儿园都不想去了。

家长7（王静）：我女儿也是太争强好胜。她在外面和小朋友玩的时候，别人不听她的，她就生气；比赛跑步没得第一，她就不和别人玩了。我天天和她讲道理也不管用。

家长3（王尔卓）：哎呀！我的孩子正好相反。他什么也不在乎。幼儿园搞跳绳比赛，我跟他说你好好练练，要是能得第一多好呀。他反问我说，“得第一有什么好，我才不在乎”。我感觉他太没有上进心了，真是让人愁得慌。

家长5（顾晓乐）：我觉得我儿子也很想得第一。每当得第一的时候，他会很高兴，但没得第一时也不会生气。因为我经常告诉他，只要你努力了，自己做得很开心，每次都有进步就可以了，争不上第一也没关系。

家长6（孙晓）：我女儿喜欢画画，很想成为班里画得最好的那个。我告诉她，得第一是有方法的，每次画画都要看一下画得好的小朋友好在哪里，多向人家学习。集中别人的优点，你就可以得第一。所以，女儿每次画完画回家，都会和我说这个小朋友的画有什么好的地方，她要学习，那个小朋友的画好在什么地方，她也得尝试一下。

孙老师：几位家长都说得非常好。美国的一位成功人士詹姆斯·波克先生曾经说过，只有在争辩中才能诞生最好的主意和最好的决定。通过今天的讨论，我们是否可以得出这样的结论：鼓励孩子争第一，可以培养孩子乐于挑战的性格，让孩子有上进心，也可以让孩子在积极参与的过程中形成良好的品质，比如专注、坚毅、努力、责任感、吃苦耐劳、合作意识等。这才是鼓励孩子争第一的根本目的。但是竞争要适度，不应该把“第一”当作唯一的目的，避免给孩子造成太大的心理压力。也就是说，可以鼓励孩子争第一，但是也要让孩子接受别人的优秀，学会取长补短。在竞争的过程中让孩子找到努力的方向。在不断挑战自己的过程中，让孩子提高能力，变得更有自信。大家同意吗？

（讨论总结）

家长们纷纷赞同。

孙老师：最后，再一次感谢大家的积极参与！通过这次辨析讨论会，相信各位家长已经认识到，很多事情，不是我们要做还是不要做，而是我们应该怎么做，做到什么程度，怎么把握合适的分寸。希望今天的讨论会能够让家长们学会更理性地思考孩子成长过程中遇到的各种困惑和问题，让我们共同努力，帮助孩子更健康地成长！

（感谢家长的参与）

案例思考

1. 本次辨析讨论会的主题是什么？主持人是怎样引出话题的？
2. 本次辨析讨论会中主持人引出话题后，是怎样引导家长开展讨论的？
3. 讨论的过程中，遇到家长之间有不同的观点，主持人是怎样解决的？
4. 本次辨析讨论会中，主持人分别做过几次总结，它们之间有什么区别？

【案例 5－2】

大班辨析讨论会案例

主题：要不要给孩子报特长班？

时间、地点：8月2日下午4:30，未来星幼儿园大四班

主持人：叶老师

参会家长：李梦洁、王悦、韩春圆、吴春丽、顾小伟、李晓雅、冯春远、李子君、吕颖

讨论会过程：

叶老师主持本次辨析讨论会，引导家长签到就座后，主持人提醒参会家长保持安静，手机调成静音状态，并对家长的到来表示感谢。

（组织家长有序入场）

叶老师：首先感谢各位家长的到来，我们今天辨析会的主题是“要不要给孩子报特长班”，下面让我们欣赏一段情景剧。

（以情景剧的方式引出话题）

情景剧：妈妈，我也想去游乐场玩

这是一个星期五的下午，幼儿园的小朋友马上要放学，在幼儿园门口油油妈妈和晓晓妈妈聊起了孩子报特长班的事情，叶老师带着油油和晓晓准备下楼把孩子交接给妈妈们。

油油妈妈：“晓晓妈妈你好，你最近给晓晓报特长班了吗？”

晓晓妈妈：“没有啊。”

油油妈妈：“我最近给油油报了一个钢琴的特长班，我感觉挺好的，你也给孩子报一个吧。”

叶老师：“油油妈妈你好，跟您说一下，今天油油表现得可棒了。”

油油妈妈：“是吗？油油今天这么好呀。谢谢老师，油油和老师说再见。”

叶老师：“晓晓妈妈你好，晓晓今天表现也挺好的，上课可听话了。”

晓晓妈妈："是吗？老师费心了。晓晓和老师说再见。"

晓晓妈妈："今天老师夸你了，明天妈妈带你去游乐园好不好？"

晓晓："真的吗？太好了，妈妈我爱你。"

晓晓妈妈："嗯，妈妈也爱你。"

油油："妈妈，明天我也想去游乐园。"

油油妈妈："不行，明天你还有钢琴课呢，而且上星期老师留的曲子，你还没有弹好，赶紧回家练琴去。"

油油：（哭，生气地跺着脚）。

叶老师：看了刚才的情景剧，在场的各位家长有什么感想呢？请家长们踊跃发言。

（引导家长们畅所欲言地表达观点）

家长1（李梦洁）：通过看这个情景剧，我觉得不报特长班的孩子生活很快乐，与妈妈的关系相处得很好。而报特长班的孩子缺少很多玩耍的时间，表现得很不开心。但我还是认为要给孩子报特长班，这样孩子长大以后有了一技之长，俗话说多一个本领多一条出路，这也是为孩子着想。

家长2（王悦）：我不是很同意洁洁妈妈的观点。首先我认为给孩子一个快乐的童年更重要。很多家长给孩子报特长班根本不考虑孩子的兴趣是什么，看到别人家的孩子报了，他的孩子也得报，相互攀比。美其名曰："不能输在起跑线上。"孩子在幼儿园已经上了一天课，放学之后还要去上辅导班，太辛苦了。

主持人：刚才两位家长都分别表达了自己的观点，其他家长怎么看呢？

家长3（韩春圆）：我的孩子喜欢画画，所以我就给他报了绘画班。他在绘画的过程中很开心，好像并没有增加负担。通过一段时间绘画，我发现他画得非常好，而且，我认为特长班提供给我一个观察他的好机会，让我了解他各方面的潜能。

家长4（吴春丽）：对对对，我的女儿喜欢跳舞，我就特意给孩子报了舞蹈班。她非常愿意去学，也没有觉得给她增加额外的负担。而且，小女孩学习跳舞可以提升气质。

叶老师：大家都说得非常好。有的家长认为，给孩子报特长班，会增加孩子的负担，减少孩子玩的时间，影响孩子拥有一个快乐的童年；有的家长认为，报特长班，可以让孩子有一技之长，而且根据孩子兴趣选择特长班，孩子会很快乐。看来，报特长班有利也有弊。那么，我们想一想，怎么样做，才能避免给孩子带来负担，又能让孩子开心地学习，提高孩子的技能呢？

（归纳总结，把话题引向深入）

家长5（顾小伟）：我觉得应该按照孩子的兴趣去报特长班，让参加特长班成为他快乐童年的一部分。而且，还要广泛理解特长班这个词，不要一提到特长班就是音乐、美术、跳舞等艺术特长，比如有些孩子就是喜欢搭积木盖房子；有些孩子就是喜欢学父母做饭；有的孩子就是喜欢给娃娃打扮，这些也是可以的。或许这些兴趣的培养会让他们成为未来的建筑师、设计师呢。

家长6（李晓雅）：我觉得，还要注意报特长班的数量。我的邻居给孩子报了5个特长班，有书法、画画、舞蹈、陶艺、英语。经常看到他不是去特长班的路上就是刚上完特长班回来，没有自由玩耍的时间。所以不能报太多。

叶老师：刚才两位妈妈说得非常好。给孩子报特长班要注意两个问题，第一，要选择孩子喜欢的，这样孩子就不会感觉是一种负担。比如说油油喜欢画画，油油妈妈给油油报了绘画班；晓晓喜欢跳舞，晓晓妈妈给晓晓报了舞蹈班。这样就比较好，他们也都学得开心。第二，特长班不能报得太多，还要给孩子自由玩耍的时间。还有哪位家长有不同的想法？

（利用“先总后引”的方法，鼓励家长发言）

家长7（冯春远）：老师，我现在给我家的孩子报了一个书法班，可是我看他不是很有兴趣，怎么办呢？

叶老师：我觉得给幼儿园的孩子报书法班，为时过早。孩子的腕部关节还没有发育好，这个时候去学习书法会影响孩子腕部关节的发育。而且幼儿园的孩子还没有正式学习识字，所以我建议可以等孩子上了小学之后再报书法班。

（对家长进行教育理念的引导）

家长8（李子君）：请问老师，我们现在要给孩子报什么班呢？

叶老师：我认为，必须按照孩子的年龄和学习特点选择适合他的特长班。幼儿园的学习特点是幼儿在生活中、在游戏中、在动手操作中学习。那他们就不适合练习书法，应该更多地考虑一些动手的活动。比如画画、手工制作、陶艺、机器人等，也可以根据孩子的兴趣学习音乐、舞蹈，或者一些游戏类的活动课程。

（向家长提出具体可操作的方法）

家长们：对，对。（一致点头、表示赞同）

家长9（吕颖）：我觉得给孩子报特长班，还要尊重他的意愿。如果孩子感兴趣，但是不愿意学，也不要强迫。但是一旦选择了，就要想办法引导和鼓励他坚持下去，避免形成半途而废的习惯。还有，千万不要听信特长班“报两年赠一年”的优惠政策，最好学习一段时间，观察孩子学习情况，再决定是否继续。这方面我深有体会，当时为了图便宜给孩子报了三年的英语班，一开始她愿意学，后来死活不去了。想退费，但特长班不好协调，逼着孩子去学，孩子很痛苦，真是赔了夫人又折兵。（摇头叹息）

叶老师：这位家长说得很好，孩子有自己的自主性，不能逼迫孩子。在这里，我还有一个问题想提醒家长们，报特长班不是要把孩子培养成专家。对于一个这么小的孩子来说，报特长班的目的首先是能开阔孩子的视野，发现孩子的潜力，了解孩子更多的可能性，不要把家长个人的意志过多强加于孩子，要求非要学出什么样子来；其次如果孩子能在这种兴趣培养中获得快乐，形成认真做事、克服困难、努力学习的好品质也是非常重要的。

（对家长进行教育理念的引导）

家长们：对，对。（一致点头、表示赞同）

叶老师：今天大家讨论得非常热烈，现在我做一下总结：(1) 给孩子报特长班时，要考虑孩子的兴趣，尊重孩子的意愿；(2) 特长班更要符合孩子的年龄和学习特点；(3) 不能一次报太多，避免增加孩子的负担；(4) 如果孩子不愿意报特长班，家长也不能逼迫，但是，一旦孩子同意报了特长班，就要想办法引导和鼓励他坚持下去，避免形成半途而废的习惯。

（对今天的讨论进行总结，面向全体家长，声音适当提高）

家长们：对，对。（点头，鼓掌）

叶老师：再次感谢家长们的积极参与，希望我们以后有更多的机会探讨幼儿成长和教育问题，让我们的孩子成长得更优秀。今天就到这里，各位家长们再见！

（感谢家长的参与）

家长们：再见。

案例思考

1. 本次辨析讨论会的主题是什么？主持人是怎样引出话题的？
2. 本次辨析讨论会中主持人引出话题后，是怎样引导家长继续讨论的？
3. 讨论的过程中，主持人是怎样把讨论话题深入进行下去的？
4. 讨论的过程中，遇到家长的观点不正确时，主持人是怎样解决的？
5. 在本次辨析讨论会中，主持人的语言表达有什么特点？

【案例 5－3】

小班辨析讨论会案例

交流主题：全职妈妈好还是职场妈妈好？

时间、地点：4 月 6 日下午 4:30，草莓幼儿园小二班

主持人：丁老师

参会家长：李明哲、王静雅、郝宇欣、李凡凡、张晓杰、李明浩、吴晓悦、王晓敏、刘月琳

讨论会过程：

丁老师：各位家长下午好，非常感谢您能抽出时间参加辨析讨论会。这次辨析讨论会的主题是全职妈妈好还是职场妈妈好。讨论之前请家长们欣赏两个小品，分别是全职妈妈和职场妈妈的日常生活场景。

（以小品的方式引出话题）

场景一：全职妈妈

人物：豆豆妈妈、豆豆

妈妈在拖地，豆豆在旁边玩玩具，把玩具弄得到处都是，妈妈说："你看你摆这一地，乱死了，不玩的玩具要先收拾起来呀。哎呀，真是的。"妈妈一边生气地唠叨，一边帮孩子收起玩具。（体现了全职妈妈的包办和脾气暴躁）

场景二：职场妈妈

人物：小云妈妈、小云

妈妈下班回家，小云高兴地跑过来，满脸期待地拉着妈妈的手说："妈妈快来，咱们一起搭积木吧?"妈妈说："哎呀，妈妈今天太累了。你去找奶奶玩吧。"说完妈妈就走开了。奶奶听了，马上走过来说："妈妈累了，快来和奶奶玩。"一边说，一边过来拉孩子。小云带着哭腔，推开奶奶说："我不和你玩，我要找妈妈。"（体现了职场妈妈外出工作很辛苦，孩子得不到妈妈的陪伴）

丁老师：各位家长，小品欣赏完了，全职妈妈好还是职场妈妈好呢？大家有什么感受？

（引导家长们畅所欲言地表达观点）

家长1（李明哲，职场妈妈）：我能感受到职场妈妈工作非常辛苦，下班回到家已经很累了，没有精力陪伴孩子，孩子很可怜。所以我认为，如果家庭条件允许的话，妈妈还是全职在家里陪伴孩子比较好。

家长2（王静雅，全职妈妈）：我也觉得第二个孩子很可怜，得不到妈妈的陪伴。但是第一位全职妈妈就可以在家陪伴孩子。所以我的观点是做全职妈妈，在孩子从小最需要陪伴的时候陪伴孩子。妈妈有责任、有义务把他们照顾好。同时，全职妈妈也可以更好地参与和见证孩子成长的过程。这难道不是一种幸福吗？而且，把孩子交给老人的话，也会有许多问题，比如，老人育儿理念落后，容易对孩子溺爱。把孩子交给保姆就更不放心了。所以我觉得还是做全职妈妈比较好。

家长3（郝宇欣，职场妈妈）：全职妈妈确实可以给孩子更多的陪伴。但是，我从第一个小品里也看出一些问题。首先，妈妈包办的做法会造成孩子对妈妈的依赖，减少了孩子提高自理能力和自我负责的机会，这对孩子的成长没有好处；其次，我发现这位妈妈陪伴孩子的时候情绪不好，对孩子唠唠叨叨，脾气暴躁。从这里可以看出，妈妈全职在家陪伴孩子，也有一些问题。

家长4（李凡凡，职场妈妈）：是呀，整天在家带孩子的妈妈，长期脱离社会，没有自己的朋友和社交圈子，会把人逼疯的。全职妈妈长期不工作，没有社会经验，没有职业成长，等孩子慢慢长大了，怎么和孩子对话？怎么引导孩子了解社会？怎么给孩子做一个好榜样呢？

家长5（张晓杰，职场妈妈）：现在很多家长都说不让孩子输在起跑线上，从小就让孩子学各种技能，美术、钢琴、舞蹈，这些辅导班费用都是不菲的，妈妈不上班就没有收入，怎么给孩子提供更好的物质生活和教育条件呢？

主持人：刚才听了几位家长的发言。做全职妈妈或者职场妈妈都各有利弊。我总结一下：做全职妈妈的好处是有时间陪伴孩子，能看到孩子每一步成长；但缺点是因为时间多，容易包办孩子，让孩子形成对妈妈的依赖；妈妈不上班很可能脱离社会，不能给孩子做一个好的榜样，也会对孩子造成不利的影响；妈妈不上班，没有经济收入，不能给孩子提供更好的物质生活和教育条件。职场妈妈的好处是可以提高家庭经济收入；可以让自己有一个更好的职业成长，给孩子做好榜样；但缺点是陪伴孩子的时间太少，导致孩子对妈妈的陪伴需求不能获得满足。总的来说，应该是各有利弊，是吗？

（利用“先总后引”的方法，鼓励家长发言）

家长们：对，对。（家长们纷纷点头，表示同意）

主持人：既然全职妈妈和职场妈妈都各有利弊，那我们到底要全职在家带孩子还是发展自己的事业呢？

（把话题引向深入）

家长6（李明浩，职场妈妈）：既然这样，那我觉得无所谓了。如果家里经济条件好，那就做全职妈妈；如果家里经济条件不太好，那就工作吧。反正各有利弊，都一样。

家长7（吴晓悦，职场妈妈）：我觉得，不管是选择全职在家带孩子还是选择出去工作，不仅要看家里的经济条件，还要看个人的喜好。不管怎么说，孩子的成长不能耽误。所以我认为，如果妈妈必须出去工作，最好选择时间相对宽松也不太累的工作，要保证晚上和周末能在家陪孩子玩。不要像刚才小品中第二个妈妈那样，把孩子全部交给老人，毕竟孩子需要和妈妈在一起。比如，我现在就找了一份这样的工作，下午3点就下班，既可以保证按时接孩子又有时间和精力陪孩子玩，而且我也不脱离社会。（说完，自己笑了，显得状态不错）

家长8（王晓敏，职场妈妈）：我同意刚才这位家长的看法，我觉得凡事要看自己怎么处理。比如，我孩子现在4岁了，他3岁之前我没有参加工作，但是全职带孩子真挺累的，曾经也非常烦。自从孩子上幼儿园之后，我就开始为上班做准备。我以前是学财务的，所以利用空余时间考下了会计证。现在我是一名职场妈妈了。

家长9（刘月琳，全职妈妈）：我孩子4岁了，我一直是全职妈妈。为了教育好孩子，从他一生下来，我就开始读儿童心理和教育方面的书。现在，孩子成长得非常好，动手能力、交往能力和语言表达能力都不错，是一个阳光快乐的孩子。在陪伴孩子成长的过程中，我确实学到了不少知识。我想等孩子大一些之后，找一个教育方面的工作，在幼儿园当保育员或者到培训机构当老师都可以。人们都说，父母要和孩子一起成长，还真是的。（大家鼓掌）

主持人：（边鼓掌，边面向刚才最后一位讲话的家长）啊，说得太好了，谢谢您。（再面向全体家长）刚才听了几位家长的分享，不知道家长们是否有这样的感受。其实，问题的关键不在于你是全职妈妈，还是职场妈妈，而是我们怎样合理地安排自己的工作和生活，做好自己的时间规划，既要承担做母亲的责任，照顾好孩子，也要想办法安排自己的生活和工作，加强学习，不断成长。

（对今天的讨论进行总结，向家长传递正确的育儿理念，提出具体可操作的方法）

家长们：对，对。

主持人：通过今天的讨论，相信大家都有很大的收获。不管是全职妈妈还是职场妈妈，都要做一个积极主动的人，合理安排自己的生活和工作，让自己和孩子一起成长。今天的辨析会到此结束，再次感谢各位家长的积极参与，再见。

（感谢家长的参与）

家长们：再见。

案例思考

1. 本次辨析讨论会的主题是什么？为什么会选择这个主题？
2. 请总结本次辨析讨论会的内容，并对主题发表自己的看法。
3. 讨论的过程中，遇到家长的观点冲突，主持人说了什么？为什么这样说？
4. 本次辨析讨论会中，主持人的语言表达有什么特点？

★ 综合思考

辨析讨论会上讨论的问题比较尖锐，需要主持人引导家长深入讨论问题，在讨论的过程中发现问题的利弊，最后总结观点，向家长传递正确的教育理念。前面我们一共展示了大中小班三个案例。现在请大家根据以上三个案例，一起梳理辨析讨论会的策划和实施要点，讨论和思考以下问题：

1. 辨析讨论会上讨论的问题包括哪些？

2. 辨析讨论会的主题引出方式有哪些？还有什么好的主题引出方式？
3. 辨析讨论会对主持人有什么要求？
4. 策划和组织一场辨析讨论会都有哪些流程？请依次列出。
5. 你认为辨析讨论会后，还需要做什么工作？

任务三　辨析讨论会的组织流程

课前思考

适合辨析讨论会的主题有哪些？

辨析讨论会的组织流程如下：

策划与筹备 → 组织与实施 → 总结与延伸

环节 1：策划与筹备

（一）选定辨析讨论会的主题

辨析讨论会的主题要从家长的教育问题和教育困惑中选取。教师可以梳理家庭教育中比较常见、有争议、对儿童成长影响比较大、严重困扰孩子和家长的问题，也可以广泛征求家长的意见。除了前面几个案例的主题之外，还可以讨论“孩子要不要守规矩”“祖辈家长应该怎样带养孩子”“家庭成员教育一致性的问题”等。选好主题是成功组织辨析讨论会的第一步。

另外，根据选定主题的大小和复杂程度，可一次安排一两个主题，也可同时安排几个主题，还可以打破班级界限让家长自由选择某个小组参加。

（二）选定辨析讨论会的主持人

辨析讨论会的主持人是辨析讨论会成功与否的关键。主持人应该具备哪些能力呢？

首先，主持人要具有较好的组织能力，不仅要善于组织和引导话题，带动大家积极、主动地发表看法；又会巧妙地引导离题的家长回到主题上来，而又不让家长感到尴尬；还要在家长冷场时善于启发，重新调动家长的讨论热情。

其次，主持人需要具有丰富的、与主题相关的知识和实践经验。

主持人是辨析讨论会的核心，是辨析讨论会成功组办的关键。主持人具有丰富的知识和积淀才能抓住问题的关键点，把辨析讨论一步步引向深入，避免出现离题万里，或者在一个观点上纠缠不清，达不到“澄清观点、统一认识”的目的。

（三）选择参与辨析讨论会的家长和老师

1. 邀请对主题感兴趣的家长

邀请对讨论主题感兴趣的家长参会，家长才会积极发言，主动表达自己的观念和看法，使讨论的话题顺利展开，保证讨论会的顺利进行。如果家长对讨论的主题不感兴趣，家长的参与度就不高，会严重影响辨析讨论会的整体氛围，而且强迫参加也违背了家长的个人意愿，是不允许的。

2. 特别邀请在主题问题中成长得特别好的和不太好的幼儿家长

选择在主题问题中成长得特别好的和不太好的幼儿家长，可以让家长在讨论的过程中相互影响。优秀的幼儿家长会介绍自己的育儿经验和具体做法，会对在主题问题中成长得不太好的幼儿家长起到正向影响的作用。

3. 邀请经验丰富的老师，也可以邀请本领域的专家

邀请对主题比较感兴趣、比较精通的老师参加辨析讨论会，可以活跃讨论会的气氛，还可以与主持人进行配合，帮助主持人把话题讨论引向深入。领域专家的出席可以对讨论会的话题进行深入引导，会让参会家长和老师都受益。

例如：主要由祖辈家长参加的“祖辈家长应该怎样带养孩子”的辨析讨论会，同时邀请了从幼儿园退休的两位老教师。她们都有非常成功的家庭教育经验，晚年生活也非常丰富。辨析讨论会在她们的带动下，话题不断引向深入。从老人溺爱孩子的危害，谈到把教育权还给父母，家庭教育中要找准自己的位置，辅助和配合父母，不越位，适时补位，确保家庭教育的一致性。然后又谈到，老人道理都懂，但知道做不到的问题。老人从小把孩子看大，离不开孩子怎么办？到这里，话题又继续引向老人应该过什么样的晚年生活，有哪些适合老年人参加的活动等。这些轻松愉快的讨论让生活封闭、社会接触不足的老人获得了巨大的快乐，也上了一场非常精彩的家庭教育指导课。

（四）对主题进行深入研究

选定主题之后，首先，主持人要对主题做好充分的研究，全面搜集和研究与主题相关的资料，结合被邀请家长的实际情况，认真思考辨析讨论会的过程，预测可能遇到的所有问题，通过研究设计出讨论会的话题引导和展开方式。其次，为了保证讨论会的顺利进行，让所有参会家长都有话可说、积极参与讨论，向被邀请家长下发讨论会通知的同时，可以向他们提供与主题相关的材料，让他们提前阅读和思考，做好参加讨论会的话题准备。

主持人提前做好充分的研究和准备，是成功组织辨析讨论会的基础和前提，能够保证在讨论过程中，很好地掌控话题讨论的方向，使讨论过程一步步引向深入，达到良好的辨析讨论效果，让参与的家长都有收获。

（五）确定时间、地点，下发通知

根据实际情况确定辨析讨论会的举行时间和地点。因为辨析讨论会是多人参加的活动，为了确保所有准备参会的家长和老师按时到会，可以提前几天下发通知，以便所有家长和老师提前做好个人工作安排，预留时间按时到会。

（六）布置会场，准备音乐

提前布置会场，摆好桌椅，调试好电子设备，准备好合适的会场音乐，设计并打印好签到表。

环节2：组织与实施

（一）组织家长签到入场

主持人和其他老师要组织家长签到入场，按事先安排好的顺序就座，等待开场。

（二）介绍活动注意事项

讨论会正式开始之前，主持人可以提醒家长把手机调到静音状态，避免干扰讨论会的进程。

（三）引出主题

辨析讨论会正式开始后，主持人可以“单刀直入”直接提出讨论会的主题，也可以通过一些直观的手段引出主题。比如，看一段家庭教育的录像，呈现一个家庭教育问题的案例或事件，表演一个亲子互动的小品或情景剧等，引导大家开展分析和讨论。

（四）展开主题讨论

引出主题之后，就可以对主题进行讨论了。展开主题讨论是辨析讨论会的主要部分。引导主题讨论可以遵循先发散、后聚合、再导向的策略。

1. 畅所欲言，充分表达观点

这一阶段的主要任务是引导每一位家长积极参与讨论，畅所欲言，充分表达自己的观点。为做到这一点，主持人要做到：

（1）接纳家长，态度亲和友好。

主题讨论过程中，首先要做到接纳家长，允许不同的声音；其次态度要亲和友好，这种友好的态度会让家长比较放松，感觉良好，从而更乐于配合并参与讨论。

（2）向家长提出开放性问题。

开放性问题是一些不能轻易地用一个简单的“是”“不是”或者简单的词或数字来回答的问题。开放性的问题需要家长对所提问题做进一步的描述，并把他们的注意力转向所描述过的事情中比较具体的某个方面，从而得到更有价值的信息。

例如：“要不要给孩子报特长班”的话题提问。

提问1：明明妈妈给孩子报了美术班，你要给孩子也报一个特长班吗？

提问2：明明妈妈给孩子报了美术班，对于是否给孩子报特长班的问题，你有什么看法呢？

很明显提问2更利于从家长的表达中得到有价值的信息，所以向家长提问时要提开放性的问题。

（3）不要急于评判。

不管家长抛出什么样的观点，主持人都不要急于评判。只有这样才能让家长真正地畅所欲言。家长在讨论中暴露的问题越多，讨论就会越深刻，家长最后的收获可能越大。可以采用“先总后引”的话题引导方法，“先总后引”就是先总结概括前面家长的发言，再引出后面的话题。

例如：同样是“要不要给孩子报特长班”的话题就可以使用“先总后引”的方法，先概括、总结复述前面一位家长的发言，再询问其他家长的看法。可采用以下句式：

刚才这位家长认为，给孩子报特长班会减少孩子自由玩耍的时间，给孩子压力，剥夺孩子幸福的童年。其他家长怎么看呢？

用这样的方法，家长们就会纷纷发表自己的看法。如果时间允许，在这一阶段要争取让每一位家长发言。这既能让每一位来参加讨论会的家长有比较强的参与感，也能让主持人对所有家长的观点有一个全面的了解，方便后续话题的深入展开。

2. 归纳总结，把话题引向深入

家长充分发言之后，主持人要归纳总结所有家长的观点，提出更深入的问题。

比如，前面案例中，主持人可以这样说：

刚才大家讨论得非常热烈，每一位家长都发表了自己的看法。总的来说，可以分成两种观点：一部分家长赞同给孩子报特长班，他们认为报特长班对孩子成长有利，可以让孩子有一技之长，增加孩子未来参与社会生活的竞争力，让孩子更优秀；另一部分家长认为给孩子报特长班对孩子成长不利，他们认为这会减少孩子自由玩耍的时间，让孩子童年不快乐。而且他们也都现身说法，提出自己的论据和理由。应该说，大家说得都非常有道理，报或不报特长班有利有弊，因为现实生活中两种情况确实存在。也许，我们现在要考虑的问题不是要不要给孩子报特长班，而应该讨论，我们要怎样做才能让报特长班更有利？怎么做才能有效地克服报特长班的弊端？下面，我们就来思考一下：家长给孩子报特长班的目的是什么？给孩子报特长班要坚持什么样的原则？报了特长班之后，又要怎样有效地引导孩子？

然后主持人“穿针引线”，对家长先后发言的内容进行总结、概括之后，再做出进一步的引导，使讨论主题一步一步引向深入。

在引导家长讨论的过程中，主持人要把控主题讨论的方向，确保讨论围绕着一个逻辑方向进行。当发现有的家长跑题时，可以委婉地提醒家长回归正题。如可采取下面的表述方法。

您刚才说，给孩子报特长班会增加父母的负担，我理解您，确实会出现这种情况，这应该也算作给孩子报特长班的弊端之一吧。但是，我们现在讨论的核心话题是，我们应该怎样给孩子报特长班，才能有效地克服这些弊端。对于这个问题，请您谈一谈自己的看法。

例如，在“家庭教育一致性的讨论”主题中，老师先提出：“家庭教养中，家庭成员会不会出现教育观念不一致的情况？”家长们纷纷列举了自己家庭中曾经出现过的教育观念分歧，然后老师总结了所有家长提到的问题，再设置“孩子吃饭和自理能力培养”“如何看待家长打孩子的问题”“孩子打老人时该怎么做”三个问题情境，引导家长分析在这三种情境中出现教育观念不一致时，家长们是怎么做的。家长们畅所欲言，各抒己见，讨论会现场气氛热烈。

（五）对主题进行总结

讨论结束之后，主持人还需要总结整个讨论过程，梳理出本次讨论主题中家长应该掌握的家庭教育观念是什么和具体应该怎么做等问题，便于家长整体掌握。

讨论会的总结可以由主持人自己完成，也可以是本园水平较高的、经验丰富的老师，或外聘专家做总结。这种专业的点评对家长有很大的引导作用，能让家长有比较大的收获感。

值得注意的是，根据辨析讨论会的进展情况，有时也不一定有结论，要允许大家争论和保留意见。如果出现这种情况，主持老师也不要气馁，因为这个问题至少已经引起了家长们的思考，需要在进一步的家庭教育实践中让家长去反思和领会。

（六）做好记录

辨析讨论会进行中，除家长和主持人外，可以请参与讨论的教师做好讨论会记录，讨论会记录的内容主要有：

（1）记录讨论会的时间、地点和参加人员。

（2）记录讨论会流程。可以用笔记本记录讨论大纲，也可以用多媒体设备录音或录像，以便留存讨论会资料，为后续的主题研究做准备。

环节3：总结与延伸

实事求是地分析和评估讨论会效果，总结经验，为下一次召开辨析讨论会提供参考，不断提高辨析讨论会的组织水平。

- 重点回顾
  - 环节1：策划与筹备
    - （一）选定辨析讨论会的主题
    - （二）选定辨析讨论会的主持人
    - （三）选择参与辨析讨论会的家长和老师
    - （四）对主题进行深入研究
    - （五）确定时间、地点，下发通知
    - （六）布置会场，准备音乐
  - 环节2：组织与实施
    - （一）组织家长签到入场
    - （二）介绍活动注意事项
    - （三）引出主题
    - （四）展开主题讨论
    - （五）对主题进行总结
    - （六）做好记录
  - 环节3：总结与延伸
    - 实事求是地分析和评估讨论会效果

思考与练习

请仔细学习辨析讨论会的流程，分析每一个环节发挥的作用。

任务四　辨析讨论会的组织要点

课前思考

辨析讨论会在进行过程的中，遇到家长有不同意见，教师该如何引导？

一、选题要有足够的讨论空间

家长普遍存在的教育问题和教育困惑多种多样，小到幼儿一天要喝多少水、每天出门到底要穿多厚的衣服，大到幼儿要不要上幼小衔接班、老人带孩子容易出现的问题等。辨析讨论会主题的难度都是一句话两句话解决不了的，一名家长的观点也不足以概括的，做法上各有利弊的，具有足够讨论空间的，需要大家各抒己见，观点之间互相碰撞。

二、教师要有包容的心态，让家长畅所欲言

家长来自不同的行业，有着不同的成长背景和经历，对同一主题的观念可能五花八门，表达的观点可能是错误的甚至是过激的。对此，教师首先要做到认真倾听，接纳家长。家长都是抱着学习和请教的态度来参加幼儿园组织的辨析讨论会，期望通过讨论解决他的问题和困惑，教师要以包容的心态面对家长，让家长畅所欲言，通过家长的表达找到问题所在，再一步步引导家长掌握正确的育儿理念，共同帮助幼儿健康成长。

三、组织者要对主题做好充分的研究，确保科学性和讨论深度

现在是一个价值观多元化的社会，在育儿理念上家长们也是观点不一，甚至因

为个人价值观的不同，在孩子的教育理念选择上南辕北辙。所以对辨析讨论会的主题，组织者一定要全面研究，才能向家长提出值得思考的问题，在激荡的交流中碰撞出更有价值的火花，加深讨论的深度。既要在大是大非上引导家长掌握科学的育儿理念，又要尊重家长的生活方式选择和教育倾向性；既要有教育观念的引导，又要有可操作的具体方法。做到让家长有收获、有提升，达到家庭教育指导的效果。

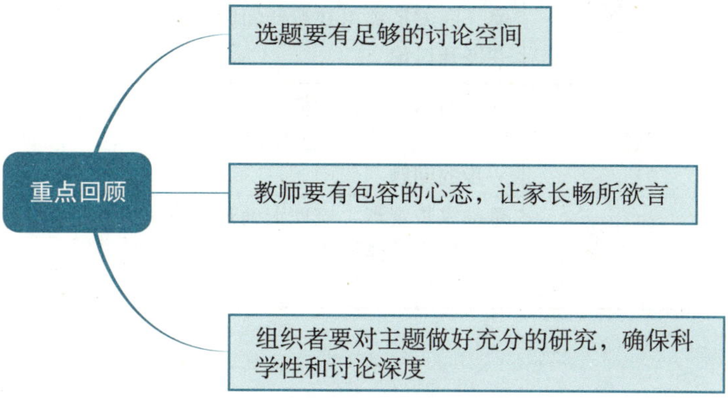

思考与练习

在辨析讨论会上，如果家长争论不休，教师应该如何引导？

实践演练

请同学们从下列主题中任选一题，或自己拟定主题，设计一场辨析讨论会的方案。在实践课上分小组进行辨析讨论会的实战练习。

备选主题：

1. 祖辈家长应该怎样带养孩子？
2. 家庭成员教育要求不一致怎么办？
3. 要不要培养听话的孩子？
4. 要不要给孩子报幼小衔接班？

评分标准参考下表：

评分标准

分值（分）	指标	评分标准	得分（总 100 分）	备注
20	活动组织	准备环节完整，热情接待家长		
20	引出主题	巧妙构思，引出主题		
20	展开讨论	态度亲和友好，遵循先发散、后聚合、再导向的策略，向家长提出开放性问题并展开讨论		
20	话题深入	认真倾听，接纳家长，以“先总后引”的方法提出进一步的问题		
20	讨论总结	总结家长观点，梳理正确观念，提出具体操作方法		
合计				

项目六　家长会的策划与组织

任务一　家长会概述

课前思考

请根据你的生活经验，思考家长会上教师一般会讲哪些内容。

一、什么是家长会

家长会是由幼儿园或班级教师发起，面向全体幼儿家长的交流、互动、介绍性的会议或活动，是一种集体指导形式。

一般来说，家长会包含以下内容：

（1）向家长介绍幼儿园的一日生活常规及保教目标、内容、形式、方法；

（2）请家长配合幼儿园日常活动并参与幼儿园管理，为幼儿园管理工作提出意见和建议；

（3）教师向家长传递科学的教育理念、教育方法，这部分内容相当重要，会为以后的家园合作共育打下坚实的基础。

家长会一般分为全园家长会、级部家长会及班级家长会三个层次。班级家长会一般由主班老师主持，配班老师协助进行。

二、家长会的特点

相对于其他家庭教育指导形式来说，家长会有着独特的优势。

（一）受众人数多

家长会涉及班里每个幼儿的切身利益，需要全班幼儿家长出席，是受众人数最多的一种家庭教育指导形式之一。

（二）沟通效率高

相对于个别约谈和辨析讨论会来说，家长会是教师与全体家长进行沟通和交流的一种形式，因而沟通效率高，适合解决共性的问题，但不如个别约谈等沟通得更加深入和更个性化。

（三）比较正式

家长会是非常正式的会议，是教师向全体家长展示幼儿园保教工作的窗口，需要经过较长时间的策划与筹备。特别是对小班新生家长来说，第一次以家长的身份进入班级，在孩子每天生活的地方、坐在孩子的小椅子上开家长会，会让家长清晰地意识到自己是某某小朋友的家长，第一次以孩子为主体与社会建立关系，这种充满仪式感的形式也会使家长感觉比较正式。

班级家长会的召开会让教师、孩子、家长聚合成一个温暖的大家庭，会让家长对幼儿园、对班级产生强烈的归属感，使一种全新的家园关系建立起来。家长会增加了班级凝聚力，这种像一家人一样的家园关系为家园合作共育打下良好的基础。所以，幼儿园教师要认真组织好每一次家长会，发挥家长会的凝聚作用。特别要组织好小班刚入园新生的第一个全园家长会和班级家长会，这是建立良好家园关系的开端。

视频 6－1：小班家长会

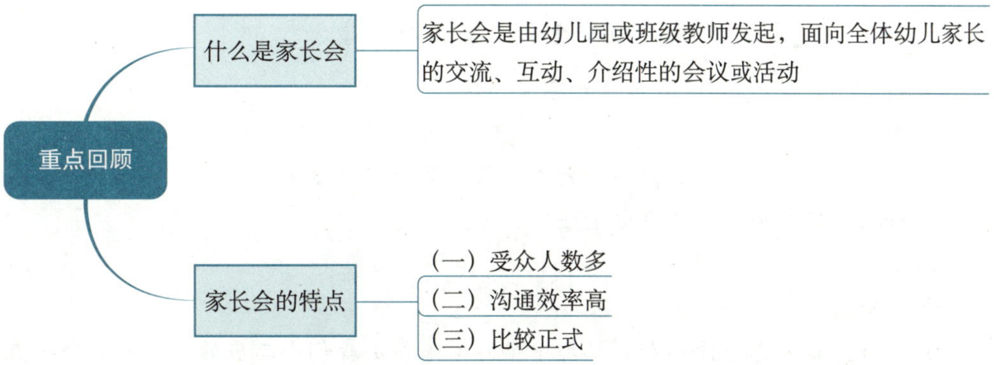

思考与练习

与前面三种家庭教育指导形式相比，家长会在家庭教育指导工作中有哪些特别的价值？

任务二　实践案例分析

为了让大家对家长会有一个直观的了解，下面我们先来看三个家长会的实践案例。

【案例6－1】

小班新生家长会活动方案

时间：20××年8月25日（开学前一周）

地点：小二班教室

参加人员：小二班所有教师、新生家长（要求父母参加）

主持人：韩老师（小二班班主任）

活动过程：

各位家长：

大家好！非常感谢你们在百忙之中抽时间来参加我们小二班的首次家长会。在此，请允许我代表小二班的全体老师对您的到来表示热烈的欢迎和衷心的感谢！同时，也非常欢迎您的孩子加入小二班这个大家庭。

一、开场小游戏

游戏规则：各位家长听我口令，当我说小雨时，拍拍肩膀，放松一下肩膀；当我说中雨时，拍拍手，放松一下手；当我说大雨时，拍拍腿，放松一下腿；当我说暴雨时，跺跺脚，放松一下脚。

（注意事项：刚开始，可以按顺序：小雨、中雨、大雨、暴雨，节奏缓慢一点。当家长们熟悉了指令和身体各部位对应关系之后，教师可以打乱顺序或加快节奏，最后，将要结束时可以说："中雨、继续中雨、持续中雨、还是中雨。"而家长们一直是拍手状态。）

最后，教师要把游戏收回来："谢谢各位家长们热烈的掌声，我相信这个掌声既是对我的肯定和鼓励，也是大家对自己孩子的肯定和鼓励，更是对自己的一种肯定和鼓励……"

二、介绍班级情况

1. 班级基本情况：本班共有××名幼儿，其中男孩××名，女孩××名。沟通方式：微信群（展示二维码）、QQ群（群号：××××××××）。家长进群请一律实名，如××号×××妈妈或××号×××爸爸。请大家会后尽快入群，希望大家能严格遵守群规，谢谢合作。此外，日常工作中我们会有没及时回复的情况，请大家谅解，因为老师会把注意力放到孩子身上，不可能时刻拿着手机，当然如果我们看到后一定第一时间回复大家。

2. 班级教师介绍：教师姓名

希望在今后的日子里我们能成为朋友，成为家园共育的合作伙伴。

3. 介绍本学期班级工作重点：主要任务是培养幼儿的生活自理能力，引导幼儿对幼儿园生活感兴趣，适应幼儿园的一日生活，能基本遵守幼儿园的一日常规，教会幼儿一些简单的知识。

4. 介绍幼儿在园一日作息安排（生活即教育、五大领域、户外活动、区域活动）（以视频的形式展现）。

三、家庭教育指导：如何让幼儿尽快适应幼儿园集体生活

现在的孩子基本上都处于家庭的中心位置，是家中的小皇帝、小公主。父母望子成龙、望女成凤心切，在对孩子进行智力开发方面都比较重视，而在非智力品质的培养方面却显得有些薄弱，不少孩子从小养成了不良的习惯，如任性、自私、贪图享受、缺乏爱心及责任心、做事没有恒心、霸道等。其实，习惯和品质的培养才是最重要的，也是幼儿园工作的重点。所以，父母要和幼儿园老师齐心协力，时刻注意自己的行为，给孩子树立一个好的榜样，从小让孩子树立正确的人生观、价值观、世界观。

为了让幼儿能更早更快地适应幼儿园的生活，下面向各位家长介绍一下幼儿入园前家长的准备工作、孩子入园三步曲以及孩子入园和离园出现的情况分析。

（一）家长的准备工作

1. 教给幼儿基本的生活自理能力，如：自己吃饭，自己如厕，独立入睡等。

2. 对幼儿进行心理准备教育。你可以对孩子说：你长大了，该去幼儿园了，那里有很多老师、很多小朋友，大家可以一起唱歌、跳舞、做游戏、听故事，在幼儿园里很快乐。千万不可吓唬幼儿说"不听话就送你去幼儿园"，以免造成孩子对幼儿园的抵触情绪、对老师的恐惧心理。要让孩子知道，是因为他长大了，要学很多本领，才送他去幼儿园，而不是因为不听话才送他去幼儿园。

3. 家长要情绪稳定，保持平常心。幼儿入园是孩子踏入社会的第一步。第一次离开父母，幼儿会产生分离焦虑，这是非常正常的。对孩子和家长来说，上幼儿园是一件大事，所以孩子入园，家长首先要情绪稳定，不要有焦虑感，有时孩子的焦虑是由家长的不稳定情绪引起的。要正常送幼儿入园，不要兴师动众地一家人都来送，这样更容易引起孩子强烈的依恋。要相信老师，给予老师充分的信任，我们既然把孩子从您手中接过来，那么我们所尽到的就是父母和老师的双重责任，既要照顾好幼儿在园的一日生活，又要对幼儿进行各种习惯的培养教育。

（二）孩子入园三步曲

第一步：刚入园的孩子由于受新鲜环境的吸引，会到处看，部分孩子会很高兴地入园，也有部分孩子很快因为分离焦虑而开始哭闹。

第二步：孩子基于前几天来园的经验，会出现几种情况：(1) 哭闹得更厉害。(2) 停止哭闹，自由玩耍。(3) 看到别人哭，自己也哭，别人不哭了，自己也不哭了。针对这些情况家长怎么办呢？首先告诉孩子，爸爸妈妈要上班，下班后会来接他。放下孩子后，马上走开，不要在门口逗留，更不要拉着孩子哭。特别是送孩子的第一个星期，在早餐之前家长要全部离开。

第三步：家长要坚持送孩子入园。渐渐地，孩子会把对家长的依恋转移到老师身上，这需要一个过程，每个孩子的适应时间不一样，有的快，有的慢。

（三）孩子入园和离园出现的情况分析

1. 早上送孩子入园时，有的孩子会拼命挣扎，情形很让家长心疼，其实，等家长一走，孩子也就“既来之，则安之”了，但是，家长会一天都心神不定，满脑子都是泪流满面的孩子，这是一种煎熬，也是一种磨炼，孩子终将要离开父母独自飞翔，孩子入园是最简单也是最重要的一步，所以家长不必心神不宁，应该泰然处之。

2. 下午接孩子时会出现几种情况：高高兴兴，悲喜交加，放声大哭……孩子的种种表现都是正常的，毕竟孩子离开家长在陌生环境里和陌生的老师、陌生的小朋友生活了一天不容易。看到家长会放声大哭的小朋友，家长可能会有误解，“老师对他怎么着了，让他受委屈了吗”，其实孩子这时的哭只是发泄他一天的焦虑和怨恨的情绪，家长要理解并接纳。

3. 回家后和孩子交流：可以问“幼儿园好不好？老师好吗？小朋友多不多？在幼儿园看到什么新鲜的事了？讲给妈妈听听”，尽量不要问“想没想妈妈”之类的敏感问题。如果孩子表现出不愿意去，可以对他说，“老师和小朋友都很喜欢你，如果你明天不去，老师和小朋友会很想你的”。

4. 正确对待幼儿拉裤子、尿裤子的现象

由于环境的变化，在家里不尿裤子、不拉裤子的孩子也可能出现尿床、尿裤子、拉裤子的现象，家长不必紧张，更不要责备。这时家长要做的是安慰孩子，并告诉孩子“老师非常喜欢你，如果有事情可以找老师帮忙”，同时在家注意多锻炼，提高孩子的生活自理能力，教孩子掌握一些基本的自我服务能力。另外，在最初入园的一段时间内，家长可以带些衣服（尤其是裤子）放在孩子的书包里备用。

5. 初入园的孩子由于心里紧张，情绪不稳定，容易造成免疫力下降，部分孩子还可能在一两周内体重下降，出现感冒发烧等不同程度的病症，只要不是很严重，均属正常现象，请家长不要过于担心。

四、家园工作

发放《致小班新入园家长的一封信》，简要介绍一下内容，并请大家回去认真阅读。

五、结束游戏

今天，我们相聚在这里，不管学到了多少，分享了多少，交流了多少，其实我们都有一个共同的目的——为了我们天真可爱的孩子们。接下来的时间，我想请大家闭上眼，静静地听我读一篇文章，读完后，我相信大家心里会有更多的感触。

散文朗读《我们能拥有孩子多少年》（播放背景音乐：《雪之梦》）

案例思考

1. 本次家长会的主题是什么？为什么选择这个主题？
2. 请总结本次家长会主要讲了哪些内容，并找出重点内容。
3. 请总结本次家长会中教师采用了哪些讲述形式。
4. 开场小游戏起到了什么作用？结束时的散文朗读起到了什么作用？
5. 《致小班新入园家长的一封信》的主要内容是什么？为什么采用这个形式呈现？
6. 如果你是小班新生家长，听了这次家长会之后，会有什么样的心情？

【案例6－2】

中班级部第一学期家长会活动方案

一、活动目标

1. 帮助家长了解本学期幼儿在习惯、区域、教学和户外活动方面的表现。

2. 观看幼儿表演，感受幼儿的成长。

二、人员安排

主讲、PPT 制作：×××

家长签到、拍照：×××

在走廊组织幼儿站队：×××

三、活动流程

班主任发言，对本学期工作进行总结，幼儿汇报演出，颁发奖状。

四、活动内容

尊敬的各位家长：

你们好！首先感谢你们能如约而至地前来参加家长会，我代表中班的老师对大家的到来表示热烈地欢迎！时间过得真快！这一学期即将进入尾声。本学期以来，在家长的积极配合下，在我们老师的耐心引导下，孩子们都有了很大的进步。本次家长会的目的就是，让我们为中班的第一学期画上圆满的句号。我将从以下几个方面来给大家讲一讲。

（一）生活常规和好习惯培养

传承文明礼仪，形成良好品格。我园一直秉承“育人先树人”的理念，本学期我们开展好习惯培养课程。以培养儿童好习惯为载体，对孩子进行习惯养成教育，中班是延续好习惯、培养幼儿自理能力的重要阶段。本学期我们重点锻炼幼儿叠衣服、拉拉链、叠被子、饭后自己收拾桌子等，在服务自己的同时也去服务大家，担当值日生，发放教学材料，整理桌面的垃圾等。下学期我们要让值日生充分发挥作用，带动全体孩子，多锻炼，提高自理能力和培养为他人服务的积极心态。

餐前介绍食谱活动。上学期我们老师通过餐前介绍使孩子们了解了饮食营养，这学期我们让孩子自己来介绍食谱，比如，说出菜的名字和营养成分，通过此活动引导孩子们注意营养均衡，不偏食、不挑食。

起床操是我们幼儿园的特色环节。孩子们起床后睡眼惺忪，我们通过教研设置了“起床操”环节，让孩子们根据四季不同的音乐，通过搓手、揉眼、捏肩、揉胳膊、敲腿等动作，缓解刚起床带来的不适，有足够的时间调整自己睡醒后的情绪状态，也会让孩子们在下午的活动环节更有精神。

（二）区域活动

区域活动是幼儿一种重要的自主活动形式。本学期我们更新完善了园所的功能区创设，为幼儿提供了丰富多彩的区域活动。

茶艺坊：简单的泡茶动作，却有其特有的含义，它能使幼儿在高雅有趣的茶艺活动中，接受中国传统文化熏陶，了解茶文化的基本知识，知道生活中饮用的茶及其功效。

膳食坊：通过动手制作点心，让幼儿品尝自己的劳动成果，感受美味的同时体验劳动的快乐。

木工坊：幼儿通过了解木工的工具、机器等，感受用木材制作的乐趣。

科学发现室：利用丰富多彩的操作材料，让幼儿通过自身的感知和操作，探索周围世界的奥秘，发展幼儿的好奇心，激发幼儿对科学的兴趣。

编织坊：幼儿通过编织手链，锻炼手眼协调能力，发展精细动作，也培养专注、耐心、细心并坚持完成任务的好习惯。

皮影坊：通过欣赏、制作皮影活动，简单了解皮影的特征和制作过程，激发幼儿对传统民间艺术的喜爱之情。

（三）教育教学

安全是教育的根本，我们老师每学期都会进行相关的安全培训，每月有消防逃生演练、防震演习、疏散演习，让幼儿亲身体验，了解各种存在伤害的问题，发现安全隐患，提高幼儿的安全意识，让幼儿能够知道遇事临危不惧，冷静处理。

我园以传统文化启蒙教育为主，结合传统节日（国庆、中秋、重阳、元旦、腊八）及二十四节气，开展了一系列活动。

结合中秋节的节日特点，为幼儿讲述了月桂树的传奇故事，利用拓印、粘贴等手工方法制作“纸盘玉兔”，并让幼儿亲自尝试制作月饼，充分感受中秋节。

在国庆节来临之前，我们对孩子们进行了爱国主义教育，组织观看升旗仪式，并一起制作了国旗。

每周进行升旗的爱国主义教育，一次看似简单的升旗仪式，其实也是在培养幼儿的自信心和主人翁意识。升旗仪式中有出旗、升旗、律动、感恩父母、颁发好宝宝奖牌等环节。其中的颁奖环节，给孩子鼓励性教育，让孩子萌生了自豪感。下学期咱们的升旗仪式还会继续，到时会让每一个孩子都有展示自己的机会。

在重阳节敬老爱老活动中，我们邀请了爷爷奶奶、姥姥姥爷参观幼儿园，观看孩子们的演出，介绍我们的一日生活，看到老人们满意的微笑，我们心里也特别开心。

在元旦来临之前，我们和孩子们做灯笼、鞭炮，装饰教室，通过环境创设让孩子们感受节日的氛围。亲子游园活动在欢乐的气氛中拉开了帷幕，侗族的扎染、朝鲜族的打糕、蒙古族的骑射，幼儿们体验着中国不同民族的过年特色。

在刚刚过去的腊八节，我们为孩子讲述了节日的来历、习俗，让孩子融入其中，亲手剥蒜、腌蒜，制作腊八蒜，喝腊八粥。

这学期我们根据二十四节气的秋季和冬季的节气特点，与幼儿一起绘画，制作手工节气作品。

各种传统活动让幼儿在亲自动手参与的过程中，处处感受到我们中华民族传统文化的魅力。

（四）户外活动

丰富多彩的幼儿园户外体育活动内容和形式，提高了幼儿的整体素质，促进了幼儿身心全面健康成长。教师运用彩虹伞、海绵棒等器械，锻炼幼儿爬、跑、跳、平衡等能力。在骑小车游戏中，从小班到中班，我们加大难度，一名司机一名乘客，在游戏中教育幼儿不超速、不插队，遵守交通规则。每周我们四个班会进行户外大循环，走平衡木、跳彩圈、钻地龙、过速度梯等，把好玩的项目进行结合，设置赛道，让幼儿有秩序地运动，同时培养遵守规则、乐于合作等良好的品质。

话不多说，下面让我们有请宝贝们闪亮登场。

（五）幼儿分组才艺展示

1. 第一个内容是古诗联唱：《小池》《小儿垂钓》《竹枝词》《元日》。

传统文化传经典，蒙心养正效果显，再次把热烈的掌声送给孩子们。

2. 第二个内容是儿歌串烧：《爸爸》《雪花和雨滴》《颠倒歌》《恭喜恭喜》。

我们的孩子表演得怎么样？

孩子都是我们的掌上明珠，快乐的童年是给孩子最好的礼物。

3. 舞蹈律动：《宝贝宝贝》。

感谢亲爱的爸妈，给我挡风遮雨的家；感谢亲爱的老师，教给我无穷尽的知识，让我们一起伴随音乐，做起手语舞蹈《感谢》。

希望我们继续默契配合，让孩子们愉快地度过有意义的中班下学期生活！谢谢大家！

案例思考

1. 本次家长会的主题是什么？为什么选择这个主题？
2. 请总结本次家长会主要讲了哪些内容，并找出重点内容。
3. 请总结本次家长会中教师运用了哪些内容呈现形式。
4. 幼儿的才艺展示起到了什么作用？

【案例 6－3】

幼儿园大班家长会方案

一、活动目标

1. 传达班级计划，引导家长了解家园共育内容。

2. 了解幼儿园和小学的差异，帮助幼儿在习惯、思想和学习兴趣等方面做准备。

二、活动准备

PPT、音乐、签到表。

三、活动过程

尊敬的各位家长：

大家好！很高兴今天我们为了孩子又聚在了一起，和大家相处了两年多，就像老朋友一样，大家很重视、关心孩子们的教育，还是一如既往地支持我们的班级工作，在此，我代表大一班的四位老师向大家表示衷心的感谢！

今天的家长会从以下几个方面进行：传达学期计划、幼小衔接问题、需要家长配合的工作。

（一）传达学期计划

首先请班主任小李老师为大家传达一下本学期计划！

秋风送爽，新的学期开始了，为了能有的放矢地开展班级工作，促进幼儿全面和谐地发展，结合本班班级实际情况，班级工作计划如下。

1. 班级情况分析。

本学期我班共有 38 名幼儿，32 名是从中一班升上来的，6 名是新插入我班的，女孩 21 名，男孩 17 名。经过两年的幼儿园生活教育，孩子们各方面的能力都有了不同水平的提高：大部分孩子能有意识遵守班级常规，对不良行为能互相监督、互相提醒；能主动地与同伴进行交往、合作、分享，友好相处，讲礼貌；能遵守幼儿园一日生活规则，会用礼貌用语与别人沟通，大部分幼儿能主动地向别人问好；对学习活动、游戏活动的兴趣有较大的提高，活动时大部分幼儿积极、活跃。

需要提高的方面：有些幼儿上课时经常管不住自己，总是与别人说话，影响大家，每次上课都要老师提醒多次；有部分孩子自理能力和整理活动材料方面欠缺，幼儿做事的主动性还需要不断提高；部分孩子倾听习惯欠佳，读书姿势不正确；部分孩子参加活动时互动主动性不够，有依赖感；个别孩子习惯不好，比如，喜欢打闹、不会谦让，以自我为中心。本学期我们将把良好生活习惯、行为习惯、学习习惯的养成作为重点，常抓不懈。

2. 安全工作。

安全工作在各项工作中占首要地位，我们严格遵守班级安全工作规章制度，重视安全教育，老师经常在班内回顾总结安全上存在的隐患，提出引起注意和需改正的要求。利用晨间活动和安全课活动以及各类安全演习对幼儿进行日常行为规范教育、法制教育、心理健康教育，以及饮食卫生、消防安全、危险物品安全、安全预警、预防和应急自救等教育，增强幼儿自我保护能力和安全意识。幼儿园有专门的老师每周为幼儿上一节安全课，让幼儿了解最基本的安全知识。只有通过形式多样的活动才能帮助幼儿懂得自我保护的简单知识和方法，才能真正保证幼儿的安全。

3. 教育教学。

教育教学活动常规进行，运用主题形式组织五大领域教学，本学期的教育内容还是××省幼儿园课程指导教材，围绕“我是大班的小朋友”“祖国好妈妈”“身体秘密多”“金色秋天到”“方便你我他”“世界真奇妙”等主题展开教学活动。

以上是集体教学活动，还有区域活动。本学期我们将开展了五大功能区活动，比如：龙奥大观园，丰富幼儿的社会实践经验；科学探究课，提高幼儿的探究能力；美工创意课，提高幼儿的想象力和创造力；图书阅览室以及魔幻厨房。暑期装修的魔幻厨房开始投入使用，孩子们可以体验动手制作各类食品的乐趣，前两节课孩子们做了水果沙拉、中秋月饼，非常快乐。平时大家可以带孩子多去操作和体验（去超市让孩子自己买东西，在家里做点心等）。另外，还有钢琴课、象棋课等丰富的特色课。本学期结合我园“中国传统文化启蒙”的特色教育，我们将把民间音乐、民间美术、民间体育游戏融入教学活动中，结合中秋节、国庆节、重阳节、春节等节日展开教育活动，循序渐进地进行“蒙心养正”。（每周课程表我们会定期上传云校，大家可以及时关注）

4. 家园共育具体工作安排。

九月：教师节、中秋节、国庆节主题活动
召开家委会，成立家长志愿者服务队
家长进课堂

十月：幼儿园趣味运动会
亲子游佳宝
家长进课堂

十一月：11.9 消防日开展消防逃生演习
全园幼儿查体
家长进课堂

十二月：迎新年主题系列活动
举办第三届“冰花节”（根据天气情况待定）
家长半日活动开放
冬季安全教育日
品餐会（部分家长）
家长进课堂

刚才李老师讲了这学期的学期工作计划，也希望家长能够用心关注，与幼儿园密切配合，培养好孩子，大家要明白家庭教育要比学校教育、社会教育重要得多，千万不要存在“让老师去教育吧，我管不了”的观念，孩子的教育不能重来，大家一定要用心。每月的家长课堂我们会着重实施起来。

（二）幼小衔接问题

说到大班，我们马上想到，还剩下一年孩子就要上小学了，从幼儿园到小学，由于教育条件和生活环境的突然变化，孩子必然会面临许多问题。这时，如果衔接工作做得好，准备充分，及早实行慢过渡，幼儿就能较快适应新环境和学习生活，更能促进身心发展。为了使幼儿顺利自然地适应小学生活，我们应做好幼小衔接工作。

那么，在讲“幼小衔接”之前，我们先要解决一个问题，那就是：幼儿园和小学的差异究竟在哪里？我不知道我们班的家长朋友对这个问题了解多少，请大家说说。（家长发言）

就像刚才大家所说，幼儿园和小学有许多方面的差异。

1. 学习时间不同。

幼儿园每天只有一小时的集体教学时间，而小学有 3～4 小时，整整多了 2～3 倍。

2. 活动形式不同。

幼儿园强调动静交替，以游戏为主要活动形式，自由选择玩具和伙伴，适合幼儿好动的特点，而小学只有体育活动、音乐活动才有自由的活动时间。

3. 教学方法不同。

幼儿园将粗浅的知识技能贯穿在幼儿一日生活中，教学具有直观性、趣味性、多样性特点，在玩中学、学中玩，重在培养孩子的学习兴趣，而小学是以书面为主，强调系统知识的教育和读、写、算等基本技能训练，以完成学习任务。

4. 睡眠时间不同。

幼儿园从 12:00 到 2:30 有两个半小时的充分休息，而小学没有午睡，休息时间少，课间休息只有十分钟。

5. 师生关系不同。

幼儿园随时有老师伴随左右，及时解决孩子的矛盾和困难，而小学一个班有五六个任课老师，每节课都是不同的老师，许多事情都需要学生自主解决，并且小学老师关注的是教学，对孩子生活方面关心较少。

6. 家长要求不同。

上幼儿园，家长一般希望孩子能够很好地交往、生活就可以了；上小学，家长在学习成绩、能力培养等方面有更高的要求。

了解了差异，接下来我们要做的就是通过怎样的努力和准备来减少差异。有些家长可能心里在想：是啊，我怎么准备呢？幼儿园都做了些什么呢？在这里我将幼儿园的一些过渡和准备做个简单介绍。

1. 参观小学，培养美好情感。

组织幼儿参观小学，一般是安排在下学期，大概在4月或5月，让幼儿熟悉小学环境、了解小学生是怎样学习、生活的，看一看小学生是怎么上课的，认识学习用具，知道使用方法等。在休息的时候家长可以多带孩子到附近小学去参观，介绍相关的小学生活，激发孩子想当小学生的愿望。

2. 提高幼儿自理能力。

在幼儿园，生活上有老师帮忙，但小学生活一切要求自理。试想，一个吃饭不能自理、鞋带都系不好的孩子，怎能跟上大家的节奏呢？（一定在自我服务方面鼓励孩子自己动手）希望家长们在家让孩子能自己的事自己做，克服依赖，培养自理能力，这也是培养幼儿好学精神的第一步。还要给孩子提供一个固定学习的地方，试着让孩子自己去整理东西，父母可以指导，但不要包办代替。（举例：孩子玩完玩具、看完书请让他自己收拾，哪里拿的放回哪里）无论是幼儿之间，还是幼儿与老师之间，都要鼓励幼儿主动与人交往，学会表达，通过生活实践中的一件件小事、一次次经历和一个个感受，让孩子真正从心里明白，自己的事情必须自己做。（有的家长认为孩子做不好就不让做，打消了幼儿做事的积极性）

我们在和家长交流时也发现，孩子做什么都不够主动、积极，其实是父母对孩子不够信任所导致的，拿别的孩子和自己的孩子比较对孩子不公平，更不能说“你这个也做不好，那个也做不好”，而要以积极的方式鼓励、相信孩子，给孩子信心，这样孩子才会更积极主动。希望家长遇到问题能多和老师沟通，如有不方便可以打电话联系。

3. 培养任务意识与完成任务的能力。

比如：让幼儿认识到凡是家长和老师要求做的，要努力做到，培养责任感，养成认真专注做事的习惯；要求幼儿做事时要一心一意，不是边做边玩，并且一件事情做好以后再去做其他的事情或者玩耍。

那作为家长，需要做什么准备呢？

1. 生活习惯。

家长可以送给孩子一个小闹钟，从10分钟、15分钟、20分钟慢慢增加定时闹钟的时间，让孩子在规定的时间内做一件事情，至少提前一两个月开始作息时间的转换。按照穿衣、吃早饭、步行到学校的时间量，确定起床的时间，让幼儿习惯这样的作息制度。

有意识地培养孩子有条理做事的习惯。比如衣服应该折好放在哪里、玩具应该收拾到哪里。给孩子买一个小书包，让孩子把自己需要的东西放进去，教孩子养成整理书包的习惯。每隔一段时间，要求孩子整理一次自己的东西。

2. 思想。

家长千万不能拿小学老师吓唬孩子，比如说“上小学啦，你可要苦啦”之类的话。有空的时候带孩子去将要入学的学校走走、看看，告诉孩子可以在学校学到很多本领。父母千万不能在孩子面前议论学校的长短。议论要避开孩子，让孩子有一个良好的心态，期待进入学校生活。

3. 学习兴趣。

每天与孩子有一些沟通，哪怕15分钟也好。和孩子交谈一下今天学到了什么，交上了什么朋友。一个星期与孩子有一次共同的学习机会，一起出去走走、看看，然后和孩子一起讨论，引导幼儿大胆表述。

相信家长们现在对于幼小衔接工作都有了一定的认识和了解。一个孩子的健康、健全成长，仅靠学校或仅靠家庭都是远远不够的。教师观察不到孩子在家的情况，家长也很难看到孩子在园的表现，两者形成合力，教育才会有针对性和连贯性。

（三）需要家长配合的工作

孩子们的成功与每位家长的全力支持是分不开的，我国教育专家陈鹤琴曾经说过：幼儿教育是一件很复杂的事情，不是家庭一方面可以单独胜任的，也不是幼儿园一方面可以单独胜任的，必须两方面共同合作才能得到好的效果。接下来我讲一下家长需要配合的工作。

1. 请各位家长在8:00—8:10送孩子入园，一是天气越来越冷，按时入园可以让孩子吃上热乎的饭，二是让孩子养成按时上学、不迟到的好习惯。

2. 培养孩子良好的生活习惯。培养孩子早睡早起的习惯。晚上，规定孩子应在九点前睡觉；早上，按时把孩子叫醒。起床后应要求孩子自己穿好衣服，洗脸、刷牙、梳头等，要求在一定时间内完成，培养孩子做事不拖拉、不磨蹭的好习惯。每周至少一次为孩子剪指甲，教育孩子保持仪表整洁，爱护玩具用品，学会整理书包，入小学后就容易养成爱护书籍及文具、保持作业清洁的好习惯，那时候家长带孩子就会觉得很轻松了。

3. 培养孩子良好的学习习惯。家长要经常有意识地同孩子交谈，多给孩子讲讲故事，陪孩子一起画画、听音乐、看图书，多带孩子到外面去散步、参观、游览，重点要指导孩子学会写自己的姓名，知道爸爸妈妈的电话号码等，这些是大班每个孩子都要做到的，从中培养孩子对学习的兴趣和求知欲望，以及注意听、仔细看、认真思考、积极发问、做事认真、不怕困难等良好的学习习惯。

4. 请家长不要让孩子带有危险的东西到幼儿园来。再次强调小朋友不佩戴金银首饰等小挂件，以防丢失或不小心被孩子吞食，引起不必要的麻烦。家长要教育孩子不玩尖锐的东西或其他有危险的物品（如豆类、硬币、小棒、牙签、药等)。孩子入园前请家长检查孩子的口袋。

5. 如家里有事或孩子生病了不能来园，一定要打电话或者发信息告诉我们并且说明原因，请在八点之前请假。如果家长的电话号码有变动也请及时告诉我们，以免有急事时联系不上。

6. 请家长给孩子准备一根跳绳，在家多教孩子跳绳。大班小朋友体育达标就是跳绳达标。

7. 接送孩子时一定要出示接送卡，注意孩子入园和离园的路线，防止拥堵，保证安全，家长们一定排队接送，给孩子做好榜样。

8. 升旗作为爱国主义教育很重要的一项内容，是很严肃、庄重的一件事情，原则上，每周参加升旗的家长是自愿报名，一学期可能也只有一次机会，希望家长好好珍惜，家长参加时注意着装和言行举止（如唱国歌、行注目礼、精神面貌），家长是孩子的镜子。

最后，希望我们继续默契配合，让孩子愉快地度过有意义的大班生活！谢谢大家！

案例思考

1. 本次家长会的主题是什么？为什么选择这个主题？
2. 请总结本次家长会主要讲了哪些内容，并找出重点内容。
3. 请总结本次家长会中教师采用了哪些讲述形式。
4. 假如是你来召开此次家长会，为了使家长会更加生动有趣，你会在哪些地方采用不同的呈现形式？

★ 综合思考

家长会是幼儿园每学期都要进行的活动，是家庭教育指导的一种重要形式，在建立良好的家园关系、更好地实现家园合作共育中发挥了重要的作用。前面我们一共展示了小、中、大班的三个家长会实例，现在就请大家一起梳理一下，家长会的策划和组织要点吧！

大家可以根据以上三个案例，讨论和思考以下问题：

1. 请总结家长会一般包含哪些内容。
2. 请总结家长会中教师可采用哪些形式呈现内容。
3. 策划一次家长会需要哪些步骤？请依次列出。
4. 请总结一个完备的家长会方案应包含哪些内容。
5. 家长会组织实施过程中有哪些需要注意的地方？

任务三 家长会的组织流程

课前思考

家长会就是教师在上面讲、家长在下面听吗？还有其他形式吗？

家长会的组织流程如下：

策划与筹备 → 组织与实施 → 反思与反馈

环节 1：策划与筹备

家长会是幼儿园比较重视的正式会议，需要幼儿教师精心地策划和准备，以便发挥家长会的凝聚作用，让家长感受到幼儿教师的真诚和敬业精神，建立家长对幼儿园和老师的信任。

（一）选择家长会的内容

家长会内容选择的合理与否直接影响着家长会的效果，所以，教师必须精心策划，做好取舍和安排。由于家长会参加的人数较多、影响面广，所以家长会不能组织得过于频繁，一般每学期召开 1～2 次全园或班级家长会，并且事先要尽量安排周全，避免遗漏。所以，在策划召开家长会时，要广泛征求全园或班级所有保教老师的意见，把适合在家长会上沟通和安排的内容全部收集起来，然后再根据需要删繁就简。

一般来说，家长会包括两部分内容：

1. 通报情况、提出要求、安排事情

通报情况指的是教师向家长传达本学期的教育目标、教育内容、活动情况，同时描述幼儿在园的现状及进步，使家长对幼儿在园的表现有充分的了解。

提出要求指的是需要家长配合幼儿园做好哪些工作，比如按时缴费，送园时不要

抱着孩子，锻炼幼儿的自立能力，让幼儿自己吃饭、自己学习穿脱衣服和鞋子等，这既是对家长进行科学的家庭教育指导，也是为了家园合作共育。

安排事情指的是一些具体的事务安排。

家长会的内容安排要详略得当，事务性的事可以写成便条分发给所有来开会的家长，便于家长带回去，向其他家长传达。因为来开会的人，可能是老人或保姆，他们记忆和传达老师的要求会有困难，还有的家庭是多个人共同带养孩子，便条可以使信息沟通更加方便。

便条可打印一张或半张纸，下面是一个便条的示例。

★ **示例：**

家长须知

1. 按时到园，最好不要迟到。

2. 不要给孩子穿带帽绳的衣服，不要穿有鞋带的鞋子，穿方便孩子穿脱的衣服。

3. 请家长经常给孩子剪指甲。

4. 孩子在家不要睡太晚，早睡早起。

5. 没有老师的特别要求，不要给孩子带玩具入园。

6. 孩子如果感冒或身体不适，一定要如实告诉老师，便于老师及时照顾孩子。

2. 做好家庭教育指导

教师与家长面对面集体开会的机会并不多，因此不管是全园家长会还是班级家长会，在会上教师要抓住机会向家长讲解幼儿的年龄特点和教养要点，这将为以后的家长工作奠定良好的基础。

比如同样是不愿上幼儿园，不同年龄阶段的幼儿表现不同。托班、小班幼儿主要表现是分离焦虑，哭闹，不肯和家长分开，不愿进入班级；中、大班幼儿则是找各种各样的表面“合理”的理由，比如老师不喜欢自己，幼儿园饭菜不好吃，自己不舒服，小朋友欺负自己等。事实上，一旦孩子在家长离开之后进入班级，就能很快地融入班级活动中。

再如，托、小班幼儿思维的一个特点就是常常把想象当作真实，因而会出现各种所谓“撒谎”的现象，很容易迷惑家长和教师的判断力，有时甚至会“成功”地导致教师和家长之间产生一些“误解”。

这都需要教师用案例分析的方式帮助家长正确理解和解读。防患于未然的前提，就是让家长明白幼儿年龄特点产生的典型问题，提高家长对儿童心理特点的了解与处理能力。

家长会还可以集中分析当前家庭教育中普遍存在的问题。比如，电子产品对孩子生活和成长的影响，怎样对待孩子的争强好胜心理，孩子不爱表现怎么办等。这些问题会让很多家长感到困惑，教师在充分准备之后，可对家长进行引导和分析，帮助家长澄清观念，学会采取正确的家庭教养行为。

总之，家长会应在介绍常规工作之余，尽量在帮助家长了解幼儿身心发展的特点、普及家庭教育知识和方法、提高家长的教育能力和帮助家长解决家庭教育问题上做文章，才能让家长有收获，发挥家长会的家庭教育指导作用。

当然，不同年龄段的家长会内容侧重点不一样。比如，案例 6－1 是小班新生入园前的家长会，主要分析“入园准备和入园焦虑”的问题；案例 6－2 是中班家长会，主要总结一学期的工作和展示孩子的进步；案例 6－3 是大班家长会，侧重分析“幼小衔接”问题。所以，教师要根据各年龄班保教目标的需要，组织不同内容的家长会。一般来说，适合小、中、大班的主题如下：

小班：

分离焦虑：新入园，最需要关注幼儿的分离焦虑问题，教会家长理解幼儿的哭闹并采取正确的应对方式。

亲师关系：小班也是亲师关系初步建立的时期，教师要通过引导家长了解幼儿园的一日流程及幼儿在幼儿园的学习和生活常规等使家长对幼儿园放心，从而建立起相互信赖的家园合作关系。

家园一致教育：引导家长在家庭和幼儿园采取一致的规则，对幼儿良好习惯的培养非常有帮助，尤其是自理能力的培养。

中班：

社交能力培养：在中班，幼儿已经慢慢适应幼儿园生活，师生关系、同伴关系逐渐升温，这是培养幼儿社交能力的黄金时期。

区域活动与创造力：展示幼儿园的各项区域活动情况，能加深家长对幼儿园的认可，同时也能看到幼儿的变化与成长。

大班：

幼小衔接：幼小衔接是家长最关心的话题，教师需要向家长传递正确的幼小衔接观，并告知家长幼儿园将如何开展幼小衔接工作，让家长放心。

培养幼儿的学习品质：培养幼儿的学习品质是幼儿园阶段最重要的教育目标，但家长普遍关心孩子认识多少字、会背多少儿歌、是不是会做算术题等这些外显的结果和表现，而普遍忽略和不理解学习品质对幼儿学习和成长的重要作用，更不知道怎样培养幼儿的学习品质。所以，大班老师可以借助家长会这一平台，向家长传播正确的教育观念和方法，保证教育的正确方向。

（二）选择家长会的形式

传统的家长会一般以教师讲、家长听为主，可能会让家长感到内容空洞、形式僵化、缺乏新意，满足不了家长的期望。随着现代多媒体设备的普及和应用，家长会的形式也变得更加丰富。如，教师可以整理部分孩子的照片或录像资料，使用 PPT、会声会影、光影魔术手等软件处理音、视频素材或制作讲义内容，不仅能给家长留下深刻的印象，还会提高家长会内容的可信度。

比如，一位幼儿园老师在小班第一学期期末开过一次家长会，在家长会上展示班级每一个孩子刚入园时哭闹的照片，随后又展示了现在每个孩子在幼儿园开心地玩耍、参加游戏活动的照片。通过前后对比，家长们看到了孩子巨大的变化，感动地流泪了，并由衷感谢幼儿园老师的辛苦付出，家长会取得了非常好的效果。

近几年，越来越多的幼儿园开始尝试体验式家长会，家长由被动变主动，通过参与互动小游戏、情境表演、话题讨论、完成项目任务等多种形式，感受和领悟教育内容。比如，案例 6－1 中开场的小游戏和结束的散文朗诵，案例 6－3 中的家长就“小学与幼儿园有哪些不同”的话题进行讨论等，丰富了家长会的内容，改变了教师一言堂的传统家长会模式，是对体验式家长会做出的有效尝试。

互动游戏的选择是一个难点，既要好玩有趣，又要符合主题的教育意义，让家长深受启迪。下面是一些包含着不同的教育意义的小游戏，可以在家长会中使用。

互动小游戏

- 游戏一：传话筒

教师跟第一位家长说一句话，让他传话给下一位家长，所有家长传一遍之后，请最后一位家长说出他听到的话。我们会发现，这句话和教师一开始说的那句话大相径庭。

教师解析：传话许多时候会让话变了味，所以，家长如果对我们有什么意见和建议，请直接与我们沟通，以免传话造成误会。

- 游戏二：抢位置

地上画一个大大的长方形，请五位家长站到中间。教师喊：“抢。”家长要站到其中一个角上，因为只有四个角，五位家长中有一位家长会找不到位置。教师多次喊“抢”，家长们要努力动脑筋，想办法抢到位置。

教师解析：看似简单的小游戏，需要多动脑筋才能玩得好。家长们一定不要小看了游戏的力量，游戏是孩子的语言，也是幼儿学习的方式，幼儿会在游戏中思考与成长。

- 游戏三：家长变小孩

教师说：“今天我当家长，你们都是我的孩子，请尽量模仿孩子的样子与我互动。”

要开饭了，“孩子们”很开心，互相说着话。

“家长”一边给“孩子”盛饭，一边板着脸怒斥“孩子”：“你看你，吃饭不像吃饭的，还在说话。”

有些“孩子”开始抗议：“我没有说话!”“家长”立刻厉声喝道：“我说话你还犟嘴?”“孩子”似乎意识到自己平时也是这样对孩子讲话的，便不说话了。

有的孩子大叫：“我不吃菠菜!”“家长”瞪一眼“孩子”：“这个不吃，那个不吃，你要吃什么?”

“孩子”闷头吃饭，家长继续叨叨：“邻居家的强强真厉害，今天又被老师表扬了，你什么时候也能进步啊?”

“孩子们”闷闷的，吃了一会儿就说：“我吃饱了。”

“不行，必须吃完，不然就别看电视了。”

“孩子们”气得不得了。

教师解析：家长们在家里是不是或多或少地说过游戏中“家长”的话呢？孩子们听到这样的话又有怎样的感受？相信经过这样换位体验的游戏，家长们会真正理解自己的孩子。

● 游戏四：千万不要想“大白熊”

教师说：“今天我们来玩一个游戏，你们千万不能想‘大白熊’。”

说完后，教师问家长：“你们脑袋中想的是什么?”

家长齐声回答：“大白熊。”

教师解析：幼儿是容易受暗示的。不想让孩子做某件事，好的办法是淡化，不提这件事，而不是在孩子面前一遍又一遍反复说不许做这件事。看见并鼓励孩子正向积极的行为，忽略孩子消极的行为，孩子才能更好地进步。所以说，我们日常的许多做法是错误的，是不符合幼儿心理特点的，需要学习幼儿心理，才能更好地养育孩子。

随堂练习：

请写出两个能够引起家长思考和感悟的游戏，说明游戏方法及背后的教育意义。

参考答案 6 - 1

（三）拟定家长会提纲

内容和形式确定好之后，需要按顺序列出家长会的各项内容，这样一份覆盖全流程的提纲有助于教师整体把握家长会的内容，避免遗漏。

下面是一位教师梳理的简略提纲，供大家参考。

(1) 组织家长观看幼儿活动剪影。

(2) 分析上学期幼儿总体发展状况，总结上学期家长工作的开展情况。

(3) 概括班级幼儿近状。

(4) 介绍本学期保教计划。

(5) 简要说明本学期将要举办的大型活动。

(6) 介绍最近家园沟通的主要事项。

(7) 介绍十个幼儿健康心理教育的小方法。

其中，对于重点内容和自己不太熟悉的内容，要做较多的内容提示，并尽量做到熟读成诵；也可以把重点内容做成 PPT 课件，这样既给自己一个提示，也有助于家长听会和做笔记；还可以把提纲式的 PPT 课件打印出来，发给家长人手一份，这样家长可以边听边做补充笔记，祖辈家长或者保姆还可以把课件带回家给孩子的父母阅读，方便他们向家长传达家长会的主要内容。

（四）准备发言稿

家长会是教师和广大家长面对面、自然亲切的口语交流过程，但在一些大型、隆重、具有仪式感的家长会上，教师可以在某些环节诵读发言稿，比如小班新生第一次家长会、大班毕业典礼或者某些大型活动时的开场白和结束语。教师可以精心准备一段书面、正式的发言稿，用庄重的态度、抒情的语言和排比句式，表达自己的思想感情，这样既能引导会议的议题和进程，也有助于“以情动人”。

需要注意的是，开场白和结束语最好控制在 300 字以内，都不宜过长，语言要简洁、明确、有逻辑性，必要时援引一两句经典名言，能起到画龙点睛的作用，并让家长深受启发。新教师准备的发言稿可以事先读给同事、朋友或家人听一听，请他们表达感受并提出修改意见，以便自己进一步改进发言稿并提高语言表达能力。

请看下面小班家长会的结束语，体会老师是怎样运用真挚的话语来打动家长的。

今天的家长会，对很多家长们来说，可能是人生中的第一次家长会，意义是重大的。教育好孩子是我们共同的责任，需要我们共同来努力。我们一定会尽全力呵护每一位孩子，用心去关心和照顾他们，请家长们放心并给予我们工作上的支持。在家庭教育上，也希望大家能多加重视，多给孩子一点关爱和鼓励，多为他们的成长做些准备，家园合作，才能形成合力，更好地促进幼儿健康快乐地成长！为了孩子，让我们携起手来，互相信任，精诚合作，共同进步！

参考答案 6-2

随堂练习：

请试着为大班毕业典礼写一份结束语。

（五）下发通知

确定开会时间和地点之后需要下发会议通知。通知的拟定要清晰、温馨、体贴，不要用生硬的命令式的口吻，要让家长一看就知道家长会开始时间、持续时间、具体地点、主要内容、重要性以及教师的真诚关怀或者家长需要做的准备。

请看下面这份“科学做好幼小衔接”为主题的家长会通知。

> 尊敬的家长朋友：
>
> 您好！
>
> 孩子步入大班，许多家长开始为孩子的“幼小衔接”问题而焦虑，“要不要报幼小衔接班”“需不需要提前学习拼音、汉字书写”“幼儿园是不是什么都不教”，相信这些都是您十分关心的问题。为了让您了解幼小衔接的重要性，学习科学幼小衔接的方法，为幼儿做好科学的幼小衔接，我们特别邀请了×××小学的主任×××来园，为家长做“如何做好幼小衔接工作”的讲座，届时，您可以与专家面对面提问哟！同时，各班班主任也将对大班的幼小衔接工作进行家园合作的部署。
>
> 时间：本周五下午15:00—16:30。
>
> 地点：幼儿园综合活动教室。
>
> 参加人：大班所有家长。
>
> 望各位家长百忙之中抽出时间参加！期待您的光临！

拟定好通知后，幼儿园和教师可以多渠道发放通知。最好提前一周通知家长，以便家长预留时间做出安排。可采用的方式包括：

（1）在微信群中发放通知。

（2）在班级门口张贴通知。

（3）人手一份发放邀请函。

（4）通过幼儿告知家长。

（5）家长接送孩子的时候进一步逐个确认家长能否参加。

目前，最常用的方式为在微信群中发放通知，并以接龙的方式填写参加人，确保每位家长收到并确定参加人，这样教师可以提前明确参会名单，如有变动，方便及时告知。

为保证家长会的出勤率，教师可以不断向幼儿渗透家长会的信息，让他们提醒并监督家长按时参会。

随堂练习：

以“怎样帮孩子克服入园焦虑”为主题，草拟一份小班家长会通知。

参考答案6-3

（六）撰写活动方案

以上内容确定之后，教师需要撰写一个详细的活动方案。活动方案是家长会策划阶段的集中体现，一方面方便教师理顺家长会的具体流程，使各个环节的衔接更加流畅，另一方面也方便园长和教师提供修改意见，使家长会召开得更加顺利。

活动方案一般包括以下内容：

（1）活动目标与主题。

（2）活动时间。

（3）活动地点。

（4）人员安排。

（5）活动内容及流程。

其中，活动内容及流程需详细撰写，最好想象自己置身于家长会的具体场景中，预想好各个环节如何顺畅衔接，提前想好衔接词，预想可能出现的问题及如何应对。尤其是新教师，一人面对众多家长难免会出现紧张情绪，提前做好充足的准备能使教师开会时游刃有余。

前面展示的三个实践案例即为家长会的活动方案，主题比较有代表性，内容比较翔实，形式也相对多样，具有一定的借鉴参考价值。

家长会，尤其是班级家长会，是教师面向全体家长的正规沟通形式，集中体现教师思维的逻辑性、观念的科学性、口才的流畅性以及大方、自然的仪表形象，跟平时教师带班与幼儿相处时所体现的思维的发散性以及开朗、活泼、富有童趣和童心的行为表现完全不同，两者结合更能展现教师的基本素质。因此，教师要认真对待每一次家长会，精心策划准备，既展现教师的优良素质，也能够很好地发挥家长会的指导作用。

环节 2：组织与实施

（一）布置会场

全园家长会一般需要利用幼儿园礼堂等大型活动场所，还需要横幅或者电子显示屏来烘托气氛，不但话筒和音响要提前准备好，活动当天最好有专门的技术人员在场，随时处理设备在使用过程中出现的状况。

另外，组织大型家长会要有安全意识，教师要把参会人数控制在规定范围内，并准备好安全疏散预案，以备出现紧急情况。

会场座椅摆放要根据家长会的类型采用不同的方式。如果在班级教室举行，教师可以根据会议内容的需要安排座位方式。

如果是讲座型家长会，可以安排面向教师的横排座位；如果是研讨型家长会，可以安排相向而坐的圆桌式座位；如果是参与式家长会，则需要在四周安排座位，把中间空出来作为活动场地；如果是沙龙式家长会，则可以简单地准备一些茶水、点心、水果等，让与会家长感到温馨；如果有小朋友参加家长会，则需要给孩子留出活动场地。

（二）迎接和签到

家长会是幼儿园的一项重大活动，是建立良好家园关系的重要时机。如果新生家长第一次来园开家长会，可以在会议开始前 15 分钟，在幼儿园门口安排老师做迎宾员，热情迎接家长的到来，并向家长指示路线，给家长温馨美好的情感体验；如果是中、大班对幼儿园布局已经比较熟悉的家长来开家长会，教师也要确保家长知道会议具体地点，必要时要在幼儿园张贴路线指引图，也可以悬挂有欢迎词的小黑板或电子屏等，入口处最好有一名教师提示家长签到。

会议正式开始之前的等待时间，教师可以播放轻音乐，让家长在优美的音乐背景下步入会场，等待期间也可以小声地交谈、阅读资料或者欣赏班级环境。为了增进家长对幼儿园生活的了解，教师也可以播放幼儿平时的活动片段，并在适当的地方添加一些精要的解释、点评甚至幽默的调侃，这些包含自己孩子在内的幼儿活动视频对家长有非常大的吸引力。教师还可以在网站上下载一些家庭教育方面的格言、PPT 或具有教育意义的图片，这些内容也会给家长启发，引起家长的思考，让家长更有获得感。

（三）依照流程开展会议

到了预定的开会时间，会议要如期开始。如仍有家长未到，可稍等五分钟，但不宜等待太久。

没有特殊情况，会议要按活动方案中的既定流程进行。虽已经做好充足的活动方案，但真正开好一次家长会，还需要教师了解一些面对公众讲话的技巧，将既定的活动方案实施出来。

相关知识

公众讲话的技巧

1. 姿势：要让身体放松，不要过度紧张，否则容易姿势笨拙僵硬，舌头也容易打结。

2. 视线：目光要扫视大家，使在场的人感觉到被重视，也能用目光与在场的人进行交流。

3. 脸部表情：自信、大方的表情，会使演讲更有说服力。

4. 服饰和发型：因家长会比较正式，教师最好也穿着正式的服装，发型整齐，化淡妆。

5. 声音和腔调：发音正确、清晰、优美，词句流利、准确、易懂，语调贴切、自然、动情。

6. 说话的速度：为了让在场的人都听懂、听明白，稍微放慢一点语速是必要的。当然，也要根据内容调整语速，如果一直以相同的速度进行，听众会犯困的。

会议过程中，要允许家长提问，留出充足的时间与家长互动，家长会感觉被尊重和重视。切不可为了赶流程而牺牲与家长的互动。

会议最后，一定要感谢家长的支持与配合，为以后的家园合作奠定基础。

会议结束后，提醒家长带好自己的物品有序离开，不要遗漏物品。如果家长有问题，可以单独留下来继续交流。

会议进行过程中，注意安排好相关人员拍照、录像并做好会议记录，以备查看及存档。一般情况下，家长会的发言稿和会议流程，基本反映了会议的主要内容，会议记录可以在此基础上进行补充。会议记录者可以是班级教师，也可以是家长志愿者。教师需要事先将会议流程、发言稿或讲义交给记录者，让他们对会议有所了解，然后详略得当地安排记录。会议后班主任要重新阅读会议记录，有时要根据自己的回忆补充相关内容，最后形成完整的文本档案。条件允许的话，也可以采取录音、录像的方式记录，最后根据回放录音整理成文本档案。会议记录为教师有效地总结家长会内容奠定了基础。

环节 3：反思与反馈

家长会结束后，教师要收集、整理家长的意见或者建议，在此基础之上明确今后工作的思路，并及时向家长反馈。其中，需要幼儿园给予支持和指导的内容，班级教师要主动向园领导反映；属于班级工作的内容，班主任需要与班级其他教师协商工作策略；对于个别家长的意见或建议，教师要做好个别沟通工作。

另外，教师还要注意向幼儿渗透有关家长会的情况以及会后的工作内容。教师不要以为家长会只是成人之间的沟通，其实幼儿恰恰对这种成人之间的沟通很感兴趣。教师可以借助家园沟通话题引导幼儿积极参与和学习，自觉培养好习惯。

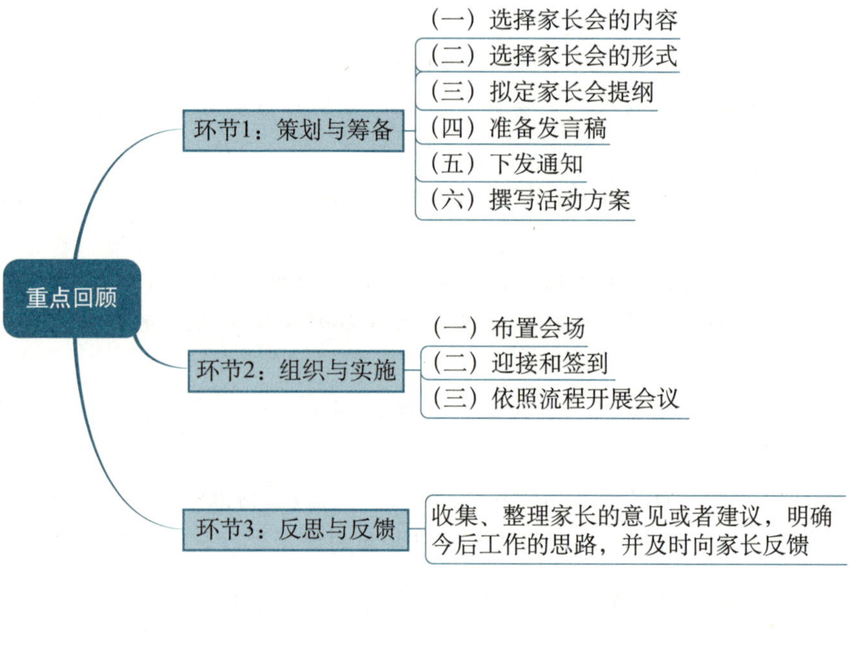

思考与练习

请以“如何培养幼儿的交往能力”为主题，撰写一份详细的中班家长会方案。

任务四　家长会的组织要点

课前思考

组织家长会的过程中需要注意哪些问题？

一、会议内容安排详略得当

家长会时间不能太长，也不需要事无巨细地讲述。教师需要根据参会家长的年龄、学历和认知水平来安排会议内容。一方面要讲的事情都要提到；另一方面，又要注意详略得当，所以教师认真准备会议资料很关键。对于哪些事情需要家长认真阅读，哪些事情需要家长记笔记，哪些事情可以简化成“小贴士”，教师都要做到心中有数，这样就可以少讲家长能够看明白的内容，重点讲家长可能不理解的问题。

家长会是家庭教育指导最重要的形式，教师一定要抓住时机重点向家长介绍基本的教育观念，家长更新了家庭教育的理念，有“收获感”，这将为以后的家园合作打下良好的基础。事务性的内容可以简化成便条，点到为止。

二、家长会要有“特色”

家长会的内容不仅要全面，也要考虑突出班级特色，这样才能给家长留下深刻的印象。

可以在形式上创新，比如组织体验式家长会，采用游戏、交流或展示主题视频的形式，使家长沉浸其中，在活泼有趣的活动中收获一些家庭教育理念。

可以在主题上创新，在筹备家长会前向家长发放家长会内容调查问卷，然后将上交的问卷进行统计，将大部分家长关注的问题作为家长会的主题，达到家园共育的目的。

可以在内容上创新，比如有的教师长期以来喜欢研读儿童心理学，对孩子的心理现象比较关注，那么教师就可以把自己的班级特色定位为儿童心理健康教育。教师可以多列举一些反映幼儿心理现象的小故事，这样既可以使内容生动有趣，也有助于家长理解儿童心理，还可以帮助家长在尊重儿童心理特点的基础上提高教养水平。

三、家长会不能开成“告状会”“要求会”

有一些教师在家长会上抱怨孩子的问题，指责家长教育不到位，甚至反复向家长提要求，这会让家长产生厌烦感；家长会也不能繁杂冗长，开成一个“说教会”，轻则会让家长失去对家长会的兴趣，重则会让家长产生对立情绪，选择远离幼儿园和教师，影响家园合作与配合。

当然，教师根据幼儿园日常生活环节和幼儿教育工作的需要，在家长会上对家长提一些要求也是正常的和必要的，关键要注意提要求的方法。比如，发放便条就是一种实践证明有效的方式。当教师对家长的要求比较多时，可以把这些要求打印到一张纸上，给每个家长发一张，会上教师只需要简明扼要地说明一下。这种向家长呈现要求的方法，既可以避免教师在会上反复强调，让家长厌烦；也避免了家长听了之后遗忘，方便家长拿回家后逐条阅读、按要求执行；还方便父母双方共同了解幼儿园的要求，达到家庭教育一致。如果仅仅由参会家长口述，效果可能就会打折扣。另外，给家长发放便条，教师可以省出更多的时间帮助家长了解儿童身心发展的特点和规律，解决家长教育过程中的困惑和问题。

四、善用小游戏调节气氛

家长会如果只是以“说”和“听”为主，难免会让家长感觉单调，因此设计和组织适当的小游戏，不但能调节气氛，也能拉近家长和教师的距离。小游戏可以在家长会开始时做，也可以穿插在会议中间做。最简单的小游戏可以是平时教师带孩子做的手指操或者手眼协调游戏，这能让家长亲身体验到教师的教育教学方法，并找回童心，提高家庭亲子互动的质量。在心理咨询中经常使用的团体游戏、拓展训练游戏等，都可以稍加改编后用于家长会。

重点回顾

- 会议内容安排详略得当。重点向家长介绍基本的教育观念、事务性的内容做成便条，点到为止
- 家长会要有“特色”。可以在形式、主题、内容等方面进行创新
- 家长会不能开成“告状会”“要求会”。用发放“便条”的方式提要求的效果比较好
- 善用小游戏调节气氛

思考与练习

除了文中列出来的几种方式，还有没有其他方式能使家长会更有“特色”？

实践演练

许多幼儿入园之后，不会自己穿脱衣服，不会自己上厕所，不会自己吃饭，这显示出家长对幼儿自理能力培养的重视不够。因此，小班最重要的一项保教任务是锻炼其自理能力。令人无奈的是，教师在园里努力培养和锻炼幼儿独立吃饭、自己穿衣服等能力，但周末回家待两天，幼儿又打回了“原形”。请就此现象写一段 5 分钟左右的家长会讲稿（可以做 PPT，也可以不做），向家长传递“生活即教育”的理念，配合教师共同培养幼儿的自理能力，并进行演讲，录制成视频。要求内容丰富，观点正确，举例生动形象，有亲和力。

评分标准参考下表：

分值（分）	指标	评分标准	得分（总 100 分）	备注
15	主题	主题明确、深刻，观点正确、鲜明，见解独到		
15	内容	内容充实，举例符合现实生活，生动感人，具有普遍意义		
10	结构	结构完整合理、层次分明，论点、论据具有逻辑性，构思巧妙，引人入胜		
20	语言表达	用词准确，语言表达规范、流畅，风趣幽默		
20	感染力	语速恰当、声音洪亮，表达自然流畅，节奏张弛符合思想感情的起伏变化，具有感染力		
10	熟练程度	因不熟练导致的停顿，一次减 5 分		
10	态势语	自然得体，端庄大方		
合计				

项目七　家园活动的策划与组织

任务一 家园活动概述

课前思考

你了解的家园活动形式有哪些？请列举至少四种。

家园活动的形式有很多，常见的有家庭教育讲座、家庭教育经验交流会、家长进课堂、家长开放日、亲子趣味活动、家园共育主题活动等。

一、家庭教育讲座

家庭教育讲座是指幼儿园定期聘请儿童保健专家、心理专家、教育专家针对儿童心理、教育，以及家庭教育的某个方面问题开设的集体教育指导形式。讲座的形式一般以讲授为主，答疑为辅。主讲人可以聘请专家，也可以由园长、老师自己主讲。其目的是传播科学的家庭教育知识、观念和方法，帮助家长正确理解儿童心理和成长问题，提高家长整体教育素质。

家庭教育讲座具有以下特点。

（一）受众人数多，沟通效率高

一次家庭教育讲座的参加人数可以同时有几十、几百位家长，受众人数多。专家通过讲授和答疑的方式对家长们进行集体的家庭教育指导，沟通的效率高。

（二）系统讲述，深入分析，可以帮助家长形成科学的家庭教养观念

家庭教育讲座一般请领域专家主讲，家长可以在专家的引导下，全面深入地学习和理解儿童心理、幼儿成长和教育的基本知识，澄清教育理念，掌握正确的教育方法，改善家庭教养。

二、家庭教育经验交流会

家庭教育经验交流会是指幼儿园定期邀请在家庭教育方面有心得、有方法、乐于

分享、擅于表达的一位或多位家长来园做经验分享与交流的家庭教育指导活动。按主讲人数量不同划分，家庭教育经验交流会可分为两种形式：多位家长联合主讲和一位家长报告主讲。一位家长主讲的报告会对家长的综合能力要求比较高，因此，多位家长联合主讲的家庭教育经验交流会在日常园所中较为普遍。

家庭教育经验交流会具有以下优势。

（一）有效利用家长资源，集思广益

家长中有许多把自己的孩子培养得非常好，具有丰富家庭教育经验的优秀家长，幼儿园组织家庭教育经验交流会可以充分利用这些家长资源，发挥家长作用，在相互交流中，先进影响和带动后进，不断提升幼儿园家庭教育的整体水平。

（二）家长相互模仿和学习，可操作性强

与教育专家不同，家长的许多经验都来源于自己的教育实践。面对年龄相仿的孩子，家长们遇到的问题也是相同的，他们解决问题的成功经验更容易引起其他家长的共鸣。这些看似平凡无奇的“支招儿”，往往非常“接地气”，具有较强的实践意义和可操作性，其他家长遇到类似情形，也可以结合自己的家庭情况模仿学习。

家庭教育经验交流会也是年轻老师向家长学习优秀家庭教育经验、提高自己的好机会。

三、家长进课堂

家长进课堂即家长作为志愿者，以“教师”的身份进入孩子的活动环境中，用他们的专业、职业、兴趣特长等丰富教学内容，开阔孩子视野，增进家长和教师间的信任与理解，形成互助成长的家园共育氛围。

家长进课堂有以下几方面的重要价值。

（一）帮助家长理解幼儿学习的特点，提高亲子互动能力

家长参与家长进课堂活动时，幼儿教师会帮助家长进行活动准备。在这个过程中，教师会引导家长理解幼儿的学习特点，形象直观地呈现活动内容，科学安排活动环节，采取适宜的组织方法等。与孩子们互动的实践会使家长更有童心，也能学到很多亲子游戏和亲子互动的方法，提高亲子陪伴质量。

（二）体验教师工作，更能理解教师工作的辛苦与专业性

参加进课堂活动的家长，通过“浸入式”学习，亲身体验与孩子互动的过程，会极大地增加对幼儿园的归属感和认同感，也会更好地理解教师工作中的付出和辛苦。在组织幼儿活动的过程中，家长会遇到幼儿不遵守规则、集体纪律混乱等问题，这时教师会及时出面帮助解决，也能让家长感受到教育好这么多孩子不是一件容易的事情，还是教师更懂孩子，对教师的敬意就会油然而生，这些都有利于增进亲师关系，促进家园合作。

（三）丰富教育内容，提高幼儿园保教水平

家长的不同职业、性格、气质等给孩子们带来新鲜的感官体验和学习感受，满足

孩子们“了解社会、了解职业”的成长需要。每位家长都有过人之处，教师要善于发现，充分发掘家长潜力，为教育教学提供更丰富的社会实践素材，让老师和孩子获得知识和受到启发。

四、家长开放日

家长开放日是幼儿园定期或不定期地邀请家长来园参观幼儿园活动以及幼儿教师保教工作的家园沟通形式。

（一）家长开放日的类型

家长开放日形式多样，一般来说，可分为以下几种类型。

1. 半日生活型

半日生活型尤其适合小班新生家长，让家长近距离地观察孩子在幼儿园的半天生活，参与亲子游戏。

2. 教学展示型

家长通过观察老师组织的教育教学和游戏活动，了解孩子的认知发展规律，学习科学有趣的教育方法，改进家庭教育方式。

3. 幼儿展示型

家长非常愿意了解孩子在幼儿园中学到的儿歌、歌曲、舞蹈、故事、绘画、折纸、游戏以及各种运动项目等。遵照“人人都有展示机会”的原则，教师也可以把学习内容组织成一次节目会演，向家长们有序地展示。中、大班的孩子还可以直接参与节目的设计与组织工作。

4. 教研观摩型

先让家长观摩教师的教学或游戏活动，再让家长观摩教师的研讨活动，邀请家长谈自己的感受和观点。开放的教研活动会让家长从幼儿教育专业的角度审视自己的亲子互动方式，理解和尊重幼儿教师工作的专业性。

（二）家长开放日的家庭教育指导意义

家长通过观摩学习，了解科学幼儿教育理念，提高家庭教育水平，具有独特的指导意义。

1. 有助于家长理解“保教结合”“全面发展”等幼儿教育理念

“保教结合”是幼儿园区别于小学教育的根本特征。在幼儿园里，老师们既要精心照看和保护身心稚嫩的孩子，做好安全防护、卫生保健等方面的工作，又要培养孩子生活自理能力，使其在情绪管理、人际交往和习惯养成等方面获得良好发展。家长开放日活动让家长看到孩子在幼儿园里独立生活能力的提高，从而减少家长包办过多、照顾过细、引导教育过少等问题。

同时，家长开放日可以持续地向家长展示幼儿园的一日生活、教育教学和游戏活动，帮助家长理解幼儿在“健康、语言、社会、科学和艺术”五大领域的学习内容和学习方法，理解“全面发展”的幼儿教育理念，了解 3～6 岁幼儿的心理发展与学习特点，从而建立合理预期，提高家长的教育能力和教育素养。

2. 有助于家长增进对幼儿园教师工作的理解

家长开放日活动可以让家长身临其境，清楚地看到幼儿园教师们为孩子健康成长所做出的努力，深刻体会到教师也不是“超人”，没有三头六臂，不可能一对一地照顾每个孩子。为了长远发展着想，家长也需要在日常生活中主动培养孩子的生活自理能力，才能帮孩子更快地适应集体生活。

3. 有利于家长从观察教师的保教工作中学习亲子游戏和亲子互动的方法

家长在观察教师的工作方式和师生互动过程中，可以学习与幼儿交流与互动的方法，提高家长的教育能力。

4. 有利于家长通过对比观察，了解自己的孩子

婴幼儿阶段孩子成长迅速，家长经常会为孩子获得了出乎意料的本领而惊叹不已。所以，很多家长总是倾向于认为自己的孩子是最优秀的。在开放日活动中，家长通过对比观察，会清楚地看出自己孩子的相对优势和差距，有利于家长更客观地了解自己的孩子，促进家长在反思中提高自己的家庭教育水平。

五、亲子趣味活动

亲子趣味活动是由幼儿园老师和家委会共同策划组织的，家长、孩子和教师都感兴趣且共同参与的活动。

（一）亲子趣味活动的类型

亲子趣味活动的形式丰富多样，内容涵盖五大领域，活动场景既可以选在幼儿园，也可以在更广阔的大自然或城市公共环境中。常见的活动形式有以下六种。

1. 体育活动

体育活动有亲子运动会、亲子体育游戏等。

2. 节日活动

每年的重要节日，幼儿园都可以邀请家长来园参加相关内容的亲子趣味活动，共同了解节日的知识，感受节日的气氛和仪式感。

3. 亲子小剧场

亲子小剧场指家长和幼儿一起演出，为家长和幼儿提供了一个增进亲子关系、提升艺术想象力和表演能力的舞台。

4. 跳蚤市场

孩子们挑选自己不喜欢的旧玩具拿到幼儿园组成跳蚤市场，自主选择，以物换物，每个人都可以得到自己想要的“新”玩具。

5. 郊外游玩

春游、秋游等都是郊外游玩的好形式。

6. 亲子采摘

根据当地的环境条件适时组织蔬菜、水果的采摘活动，让孩子们认识自然景物，感受丰收的乐趣。

（二）亲子趣味活动的家庭教育指导意义

相比其他家庭教育指导形式，亲子趣味活动突出一个“趣”字，即有趣、童趣、兴趣、乐趣……有寓教于乐的特点，具有独特的教育价值。

1. 有利于提高家长的亲子游戏和亲子互动能力

在参与活动过程中，家长能学习更多亲子游戏和互动方法，增加童心，增进亲子感情，融洽亲子关系，提高亲子陪伴质量。

2. 有利于促进家园沟通、增进亲师感情

家长在亲子趣味活动的组织、准备、实施过程中都有不同程度的参与，亲子趣味活动让家长真正“走进”幼儿园，“走近”幼儿教师的工作，在愉快的情感体验中拉近与老师之间的距离，让家园关系更和谐，为更好地开展家园共育打下基础。

六、家园共育主题活动

家园共育主题活动是由幼儿园教师和家长共同讨论策划和组织的，是在一个特定的时间内，以一个主题为中心，在幼儿园和家庭中同时开展的教育教学活动，旨在通过教师和家长合作共同完成幼儿教养任务。

（一）家园共育主题活动的类型

1. 生活自理家园共育主题活动

此项活动最适合小班开展，可以从吃饭、穿衣、大小便、自己整理衣物等方面逐项开展。

2. 亲子阅读家园共育主题活动

幼儿园和家庭同步开展阅读活动，引导父母和孩子共同阅读书籍。

3. 幼小衔接家园共育主题活动

此项活动适合大班开展，如家园同步开展帮助幼儿学会整理自己的书包和书桌；掌握基本的人际交往技能；学会遵守规则；懂得听从老师的要求，按时完成作业；学会简单的书写，培养良好的阅读习惯等活动。

（二）家园共育主题活动的重要价值

1. 使幼儿教育更加优质、高效

家园共育主题活动从策划、组织、实施到效果评估全部由幼儿教师和家长共同参与，可以打通传统的家园“壁垒”，真正实现家园合作共育，使幼儿教育走出一直以来存在的“5+2=0”的教育无奈状态。

由于家庭与幼儿园教育要求不一致，一直以来，学前教育界存在幼儿园对幼儿进行的从周一到周五5天培养起来的一些生活能力和良好生活习惯，周末回家生活2天之后，又回复到0的现象，即“5+2=0”。表明家庭教育与幼儿园教育不在一个方向上，对幼儿的教育影响相互抵消，而无法形成教育合力。而家园共育的主题活动是家园同步、共同进行的主题教育活动，可以使家、园教育要求同步并一致，真正形成教育合力，有利于幼儿良好生活习惯的培养，使幼儿教育更加优质高效。

2. 实现亲、师、幼共同成长

家园共育主题活动是一个亲、师、幼共同成长的平台，在家园共育主题活动中，教师得到了家长们强大的支持。家长通过参与主题活动，明确了自己的教育职责，理解了幼儿教育目标，树立了正确的教育观念，掌握了教育和引导孩子的正确方法。幼儿得到了更优质的家长陪伴和正确的引导，在家园同步、共同引导和要求一致的教育环境中，他们的各种能力迅速得到提高，良好的生活习惯也很快得到培养和巩固。三方面共同配合、共同进步，实现亲、师、幼共同成长。

为了方便大家理解，我们用表格的形式把各种家园活动进行对比分析，详见表7-1。

表7-1　各种家园活动形式对比

活动形式	参与人员	规模	家长收获
家庭教育讲座	专家主讲 教师组织并主持 家长倾听并参与互动 幼儿不参加	一般是级部或全园参与	1. 全面深入地理解儿童心理和成长的基本规律； 2. 澄清错误的教养观念，形成科学的家庭教养观念
家庭教育经验交流会	优秀家长主讲 教师组织并主持 其他家长倾听并参与互动 幼儿不参加	一般以班级为单位或有共同需求的家长参与	1. 学习优秀家长的家庭教育经验； 2. 因是同龄孩子家长，情况类似，有利于快速就某一主题形成清晰的解决问题的思路
家长进课堂	家长主讲 教师组织并协助 幼儿倾听并参与互动	一般以班级为单位	1. 理解幼儿特点，学会与孩子互动； 2. 更好地理解教师的工作； 3. 丰富教学内容，开阔孩子视野
家长开放日	教师主讲 家长观摩 幼儿倾听并参与互动	一般以班级为单位	1. 了解幼儿园的一日生活、教育教学和游戏活动，理解“全面发展”的幼儿教育理念； 2. 增进对幼儿园教师工作的理解； 3. 学习与幼儿互动的科学方式； 4. 通过对比观察，更加了解自己的孩子
亲子趣味活动	教师组织并主持 家长与幼儿共同参与活动	班级、级部或整个幼儿园均可	1. 通过参与活动，学习更多亲子游戏和互动方法，增进亲子感情，融洽亲子关系，提高亲子陪伴质量； 2. 增加家长间的相互交流； 3. 通过观察孩子在游戏中的表现，更多地了解孩子
家园共育主题活动	教师规划主题 教师负责幼儿园教育 家长负责家庭教育 幼儿全程参与	一般以班级或级部为单位	1. 学习家庭教育方法，与教师合作共同完成幼儿教养任务； 2. 增进对幼儿园教育的理解

重点回顾

- **家园共育主题活动**
  - 定义：由幼儿园教师和家长共同讨论策划和组织的，是在一个特定的时间内，以一个主题为中心，在幼儿园和家庭中同时开展的教育教学活动，旨在通过教师和家长合作共同完成幼儿教养任务
  - 分类：
    - 1.生活自理家园共育主题活动
    - 2.亲子阅读家园共育主题活动
    - 3.幼小衔接家园共育主题活动
  - 作用：
    - 1.使幼儿教育更加优质、高效
    - 2.实现亲、师、幼共同成长
- **亲子趣味活动**
  - 定义：由幼儿园老师和家委会共同策划组织的，家长、孩子和老师都感兴趣且共同参与的活动
  - 分类：
    - 1.体育活动
    - 2.节日活动
    - 3.亲子小剧场
    - 4.跳蚤市场
    - 5.郊外游玩
    - 6.亲子采摘
  - 作用：
    - 1.有利于提高家长的亲子游戏和亲子互动能力
    - 2.有利于促进家园沟通、增进亲师感情
- **家长开放日**
  - 定义：幼儿园定期或不定期地邀请家长来园参观幼儿园活动以及幼儿老师保教工作的家园沟通形式
  - 分类：
    - 1.半日生活型
    - 2.教学展示型
    - 3.幼儿展示型
    - 4.教研观摩型
  - 作用：
    - 1.有助于家长理解“保教结合”“全面发展”等幼儿教育理念
    - 2.有助于家长增进对幼儿园教师工作的理解
    - 3.有利于家长从观察教师的保教工作中学习亲子游戏和亲子互动的方法
    - 4.有利于家长通过对比观察、了解自己的孩子
- **家庭教育讲座**
  - 定义：指幼儿园定期聘请儿童保健专家、心理专家、教育专家针对儿童心理、教育，以及家庭教育的某个方面问题开设的集体教育指导形式
  - 特点：
    - 1.受众人数多，沟通效率高
    - 2.系统讲述，深入分析，可以帮助家长形成科学的家庭教养观念
- **家庭教育经验交流会**
  - 定义：幼儿园定期邀请在家庭教育方面有心得、有方法、乐于分享，擅于表达的一位或多位家长来园做经验分享与交流的家庭教育指导活动
  - 特点：
    - 1.有效利用家长资源，集思广益
    - 2.家长相互模仿和学习，可操作性强
- **家长进课堂**
  - 定义：家长作为志愿者，以“教师”的身份进入孩子的活动环境中，用他们的专业、职业、兴趣特长等丰富教学内容，开阔孩子视野，增进家长和教师间的信任与理解，形成互助成长的家园共育氛围
  - 作用：
    - 1.帮助家长理解幼儿的学习特点，提高亲子互动能力
    - 2.体验教师工作，更能理解教师工作的辛苦和专业性
    - 3.丰富教育内容，提高幼儿园保教水平

思考与练习

家园活动虽然形式不同，但却有着共同的目标，请分析不同家园活动的共同目标。

任务二 实践案例分析

【案例 7－1】

家庭教育讲座示例

讲座主题：幼小衔接专题讲座

参会人员：红果果幼儿园大班全体家长和老师

时间：2020 年 5 月 18 日 15:00—16:20

地点：红果果幼儿园多媒体教室

主讲人：孙老师（省级优秀小学教师）

主持人：郝老师

（一）讲座策划

美国心理学家威廉詹姆士曾说过：播下一个行动，你将收获一个习惯；播下一个习惯，你将收获一种性格；播下一种性格，你将收获一种命运。的确，对孩子来说，习惯的培养很重要。如今我们大班的孩子们即将进入幼小衔接的关键时期，作为家长应该为孩子做些什么准备呢？为了引导家长更好地帮助大班幼儿自信独立地面对小学生活，进入小学后能够尽快适应一年级的学习，红果果幼儿园准备开展幼小衔接家长讲座。

（二）讲座准备

1. 主讲人准备

本次家庭教育讲座的主讲人选择了小学一年级骨干教师孙老师，孙老师同时也是大班的一名家长。孙老师对家长的心理非常了解，她根据自己的工作经验梳理出幼儿园与小学的主要差异；幼儿面对这种变化要做哪些心理、学习、知识、能力上的准备，通过梳理理论资料、结合本园幼儿家庭教育现状进行深入分析，帮助家长做好科学的家庭教育支持，告知家长需要怎样配合才能更好地帮助幼儿顺利地从幼儿园过渡到小学生活。

2. 讲稿准备

孙老师是第二次开展家庭教育讲座，准备了讲座的文字全稿，包括从开始的问好到最后的总结，并且找到幼儿园刘老师和张老师当作现场家长，从头到尾练习了三遍，直到熟练。孙老师根据准备的讲稿内容，把要点按一定的逻辑顺序总结如下：

讲座目标：

引导家长掌握科学的幼小衔接理念，帮助孩子自信独立地面对小学生活，家园合力，帮助幼儿尽快适应一年级。

讲座内容：

（1）正确认识幼儿园与小学的主要差异。

（2）做好准备，激发孩子对新校园的向往之情。

- 家长应该为孩子做哪些心理上辅导工作？
- 家长应该为孩子做哪些习惯上的调整和准备工作？
- 家长应该为孩子做哪些学习上的准备？

3. 主持人准备

（1）提前一周下发讲座通知。

为了方便家长按时来听讲座，红果果幼儿园已经提前一周向家长下发了讲座通知，以便家长提前安排好工作，留出时间参加幼儿园的幼小衔接专题讲座。

通知如下：

通　知

如今我们大班的孩子即将进入幼小衔接的关键时期，作为家长应该为孩子做些什么准备呢？为了引导家长更好地帮助大班幼儿自信独立地面对小学生活，进入小学后能够尽快适应一年级的学习，幼儿园准备开展幼小衔接家长讲座。

时间：2020 年 5 月 18 日 15:00—16:20。

地点：红果果幼儿园多媒体教室。

参加人：大班所有家长。

欢迎家长准时参加！

红果果幼儿园

2020 年 5 月 10 日

（2）准备介绍主讲人。

幼儿园选择大二班班主任郝老师作为本次讲座的主持人，为了让家长更全面地了解主讲孙老师，郝老师准备了一份孙老师的个人简介，并做了主持准备。

（3）场地和设备准备。

本次讲座选择了多媒体教室，讲座开始前，老师们在教室里摆放好小椅子，调试好多媒体设备，确保声音流畅和PPT正常播出。同时，准备了照相机。在讲座过程中，主持人主持现场活动，舒缓家长情绪，维持秩序，确保讲座环节有条不紊、家长精神愉悦。

（三）家庭教育讲座的实施

1. 组织家长签到入场

讲座前，主持人郝老师和其他老师组织全体家长入场，按顺序就座。讲座正式开始之前，郝老师提醒家长把手机调到静音状态。

2. 主持人介绍主讲人

各位家长下午好，我是本次讲座的主持人郝老师，首先欢迎各位家长百忙之中按时来参加讲座，今天是幼小衔接专题讲座，我们请孙老师为我们讲解。孙老师是大一班的家长，也是一年级班主任，是我们园对口小学里资历最深的骨干教师，曾获得市级先进个人荣誉称号、省级优秀教师称号，对儿童心理和教育研究多年，具备非常专业的育儿知识和理念。现在让我们以热烈的掌声有请孙老师。

3. 主讲人开始讲座

孙老师首先总结了红果果幼儿园在幼小衔接方面所做的工作，如每一年幼儿园都会组织大班的孩子走进小学，和一年级的哥哥姐姐一起上课；还会请小学老师进入幼儿园，给孩子们上课，让孩子对小学的校园生活有初步的感知。

然后引导家长从三个方面分析幼儿园与小学的主要差异，并且每个方面都列出了对家长的建议。

第一个方面，孩子学习生活的环境发生了变化。环境的变化主要包括两个：一个是校园环境的变化。升入一年级以后，孩子们所处的校园变大，学习生活环境也相对变复杂了。另一个是班级环境的变化。小学不再像幼儿园一样每天都有两位老师和一位保育员全方位地保护和陪伴，小学教师主要精力放在教学上，每门课程都有不同的老师执教，师生个别接触时间少，新入学的孩子可能会感到生疏。这些变化主要体现在以下几个地方：

孩子们上厕所不再像幼儿园那样在教室里，而且男女厕所分开了；

孩子们的音乐课、美术课等要到其他专用教室上课；

孩子们要到大操场去做操、上体育课等；

两个小朋友会成为同桌一起学习，对孩子的合作和交往方面提出了更高的要求。

对家长的建议：

早上送孩子来园时如果没有特别需要和老师交流的事，可以让孩子独立从幼儿园大门进去，让孩子在心理上逐渐为今后独立进小学做好过渡。建议家长利用休息时间带着孩子到小学逛逛、看看，熟悉新环境，趁机诱导孩子："这所学校多美、多干净呀！这里的老师可有学问啦，他们教小朋友认字、数数、唱歌、跳舞。在这里读书，你也会跟小哥哥、小姐姐一样变得更加聪明、能干。"

第二个方面，作息时间发生了变化。幼儿园一般是8:30早操，对时间没有严格要求。但进入一年级，早上会要求小朋友们在7点45分到校。具体变化如下：

一年级的老师每天都会早早地等候在教室，迎接小朋友们的到来，并且组织小朋友开展内容丰富的早读。

上午，一般设有早操、3节课和40分钟的大课间。每节课40分钟，课间休息10分钟，这10分钟主要用于做好下一节课的准备工作、上厕所和适当的休息。

早晨到中午这一段时间，不安排餐点。

对家长的建议：

一年级上半学期，老师们一般都会利用好早读这一段非常宝贵而有效的学习时间，通过各种形式，帮助孩子复习巩固已学的拼音。因此希望每个小朋友都能准时到校，参加早读，所以从现在开始家长要和孩子一起养成早睡早起的习惯，保证早餐吃饱、吃好，以确保上午近四个小时的身体与学习的基本需要。

第三个方面，教育内容与评价方式的变化，这一方面尤为明显。幼儿园的主要目的是培养孩子各方面的兴趣爱好和良好的生活学习习惯，学习形式以轻松活泼的游戏为主。而进入一年级后，学习有了明确的任务、目的，而且以各门课程的形式出现。目前，一年级开设的主要课程有：语文、数学、英语、音乐、美术、体育、品德与生活等。

这些变化主要体现在一个地方，那就是要求学生在一定的时间内要完成一定的学习任务，掌握一定量的知识，并且以测验的形式加以检验。

听了我刚才的介绍，家长们可能会有点担心。这么多的变化，年幼的孩子能适应吗？其实大家不必有太大压力，更不要把这种压力转移到孩子身上，使他们对升学感到畏惧。这时候，我们应该帮孩子树立信心。激发孩子对新校园生活的向往。那家长需要从哪些方面帮助孩子树立信心？家长要做什么准备呢？

第一，心理上的准备。家长要在孩子的心理上做好辅导工作，让孩子拥有转变角色的心理准备。

● 激发孩子对小学生活的向往，切忌灌输错误思想

每个孩子都很希望自己能快点长大，并且向往新的生活和环境，一般来说，孩

子到了六七岁的年龄，心理和身体各个方面都基本上具备了接受小学教育的条件。作为家长应该和孩子一起，以满腔热情来迎接他们的新生活。比如，“你真了不起，再过三个月你就能成为一名真正的小学生了。”切忌给孩子灌输错误的思想，如“你动作这么慢，到了小学作业那么多，你可怎么办?”这些想法会对未体验过小学生活的他们产生心理阴影。另外，当孩子拿着书缠着你讲故事时，你趁机告诉他：“等你上学了，自己就能读故事了。到那时，你就可以当爸爸、妈妈的老师，可以讲故事给爸爸、妈妈听了。”以此来培养孩子对学校的向往之情和渴望获得知识的热情。同时，幼儿园开展了一系列的活动，让大班的孩子走进一年级的教室，和小学生一起上课等，这都能激发孩子对小学生活的向往。

第二，习惯上的准备。习惯上的准备尤其重要，一个好习惯甚至可以影响孩子的一生。大多表现好的孩子，不一定是班级里最聪明的，但是习惯肯定不差。我如今热爱阅读的习惯就是我的小学老师培养的。那家长需要培养孩子哪些好的习惯呢?

● 养成良好的作息习惯

家长从现在开始就要养成孩子良好的作息习惯，早睡早起。小学生一般一天 7 节课，上午四节，下午三节，其间还要保证一小时的运动量，因此孩子在小学读书时消耗的体力是很大的，需要充足的睡眠。从大班结束的暑假开始就可以培养孩子中午不睡觉的习惯了。

● 养成今日事今日毕的习惯

家长要帮助孩子养成“先做作业再玩游戏”的好习惯，每天先完成作业和固定任务，随后再进行游戏，养成“今日事今日毕”的好习惯，不能因为孩子的央求拖到明天，其实孩子的一些小手段都是在测算大人的底线，我们不能上了他们的当。家长一定要坚定立场不妥协，家长坚决起来孩子也能感觉到自己做得不对，会主动完成作业的。

第三，学习上的准备。我想家长最关心的是入学前学习上该准备些什么。

● 阅读习惯的培养

孩子的阅读能力是从听故事中培养的。家长可以给孩子读一些相对复杂的故事，听故事的过程能很好地提高孩子听的能力和思考能力。一段时间之后，由开始的听，到让孩子听了以后自己来讲一讲，最后慢慢过渡到自己独立地看。一旦孩子的阅读习惯养成了，他的词汇就更丰富，无论是平时的交流还是上课的表达都会更准确，对将来的写作也会有很大的帮助。

● 倾听能力的培养

小学生上课其实是倾听和思考的过程，不仅需要听老师讲，也要听同学说，一个善于倾听，能独立思考的孩子，她的上课效率往往更高，学得更好。所以在平时，家长要培养孩子听别人说话时要看着对方的眼睛的习惯。例如，家长要求孩子完成一个任务时，提醒孩子要看着家长的眼睛，这样不仅能更明确说话的内容，也是对对方的尊重。

● 注意力的培养

小学生刚入学最大的问题就是坐不住。一个六七岁的孩子端端正正地坐满40分钟是相当困难的。坐不安稳，听课就不专心，严重影响孩子的学习，所以家长要慢慢地培养孩子们静得下来。例如：陪孩子玩一些需要更多耐心的游戏，走飞行棋、跳棋等。

希望今天的讲解能带给家长们一些方法上的帮助，以便家长们更好地帮助孩子适应即将到来的小学生活。

（四）主持人做讲座总结

各位家长，在讲座中，孙老师对如何帮助大班幼儿自信独立地面对小学生活，做出了详细讲解，帮助家长正确认识幼儿园与小学的三方面差异，使家长了解在心理、习惯、学习上需要做哪些准备。通过今天的讲座，相信家长对幼小衔接的家庭教育方法都掌握了。在座的家长都是关心教育、对孩子的成长抱着殷切期望的，我们一起家园合力，帮助幼儿做好幼小衔接的准备，使孩子们更好地适应一年级。感谢各位家长的参与，也感谢孙老师的耐心讲解。我们本次讲座到此结束，再见。

案例思考

1. 本次家庭教育讲座的主讲人都做了哪些准备？
2. 请总结本次家庭教育讲座过程中主持人发挥的作用。

【案例7-2】

家庭教育经验交流会示例

时间：10月2日下午4:30

地点：小三班教室

活动主题：如何帮孩子适应幼儿园

主讲人：李雨桐妈妈

活动过程：

班主任张老师主持本次交流会，家长签到就座后，张老师介绍主讲家长。随后，李雨桐妈妈做主题分享，最后有五分钟的家长提问和讨论环节。

张老师：各位家长朋友大家好，感谢您的积极参与，今天我们邀请的主讲人是李雨桐妈妈。雨桐妈妈的分享主题是“如何帮孩子适应幼儿园”。雨桐宝宝入园以来，从没哭闹过，会自己吃饭和如厕，每天都和其他小朋友玩得很开心，是不是很让人羡慕呢，有请雨桐妈妈！

李雨桐妈妈：

首先很感谢老师给了我与大家交流的机会，谈到对桐宝的教育，当怀孕之初，自己就有了初步的想法：让孩子健康、快乐地成长。好性情、好品质、好习惯会是孩子受益一生的素质。本着这样的原则，平时在生活中，通过点滴小事对孩子进行引导，以小见大。桐宝大部分时间都是放养的状态。

记得桐宝11个月的某天晚上，突然会在床上走几步，我现在还记得那时她的眼睛有多亮，那天晚上她就不停地跌倒、爬起、再跌倒、再爬起。她最多能走三步，我除了给她鼓掌就是静静地陪着她。她在刚过一周岁生日后就会自己走路了。

在她一岁两个月的时候，我就和爷爷奶奶商量不再给她单独做饭，和我们一起吃饭，饭菜淡点儿就行，奶粉坚持喝到三岁。母乳断掉之后，她要求自己吃饭，那就让她自己吃，爷爷奶奶很配合，桐宝现在基本不挑食，自己号称：“小吃货”。

因为桐宝是女娃，我觉得开裆裤穿到一岁就好了，在爷爷奶奶的坚持下，她一岁三个月时，给她穿上了“闭裆”裤，在她不太会表达时，我们就按时帮她脱裤解大小便，在一岁半的时候，她已经可以自己去卫生间小马桶解大小便了。

对于上幼儿园这件事，我觉得她真的很幸运，遇到了有爱的幼儿园和亲切的老师们。她与其他孩子的不同可能就是从来没有为上幼儿园哭过，在这儿的一天她都是快乐的，我觉得是“乐在其中”，享受过程。对于入园适应，我觉得家长的影响很大。在她两岁多时，我就和她讲到三岁要上幼儿园，她会问我关于幼儿园的一切。这时家长的耐心引导和心理建设就很重要了，我们要让她对幼儿园充满期待。例如当她吃到特别喜欢的红烧肉，我会说：哇！这个红烧肉和妈妈小时候幼儿园的一样！当她和小朋友开心玩耍的时候，我会说：幼儿园里每天都有很多小朋友一起玩！有次我早上送孩子，看到一个宝宝在哭，她妈妈大声地说：再哭老师把你抱走了！孩子哭得更厉害了。拿幼儿园和老师来吓唬宝宝会适得其反，让孩子更害怕幼儿园，因为这里见不到妈妈。每个孩子都是一个小天使，从教育孩子过程中，发现自己的不足，我也在努力成长，和她一起变得更好。

以下是答疑交流环节：

王欣凯妈妈：雨桐妈妈你好！相信在座的很多家长也深有同感。孩子第一次进入幼儿园，参与社会交往，对新手爸爸妈妈来说，会格外担心，每天上班都是心情忐忑的。与其自己焦虑，不如想办法尽快帮孩子适应幼儿园，你有很多方法值得我们学习，感谢你的分享！

方子雅爸爸：感谢雨桐妈妈！我很赞同你的做法，也很感谢幼儿园的老师们一直以来对孩子们的照顾。小班孩子生活自理能力比较弱，父母要真心为孩子好不如尽早培养她的独立意识，让她喜欢上幼儿园。

周娅欣妈妈：你好，雨桐妈妈！现在开学已经3个月了，我每天早上送完孩子心里都是空落落的。作为妈妈，一天见不到孩子，我的入园焦虑比孩子还要多，一天上班都要不时看看老师群里发了什么，您有过这种情况吗？

李雨桐妈妈：你好！其实刚开始的一周我也坐立不安。比起孩子，不适应的那个人反而是我。但是每次接孩子都看着她开心地跑出来，我就知道这一天她过得不错。孩子从出生的一刻，就已经和妈妈不是“连体”了，我特别理解您的依恋，但是也要适应这个过程，相信老师，也相信幼儿园，让自己放松下来。

张老师：非常感谢雨桐妈妈！也感谢家长朋友们相信和支持我们的工作。小班入园不仅是孩子成长的一大步，也是家长要迈过的一道坎。希望我们的孩子在幼儿园天天开心！

案例思考

1. 本次交流会的主题是什么？为什么选这个主题？
2. 请总结本次交流会主讲家长主要讲了哪些内容，对你有哪些启发。
3. 请试着总结家庭教育经验交流会的策划与组织流程。
4. 教师在家庭教育经验交流会中的作用有哪些？

【案例7-3】

家长进课堂活动示例

时间：10月15日上午9:00—9:30

地点：小五班教室

活动主题：解放军叔叔的生活习惯

主讲人：小五班睿睿爸爸（军官）

报名方式：老师选定

活动形式：课堂授课

准备材料：教师辅助家长制作PPT

活动意义：让孩子们懂得要遵守纪律和规则的道理，激发他们勇敢、不怕苦、不怕累的精神，对解放军这个崇高的职业产生敬佩之情，给孩子的成长注入一股不可估量的精神力量。

活动前期策划：

1. 主班刘老师提前与睿睿爸爸进行沟通，咨询他对于活动的想法，共同敲定本次活动的主题、内容、准备与流程。

2. 考虑到睿睿爸爸在教学方面的欠缺，刘老师帮他搜集了许多相关资料，丰富知识储备，辅助他完成了PPT，并传授了许多上课技巧，确保他能够顺利完成。

3. 最终与睿睿爸爸敲定时间，提醒他提前做好备课。

活动过程：

活动前一天，刘老师和睿睿爸爸再次确认了活动时间，了解他的活动准备情况，提醒他携带活动教具，按时来园。

8:30吃过早餐，刘老师先向孩子们预告了活动，提醒大家注意礼貌用语，遵守规则，以下是刘老师和孩子们的对话：

刘老师："今天，我们班将来一位神秘人物，给大家一个惊喜！"

孩子们纷纷好奇地问："什么神秘人物啊？"

刘老师："今天上午，睿睿爸爸会来咱们幼儿园，给小朋友们讲一讲解放军叔叔的事，你们觉得怎么样啊？"

话音刚落，孩子们就欢呼起来："太棒了！"

刘老师："我希望咱们班小朋友专心地听，大胆回答问题，让睿睿爸爸看看咱们小五班的孩子是最棒的！"

孩子们异口同声："好！"

8:55睿睿爸爸准时来到幼儿园。一进教室，他帅气的军装、笔挺的站姿，牢牢吸引住了孩子们的目光。还没等他说话，孩子们便高声欢呼起来，教室里瞬间沸腾一片。睿睿爸爸有些不知所措，他将目光投向了刘老师寻求帮助。刘老师及时安抚了孩子们的情绪，教室里又恢复了安静。睿睿爸爸开始介绍自己。

睿睿爸爸："大家好，我是睿睿小朋友的爸爸，也是一名人民解放军，我今天来咱们小五班给小朋友上一堂课好不好？"孩子们："好！"孩子A："你要给我们上解放军叔叔的课吗？"睿睿爸爸："是的，我今天来给大家说说，在军队里解放军怎么生活的，你们喜欢解放军吗？"孩子："喜欢！""非常喜欢！"

在睿睿爸爸和孩子们聊天的过程中，刘老师帮他打开了PPT。睿睿爸爸向大家展示了解放军生活和训练的图片，并一一向大家介绍。例如：解放军叔叔整齐地穿衣服、叠被子，集体吃饭时安静、不挑食、不浪费粮食，训练时手放两边笔挺站立，排队时迅速有秩序。

每播放一张照片，都能引来孩子们一大串问题，他们说"解放军叔叔都吃什么呀？""解放军叔叔有枪吗？""解放军叔叔打坏人吗？"等，睿睿爸爸一一耐心解答。

展示完PPT课件，小朋友们一个个跃跃欲试，在睿睿爸爸的带领下，纷纷离开椅子，学习解放军叔叔站立、踢正步、敬礼等。睿睿爸爸喊起口号，小朋友们全情投入，精神迸发。

活动进行到高潮，睿睿爸爸和睿睿两人进行了一场激烈的父女较量——比拼俯卧撑，赛况精彩非凡，引得在座的小朋友喊口号加油！睿睿主动要求和爸爸一起做俯卧撑，睿睿爸爸表示，在家里他父女俩经常一起比赛、锻炼。

9:30 活动要结束的时候，小朋友们还有些意犹未尽。刘老师给睿睿爸爸颁发了荣誉证书，感谢他的到来，为孩子带来了一堂精彩的活动课。

课后，睿睿爸爸与孩子们合影留念，记录下他精彩的教学瞬间和孩子灿烂的笑脸，在所有人心中留下美好的回忆。随后，睿睿爸爸与孩子亲切告别，离开幼儿园。

活动延伸：

活动结束后，刘老师和睿睿爸爸交流了几次，他表示这次给孩子上课让他印象深刻，很有成就感。他没有想到自己的身份角色能给孩子们来这么大的影响。活动非常有意义，自己对孩子的教育方式也有了很大转变。他希望这个活动继续持续下去，希望别的家长也能用自己的角色给孩子们带来不一样的教育契机。

睿睿爸爸成功为“家长进课堂”打响了胜利的第一炮。让老师们惊喜的是，后来他主动提议联系消防队，组织孩子们进行一次消防队参观活动，活动建议得到幼儿园与家委会的大力支持。于是利用周末时间，由老师带队，全班孩子和家长进行了消防总队一日游活动。

消防队活动指导教师亲自带队，带领幼儿观摩消防车配备工具和器材，试穿防火衣，演示正确使用灭火器材、升降带紧急救援等。试穿防火衣时，大家发现防火衣特别厚重，也不透气，原来消防员叔叔就是穿着这种衣服穿梭于火场之间，更加感受到消防员叔叔的不易与伟大；在升降带紧急救援这个环节中，孩子们亲身体验，都玩得特别开心。

孩子们参观体验之后，消防员还亲自演示了如何火速地将消防设备从消防车上搬卸下来并展开到最佳救援方式。他们精确配合、动作迅速，引得全场大声鼓掌叫好。

活动反思：

睿睿爸爸的这次“家长进课堂”活动，对孩子们的影响意义很深。在此之前，班里孩子的常规一直存在许多小问题，例如坐椅子总是喜欢跷着腿、乱摇晃，排队时总是推推搡搡等。经过睿睿爸爸的训练，老师们发现全班孩子在常规方面都转变很大，孩子们愿意挺直身板坐小椅子，排队也能够有序进行，老师也鼓励孩子们继续保持。

睿睿爸爸提供的参观消防队活动赢得了全班师生和幼儿家长的好评。由此可见，家长资源是非常丰富、多种多样的，要善于沟通，充分挖掘，将家长进课堂活动的优势充分利用。

案例思考

1. 本次家长进课堂活动的主题是什么？为什么选这个主题？
2. 请总结主讲家长主要讲了哪些内容，对你有哪些启发。
3. 思考老师可以在哪些环节配合家长顺利完成活动。
3. 你能否从中总结出家长进课堂活动的组织流程？

【案例 7-4】

家长开放日活动示例

时间：11 月 4 日上午 7：45—12：00

地点：中二班教室

活动主题：让家长了解孩子半日生活流程

活动类型：半日生活型

活动目标：

(1) 让家长能清楚了解幼儿在园学习、生活等各方面的情况。

(2) 增进亲师之间了解，以便更好地沟通和配合家园共育工作。

(3) 家长体验亲子互动游戏的乐趣，学会更好地陪伴孩子。

活动准备：

(1) 老师提前一周通知家长，告知开放日活动的目的及要求等。

(2) 老师合理安排半日活动内容，精心设计流程并做好准备工作。

活动流程：

7:45—8:25 晨间来园接待

老师要热情接待每个孩子及家长，仔细观察孩子的情绪，与家长打招呼，进行简单的交谈。等待时间组织孩子和家长玩球，尝试各种球的玩法，体验集体活动的乐趣。

8:25—8:35 晨间谈话时间

老师根据孩子入园情况点名，并对晨间活动进行小结。

8:35—8:55 早餐时间

(1) 在老师的提醒帮助下，孩子卷起袖子洗手，并在洗好后及时拉下袖子。

(2) 孩子坐在自己位置上吃点心、喝豆浆，愉快地吃完，收拾碗筷，洗手擦手。

9:00—9:15 早操

老师演示动作到位，精神饱满，及时提醒个别不认真做操的孩子。孩子愉快地听着音乐，与老师一起做操、念儿歌。

9:20—9:40 数学活动《认识颜色和形状》

9:40—9:45 生活活动（喝水、如厕、洗手）

9:45—10:05 艺术活动《洋娃娃过生日》

10:05—10:35 户外亲子游戏

1. 亲子游戏：兔子跳圈

规则：孩子和家长各分为两组，站成纵队，每组有两个呼啦圈。游戏开始后，孩子扮演小兔双脚并拢跳进呼啦圈。孩子每跳完一个，家长赶紧把后面一个呼啦圈往前移，孩子依次向前跳，跳到终点再返回。下一个孩子继续游戏，以最先跳完的一组为胜。

注意：家长要根据孩子的跳跃能力，合理摆放两圈之间的距离，如出现跨越、走动等违规动作必须重跳。

2. 亲子游戏：捞鱼

规则：家长们手拉手围成一个圆做渔网，让孩子站在中间当鱼。游戏开始后，孩子们在渔网内外自由跑动。老师和家长们边说儿歌，边准备抓鱼："一网不捞鱼，二网不捞鱼，三网才捞鱼。"说完以后，就向下落手，用"渔网"套孩子，幼儿要尽量躲开渔网，不被套住。被套住的孩子要和爸爸妈妈一起扮演渔网。

10:40—11:00 餐前安静活动

老师组织孩子有秩序地洗手、上厕所，提醒回座位坐好，小手不乱摸。孩子们按要求如厕、洗手、小便。

11:00—11:30 午餐

(1) 饭前谈话：介绍菜单和食物的营养，增进幼儿食欲。

请孩子安静进餐，珍惜食物，杜绝浪费。

(2) 餐前管理：帮助个别孩子，提醒全班幼儿细嚼慢咽且不挑食。

11:35—11:50 餐后整理

要求孩子们收纳餐具，洗手后回到座位，全班一起唱几首儿歌，由老师领唱；同时其他老师整理教室，摆放床位。

11:50—12:00 睡前整理

老师带领孩子们排队如厕、脱去外衣、上床入睡。

活动总结：

(1) 本次开放日活动是半日生活型，从早上入园到午睡前的一上午时间开放。因占用工作日，老师向家长提前一周发出活动邀请，告知了本次活动的目的和意义，引起家长的重视和好奇心。全班家长均按时参加，父母不能来的，也有祖父母、外祖父母到场。

(2) 活动准备内容为：签到表、数学课的模型教具、艺术课的美术材料、亲子游戏的呼啦圈等。活动前，老师先向家长介绍了半日流程和参观时要重点关注的方向，以及孩子可能出现的状况，让家长做好心理、情绪准备。

（3）参观教学环节，事先提示家长不干扰幼儿，由孩子跟上老师指令独立完成作品。用餐环节，也提示家长看到孩子挑食、磨蹭、吃得少等状况时冷静对待，反思和改进教育方式。

（4）参与游戏环节，提示家长精神饱满，充满童心，和孩子愉快地玩耍。老师指导家长学会和孩子做游戏，发现身边材料的新玩法，让陪伴时间更有趣。

（5）活动总结时，家长们纷纷反映开放日活动很有意义，建议今后多开展。活动拉近了老师和家长的距离，让家长更了解幼儿园的管理和教学，看到了老师的辛勤付出和对孩子的爱护，也发现了自己孩子的闪光点和不足，通过与其他家长的交流，感受到家庭教育和家庭环境对孩子的巨大影响，需要引起足够的重视。

案例思考

1. 本次开放日的主题是什么？为什么选这个主题？
2. 通过开放日活动，你希望家长在哪些方面有收获？
3. 请试着总结策划和组织开放日活动有哪些流程并依次列出。
4. 如何做好各环节的衔接，使活动更加流畅？

【案例 7-5】

亲子趣味活动示例

活动主题：旧物置换跳蚤市场

时间：9 月 28 日 15:00—17:00

地点：幼儿园操场

参加人员：大班全体师生，每位小朋友可有 1～2 位家长陪同

活动策划：

（1）老师负责制订活动规则和活动流程，列出活动物料清单。

（2）活动开展前划分班级区域，拟订摊位物品摆放规则，制订“最有特色摊位奖”评比要求。

兑换规则：

（1）玩具不定价、不买卖，只能实物交换。

（2）交换过程由孩子自行决定，家长只做顾问，不得直接参与。

（3）互相尊重，诚实守信。活动过程中需要孩子自己检查玩具是否有缺损，一经交易成功，不得反悔。

活动准备：

（1）发邀请函。老师先在班级群里发邀请函，让家长了解活动的意图，在家里与孩子一起挑选玩具。家长们提前搜集图片，与孩子一起剪贴，设计自己的摊位招牌。

（2）筛选玩具。孩子们整理好需要交换的玩具并带到幼儿园，大家一起评一评是否可以进行交换，有的孩子甚至带了新玩具。我们给玩具分类时并没有提太多要求，但是当孩子们进行分类时却听到有的孩子说："你看看这个玩具都脏了，咱们怎么交换啊？""你这个玩具都快坏了，拿回家吧，这个没有人愿意换的。""老师，他这个玩偶的眼睛都掉了他还拿过来，咱们让他拿回去吧，这个太旧了。"孩子们对带来的玩具检查得很仔细，每个玩具都从头到脚地检查一遍，能发声的玩具他们也要试试到底还能不能响，灯还亮不亮。

分类放进柜子时，孩子们还商量着把带音乐的放一起，毛绒玩具放一起，小汽车放一起，学习用品放一起，就连大小不一样的小汽车也要分类放。大家的想法得到了老师的支持，孩子把可以交换的留在了幼儿园，不合格的就带回了家。

（3）活动预演。活动前1～2周，各班老师先在区域活动中，把角色扮演改成了小型跳蚤市场，让孩子们在班里提前熟悉跳蚤市场的规则。

活动流程：

环节一：全体家长和孩子在操场指定区域集合，由主持人做市场开业讲话，讲解活动流程和兑换规则。

环节二：主班老师分配每个家庭的摊位地点，家长和孩子一起布置摊位，保持市场整洁有序。

环节三：孩子和家长担任摊主，开展旧物互换。

环节四：老师邀请家长代表及其他班老师当评委，评选"最美摊位"。

环节五：活动后清理现场卫生。

精彩瞬间：

（1）娃娃吆喝带劲，跳蚤市场火爆。毛茸茸的布偶，威风凛凛的变形金刚，八九成新的童话书、杯子、书包……让人看得眼花缭乱。为了招揽顾客，各位"小商家"使出浑身解数，努力推销起自己的商品。有的小朋友摆出了"大件"，旺豆店铺里一辆儿童充电摩托车成了全场的焦点，许多小朋友前来询问自己的物品是否可以交换。"我可以交换你的摩托车吗？""可以啊。"每一个摊位的小主人忙得不亦乐乎。

别看他们都还只是幼儿园的娃娃，做起生意来可是有模有样，一点儿也不含糊。而“淘客”则不断穿梭在人群中寻找自己心爱的宝贝。“我的书换你的笔，好不好?”“这个奥特曼加一辆汽车换给你。”孩子们在摊位前忙得不可开交。玩过的玩具“下岗”，看过的书被束之高阁都甚是可惜，儿童跳蚤市场正好让这些物品重新发挥余热，也让娃娃们过足了“老板”瘾。

(2) 换一件玩具，交一个朋友。在儿童跳蚤市场里，孩子们进行物物交换。经过一阵讨价还价之后，大一班的月月用5支笔换到了大二班佳佳的洋娃娃，她兴奋地说：“我喜欢跳蚤市场，换到了自己喜欢的玩具，还交到了好朋友”。

(3) 标语有趣，争当最美。“宇泽玩具店，买卖公平，诚信第一”“博博玩具好，宝宝少不了”“壮壮超级大卖场”“菲菲水吧”……小黑板当背景、塑料布铺成展台，儿童跳蚤市场的展台别具一格，许多是小朋友们独创的。“神奇大球球，小朋友拍一拍”“遥控汽车，好玩不贵”……小朋友们的宣传语十分有吸引力。最后老师评选出了最美摊位奖，得奖的小朋友不仅拿到了奖状和奖品，还换到了自己喜欢的物品。

活动反馈：

(1) 活动结束后，孩子们对跳蚤市场依然很感兴趣，在区域活动中跳蚤市场还在营业。他们享受这种讨价还价的买卖过程，同时也将简单的加减法运算应用到了生活中。

(2) 活动过程中，孩子们大胆表达自己的想法，并认真倾听别人的意见，能和他人商量解决问题，改变了以往争抢玩具的做法。

案例思考

1. 请总结亲子趣味活动的方案设计有什么要求。
2. 请总结策划和组织一场亲子趣味活动都有哪些流程，依次列出。
3. 请总结亲子趣味活动实施过程中需要注意哪些问题。

【案例 7-6】

家园共育主题活动示例

一、活动缘起

小班小朋友已经入园五个月了，还有小朋友的自理能力欠缺，经常会听到有小朋友说：“老师，我不会!”“老师，你给我穿，在家都是奶奶、妈妈帮我穿!”有些在幼儿园已经能够自己吃饭、自己穿脱衣服，并且已经做得很好的小朋友，在家里也还是家长代劳。为了让小朋友学习新的本领，养成独立生活习惯，经过园务会、家委会和班长会的讨论和研究，我们最终确定在小班开展“好习惯打卡”活动。

二、发放问卷，确定打卡活动内容

三月底，利用开家长会的机会，老师把主题活动的计划告知家长，立刻得到家长们的一致赞同。随后，老师向家长发放了“好习惯打卡活动”家长调查表，请家长们选择想要培养幼儿的哪些好习惯。经过问卷分析与汇总，最终总结出十项好习惯，其中包括：早晚刷牙、洗脸；自己穿脱衣服、鞋子；吃饭不挑食、不剩饭，独立吃饭，按时吃饭；良好的阅读习惯；独立收玩具；自己上床睡觉、起床；帮妈妈洗碗、做家务；自己控制看电视的时间；独立梳头；半夜不喝奶。

“好习惯打卡”活动家长调查表

小一班

序号	统计建议	票数	备注
01	早晚刷牙、洗脸	23	
02	自己穿脱衣服、鞋子	17	
03	吃饭不挑食、不剩饭，独立吃饭，按时吃饭	13	
04	良好的阅读习惯	4	
05	独立收玩具	3	
06	自己上床睡觉、起床	2	
07	帮妈妈洗碗、做家务	2	
08	自己控制看电视的时间	1	
09	独立梳头	1	
10	半夜不喝奶	1	

三、活动实施

良好的习惯能够帮助幼儿更好地学习，幼儿习惯的培养包括很多方面，首先应从最基本、简单的开始，我们将“早晚自己刷牙、洗脸”确定为四月份的打卡内容。

（一）教学引导，激发幼儿自己做事的兴趣

幼儿园教学活动是幼儿在幼儿园中的主要内容，是培养幼儿形成良好行为习惯的主要途径。可选取相应的绘本内容，渗透讲究卫生、爱护牙齿的教育，小班幼儿最感兴趣的故事《没有牙齿的大老虎》再合适不过了。在一次活动中，刚播放两只大老虎的图片，就听到点点大声嚷道：“老师，那只大老虎没有牙齿。”“老师，我也看到了，它好丑!”几个小朋友异口同声地说。老师抓住教育契机，笑着问他们说：“为什么这只大老虎没有牙齿？在故事里发生了什么事呢？谁能猜一下?”“老师，它肯定吃糖吃多了!”琪琪说道。“老师，它爱吃糖，不爱刷牙，我听过这个故事。”

把手举得最高的果果已经迫不及待地说出来了。既然有小朋友听过，老师就顺水推舟，让果果将故事讲述给小朋友听。故事讲完后，“它太不讲卫生了，牙齿都变成蛀牙了。”小朋友们用嫌弃的眼神看着没有牙齿的大老虎。“那你们的牙齿跟大老虎的牙齿一样吗?”“老师，妈妈说不让我吃糖，吃糖会长蛀牙，我天天都刷牙!”乔乔说。“那你们知道怎样刷牙吗?”老师出示了刷牙步骤图，小朋友也伸出自己的手指，像拿着小牙刷一样边说儿歌边做动作：“小小牙刷手中拿，早晚刷牙要用它。刷牙方法要记住，顺着牙缝上下刷。上面牙齿往下刷，下面牙齿往上刷。咬合面要来回刷，里里外外刷仔细。保护牙齿不生病，做个爱牙好宝宝。”环顾热闹的教室，每个孩子都边看图片、边念儿歌、边认真地演示着刷牙的过程，一张张小脸真是呆萌可爱。

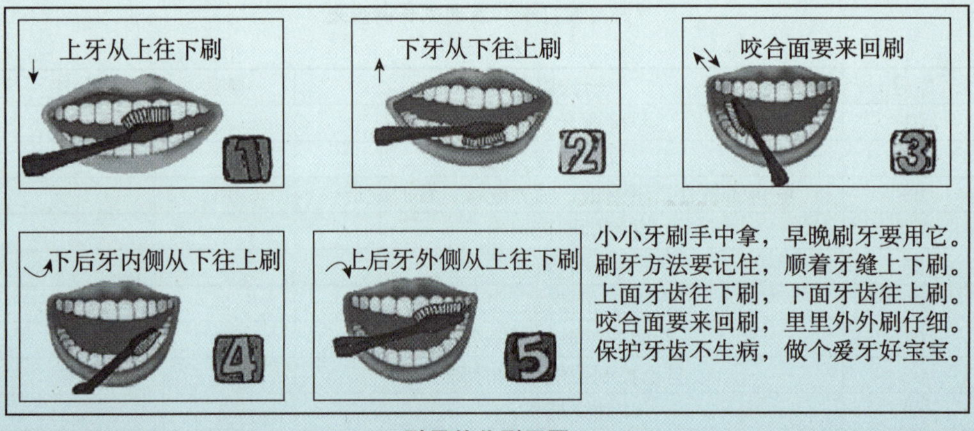

引导幼儿刷牙图

教学完成之后，老师把刷牙的儿歌、图片和孩子们模仿刷牙的动作发到班级微信群，请家长们配合在家里引导孩子运用正确的刷牙方法，形成良好的刷牙习惯，并请家长把孩子在家里刷牙的照片发到微信群，激发孩子刷牙的兴趣。

（二）家园协同，帮助幼儿坚持好习惯

3 月 31 日老师在班级群向家长发出了倡议，告知家长们打卡活动开始启动了，请家长们坚持，当晚班里共 29 名幼儿，16 名幼儿家长打了卡，到了第二天只有 6 名家长打卡，看来家长们并没有十分重视这个活动。老师立刻制作了小一班“好习惯养成”记录表，表扬鼓励了这两天坚持打卡的家长和孩子们，并再次发出倡议，号召大家参与“一个月培养一个好习惯”活动。

温馨小提示：任何活动都不是一帆风顺的，当发现家长不配合时，老师及时推出了打卡记录表，以此让家长直观地看到自己坚持的成果，督促家长坚持培养孩子的良好习惯。

到了第三天和第四天时，班里只有 5 名幼儿未打卡，老师在班级群里及时鼓励，给大家加油打气。对孩子来说每天都坚持不是一件容易的事情，良好的生活习惯需要慢慢培养，家长的配合坚持就是孩子的进步。慢慢地，孩子就会养成我要刷牙、洗脸的习惯，也有助于下个月其他好习惯养成的实施。活动进行到第五天和第六天的时候，老师发现班里始终有3名幼儿未打卡，及时与家长进行联系。与徐浩轩的爸爸通了电话才知道妈妈的手机坏了；苏鲁缇一直在奶奶家，陆芃丞小朋友的妈妈太忙。与家长们沟通过后，家长们纷纷表示为了孩子的进步会配合老师参加班级活动。

孩子的进步什么时候也不晚，终于在活动进行到第12天，班级宝贝们全部打卡。看着“好习惯养成”记录表上全部的打卡标志，我倍感欣慰，孩子们自己刷牙、洗脸的好习惯一点点培养起来了，家长们的坚持与配合也令人感动！

2020年4月“宝宝每天自己刷牙、洗脸”好习惯打卡

	幼儿姓名	1	2	3	4	5	6	7	8	9	10	11	12	13	14	15	16	17	18	19	20	21	22	23	24	25	26	27	28	29	30	31
1	徐浩轩							※	※	※	※	※	※	※	※	※	※	※	※	※	※	※	※	※	※	※	※	※	※	※	※	※
2	赵艺菲	※		※		※	※	※	※	※	※	※	※	※	※	※	※	※	※	※	※	※	※	※	※	※	※	※	※	※	※	※
3	方梓瑜	※		※	※	※	※	※		※	※	※	※	※	※	※	※	※	※	※	※	※	※	※	※	※	※	※	※	※	※	※
4	李珺雅		※	※	※	※	※	※	※	※	※	※	※	※	※	※	※	※	※	※	※	※	※	※	※	※	※	※	※	※	※	※
5	牛云琛	※		※	※	※	※	※	※	※	※		※	※	※	※	※	※	※	※	※	※	※	※	※	※		※	※	※	※	※
6	王熙然	※		※	※	※	※	※	※	※	※	※	※	※	※	※	※	※	※	※	※	※	※	※	※	※	※	※	※	※	※	※
7	王麒越			※	※		※	※	※		※	※	※	※	※	※	※	※	※	※	※	※	※	※	※	※	※	※	※	※	※	※
8	石冬宸	※		※	※		※	※	※	※	※	※	※	※	※	※	※	※	※	※	※	※	※	※	※	※	※	※	※	※	※	※
9	朱俊腾			※	※	※		※		※	※	※	※	※	※	※	※	※	※	※	※	※	※	※	※	※	※	※	※	※	※	※
10	韩佳仪	※		※	※	※	※	※	※	※	※	※	※	※	※	※	※	※	※	※	※	※	※	※	※	※	※	※	※	※	※	※
11	闫铭泽		※	※	※		※	※	※	※	※		※	※	※	※		※	※	※	※	※	※	※	※	※	※	※	※	※	※	※
12	李奕潼	※		※	※	※	※	※	※	※	※	※	※	※	※	※	※	※	※	※	※	※	※	※	※	※	※	※	※	※	※	※
13	李彦彤	※		※	※	※	※	※		※	※	※	※	※	※	※	※	※	※		※	※	※	※	※	※	※	※	※	※	※	※
14	苏鲁缇							※	※	※		※	※	※	※	※	※	※	※	※	※	※	※	※	※	※	※	※	※	※	※	※
15	苗嘉辰	※	※	※	※	※	※	※	※	※	※	※	※	※	※	※	※	※	※	※	※	※	※	※	※		※	※		※	※	※
16	刘永乐			※							※	※	※	※	※	※	※	※	※	※	※	※	※	※	※	※	※	※	※	※	※	※
17	殷翊轩	※		※	※	※	※	※	※		※	※	※	※	※		※	※	※	※	※	※	※	※	※	※	※	※	※	※	※	※
18	赵子涵	※		※	※	※	※	※	※	※	※	※	※	※	※	※	※	※	※	※	※	※		※	※	※	※	※	※	※	※	※
19	王悦然				※			※	※	※	※	※	※	※	※	※	※	※	※	※	※	※	※	※	※	※		※	※	※	※	※
20	陈冠霖		※	※	※	※	※	※	※	※	※		※	※		※	※		※	※	※	※	※	※		※	※	※	※	※	※	※
21	赵皓煜	※		※	※	※	※	※		※	※	※	※	※	※	※	※	※	※		※	※	※	※	※	※		※	※	※	※	※
22	殷义果			※	※	※	※	※	※	※	※	※	※	※	※	※	※	※	※	※	※	※	※	※	※	※	※	※	※	※	※	※
23	田钦之	※		※	※	※	※	※	※	※	※		※	※	※	※	※	※	※	※	※	※	※	※	※	※	※	※	※	※	※	※
24	尹熙雅	※	※	※	※	※	※	※	※		※	※	※	※	※	※	※	※	※	※	※	※	※	※	※	※	※	※	※	※	※	※
25	陆芃丞							※	※	※	※	※	※	※	※	※	※	※	※	※	※	※	※	※	※	※	※	※	※	※	※	※
26	戚馨月	※	※	※	※	※	※	※	※	※	※		※	※	※	※	※	※	※	※	※	※	※	※	※	※	※	※	※	※	※	※
27	刘梓修				※	※	※	※	※	※	※	※	※	※	※	※	※	※	※	※		※	※	※	※	※	※	※	※	※	※	※
28	郭子宸	※		※	※	※	※	※	※	※	※	※	※	※	※	※	※	※	※	※	※	※	※	※	※	※	※	※	※	※	※	※
29	张铭川			※	※	※	※	※	※	※	※	※	※	※	※	※	※	※	※	※	※	※	※	※	※	※	※	※	※	※	※	※

4月份打卡活动接近尾声，老师把“好习惯养成”记录表发到微信群，大家也很感慨，不知不觉坚持了这么多天，现在孩子们已经很自觉地刷牙了，不用家长再催促了。家长纷纷感谢老师一个月的统计，表示这个活动太有意义了，期待下个月的好习惯活动。

根据记录，老师给未打卡少于4天的宝贝们颁发了奖状，以此鼓励，给没有奖状的宝贝发了小粘贴，孩子们都很激动。没有奖状的陈冠霖小朋友还问老师：“张老师，你还有奖状吗？”老师说：“有啊，还有很多呢，5月份要加油啊，每天都坚持自己穿衣服、穿鞋，你也会有奖状的。”陈冠霖小朋友认真地点了点头！在4月份的最后两天里，有的孩子就主动要求自己穿衣服、穿鞋了。看来，在老师的鼓励和家长的配合下，孩子们都积极主动，动力满满。

（三）个别指导，保证每个孩子在活动中取得进步

活动持续一个月的时间，不难看出有个别家长不配合工作，断断续续打卡一星期甚至不打卡的，是家长给孩子包办了一切？还是孩子不愿意做？或者家长工作我们做得不到位呢？对于这样的情况，老师进行个别指导。

可乐就是这些孩子中的一位，加上最近可乐的情绪也不是很好，老师决定先从孩子入手。一天午饭后，老师边散步边说："孩子们，你们今天早上是自己洗脸、刷牙的，还是爸妈帮忙洗的？"小朋友们你一言我一语地说了起来："老师、老师，我每天都是自己洗脸、刷牙，爸妈还帮我拍照呢！"小田跑到老师面前抬着头说道："我也是，我也是，都不让爸妈帮忙，我长大啦，自己可以做到！""你们真能干，你们每天自己洗脸、刷牙的照片老师都能看到，你们做得都非常好，是老师最喜欢的小宝贝！"这时，可乐低着头小声嘀咕着："我爸妈从来不给我拍照。"原来如此，随后老师又单独找可乐妈妈了解具体情况。原来可乐还有一个弟弟，妈妈白天上班，晚上回来还要照顾弟弟，没能顾得上哥哥！这样下去哥哥的心灵会受到伤害，会有一种被冷落的感觉。经过一番沟通，可乐妈妈意识到了这一点，回到家后再忙也陪可乐画画，好习惯打卡也是天天坚持。早上晨检，可乐都会笑着问老师："老师，我今天早上自己刷牙、洗脸的，你看到了吗？"天天开心的小可乐终于回来啦！

四、活动延伸

从 4 月份到 10 月份，班里的好习惯打卡活动坚持七个月了，活动分别进行了"早晚自己刷牙、洗脸""我会自己穿衣服、穿鞋""亲子阅读""玩具物归原处""我会做家务"，10 月份老师号召大家重温这些好习惯，把培养的好习惯坚持下去，针对孩子的薄弱项继续培养。

五、活动反馈和反思

活动取得非常巨大的成功，孩子们的生活能力越来越强，家长们也欣喜地看到孩子们的成长，纷纷发来自己的感想。比如韩佳仪妈妈的感想如下：

活动刚开始的时候，孩子有时会忘记刷牙，老师每天不辞辛苦地提醒，我们也身体力行，和孩子一起刷牙，演示动作要领。通过几周的固化训练，当我们晚上还沉浸在手机里的时候，佳仪主动提醒我们该刷牙洗脸睡觉了。有时早晨时间紧张，我们为了节约时间想帮孩子洗脸，但孩子十分反对，坚持自己洗，而且洗得很认真。顿时，着急的心情化为感动的欣慰。

孩子睡前爱听故事，之前每次讲完书她都随手一扔，我们随口训斥一两句，但总不起作用，她甚至觉得好玩，故意乱扔，还嘻哈大笑。我们结合做家务习惯养成活动，利用老师的"权威"，通过四五次的反复训练，现在佳仪每次听完故事，都主动收拾整齐，放进书盒，安静入睡。这点点滴滴的变化与进步，也触碰到我们家

长的内心，深刻理解了幼儿园这次好习惯养成活动的良苦用心。谢谢老师们！

老师反思：

好习惯打卡活动会设置奖励机制，来促进幼儿完成打卡这个行为。教师通过每天的记录在月末会给坚持得很好的幼儿颁发奖状，家长在和孩子坚持的过程中也会有所奖励，但是不要让孩子养成有奖励才去打卡习惯，多采用情感性的奖励，如赞扬、微笑、拥抱、亲吻等。家长要以培养孩子良好的习惯为重心，避免陷入物质引诱的状态，不要让孩子为“奖品”而为。

案例思考

1. 请总结家园共育主题活动的方案设计有什么要求。
2. 请总结策划和组织一场家园共育主题活动都有哪些流程，依次列出。
3. 请总结家园共育主题活动实施过程中老师是怎样进行活动延伸的。
4. 请总结家园共育主题活动实施过程中需要注意哪些问题。

★ 综合思考

家园活动的形式有很多，常见的有家庭教育讲座、家庭教育经验交流会、家长进课堂、家长开放日、亲子趣味活动、家园共育主题活动等。现在请大家根据以上六个案例，一起梳理家园活动的策划和实施要点，讨论和思考以下问题：

1. 请阅读各种家园活动过程，分析各种家园活动的异同点有哪些。
2. 策划和组织各种家园活动都有哪些流程？请依次列出。
3. 影响各种家园活动成功的关键点分别是什么？哪些环节处理不好会影响活动的成功？

任务三　家庭教育讲座和家庭教育经验交流会的组织流程和组织要点

课前思考

家庭教育讲座和家庭教育经验交流会有哪些相同点？

一、家庭教育讲座和家庭教育经验交流会的组织流程

一般来说，幼儿园每学期可以举办 1～2 次家庭教育讲座和 1～2 次家庭教育经验交流会，这些活动均为幼儿园比较重视的活动，需要幼儿园领导、老师精心策划和组织。其组织流程如下：

策划与筹备 ⇨ 组织与实施 ⇨ 总结与延伸

环节 1：策划与筹备

（一）选定主题

家庭教育讲座和家庭教育经验交流会均可根据各年龄班的保教工作需要，选择孩子家庭教养中普遍存在的、多数家长感兴趣的话题。不同年龄段的孩子家长集中关注的热点主题既有不同，又有共性。

小班及新生家长关注的话题有：

如何调节情绪，减少哭闹，帮孩子摆脱入园焦虑？

如何培养孩子吃饭、穿衣、如厕等基本生活自理能力？

如何帮孩子适应同伴交往和集体生活？

中班家长关注的话题有：

如何帮孩子选报特长班？

怎样培养孩子听话和乐于配合？

如何解决孩子专注力缺失的问题？

大班家长关注的话题有：

要不要上幼小衔接班？有哪些利弊？

是否要上学前班提前适应小学环境？

是否要让孩子提前学习加减法、拼音、识字等？

此外，各年龄段孩子的家长普遍关注的话题如下：

如何帮孩子改掉拖拉磨蹭的习惯？

如何提高孩子的学习兴趣，变被动为主动？

如何培养孩子做家务？

如何帮孩子坚持兴趣班的日常练习？

如何帮孩子改掉“坏脾气”？

被同学欺负了该不该还手？

如何给孩子“立规矩”？

有哪些和孩子一起玩的游戏？

家庭成员间教育习惯不一致怎么办？

如何教孩子分配和管理时间？

（二）选择主讲人

根据主题选择合适的主讲人。家庭教育讲座可以外聘专家，也可以是本园园长或骨干教师主讲。家庭教育经验交流会可以邀请本班某方面表现比较好的幼儿家长、本园优秀毕业生家长及子女在园的老师等作为主讲人。

（三）讲座筹备

1. 内容准备

如果主讲人是外聘专家，幼儿园要提前安排专门的老师与主讲专家沟通，向主讲专家介绍听课的班级和家长人数、本园家长的问题和困惑并提出本园的需求，也可以是主讲专家给出讲座提纲和大体内容，由园方老师进行选择。幼儿园可以提前征集家长对讲座主题的疑问，以便讲座更能满足家长的需求。

如果是本园教师主讲，讲座前，主讲教师要就讲座主题查阅相关资料，了解主题的含义、幼儿的常见行为表现及形成原因和解决策略等。如果是初次开展家庭教育讲座的教师，建议写出讲座的文字全稿，以帮助自己熟悉整个讲座的内容和结构。

如果是家长主讲，教师需要辅助家长梳理家庭教育经验，再整理自己经历的典型家庭教育案例和事件，提炼教育方法，反思事件的前因后果及从中得到的经验和启示等，以备与家长们分享和交流。建议初次主讲家庭教育经验交流会的家长列出分享提纲，确定需要讲的典型案例，如时间充裕，可写出分享的文字全稿。

参考答案 7－1

练习：

除了以上内容，请思考教师在讲座前还需要做哪些内容准备。

2. 宣传准备

为了吸引家长并使家长能按时参加活动，幼儿园最好提前一周下发活动通知，介绍主讲人的背景和主讲内容以便家长提前安排好工作，按时参加活动。

环节 2：组织与实施

（一）组织家长签到入场

讲座前，主持人和其他老师要组织家长签到入场，按事先安排好的顺序就座。讲座正式开始之前，主持人可以提醒家长把手机调到静音状态，避免干扰讲座的进程。

（二）主持人介绍主讲人

主持人要正式并隆重地介绍主讲人，以引起家长听讲座的热情，也给主讲人增强信心。

如果主讲人是本班孩子家长，老师可以先介绍这个孩子的优点和表现好的方面，再热情洋溢地介绍家长，也就是主讲人。

（三）主讲人开始讲座

主持人引出主讲人之后，主讲人就可以按照准备好的流程开始讲述了。

家庭教育讲座过程要理论联系实际，避免理论性太强，家长难以理解。最好多用讲故事、讲案例的方法分析问题，既方便家长理解，也方便家长参照学习，讲座时间一般控制在 1～1.5 个小时。

多人主讲的家庭教育经验交流会，主讲人的发言可控制在 10～15 分钟。建议以讲故事的方式展开案例，可以用亲子互动的照片或视频等丰富分享内容。超过 15 分钟的讲话，如没有足够案例故事支撑会让听众疲惫，专注力下降。

主持人要随机应变，学会活跃现场气氛，引导正向观点。所以，建议主持人预先阅读与主题相关的优秀教育文章或书籍做知识准备。

（四）主持人进行讲座总结

主持人需要对主讲人讲述的内容进行总结，达到进一步提炼和升华，最后要对主讲人和听讲课的家长表示感谢。

环节 3：总结与延伸

活动完成后，教师可以梳理家庭教育讲座和交流会的内容摘要和视频、照片等，上传到班级群中，供家长回顾和总结，也可在群里展开进一步的讨论。

二、家庭教育讲座和家庭教育经验交流会的组织要点

（一）理论结合实际，方法具体可操作

讲座和交流会切忌空谈理论，否则家长容易厌倦，收获不大。主讲人需结合实践案例深入浅出地分析和引导，帮助家长对比反思，看到自己的家庭教养中的问题，从而产生强烈的改变自我的意愿。

（二）形式丰富，避免枯燥和单一化

必要时，主讲人可以播放照片、视频，或者请家长参与做小游戏等，使讲座和交流会的气氛活跃，提高听众家长的参与度。

活动过程中，作为主持人的教师要关注主讲人的现场表现，对出现忘词等情况及时协助或转移话题调节尴尬气氛。同时，教师也要关注听众的反应，是求知若渴还是昏昏欲睡，是点头认同还是撇嘴不屑，是专心听讲还是玩手机打电话，然后适时引导，保证现场效果。

活动完成后，最好安排互动环节，给家长就主讲人所讲内容进行提问的机会，更好地帮助家长提高家庭教养能力。如果是班级家庭教育经验分享交流会，可以更深入地展开。

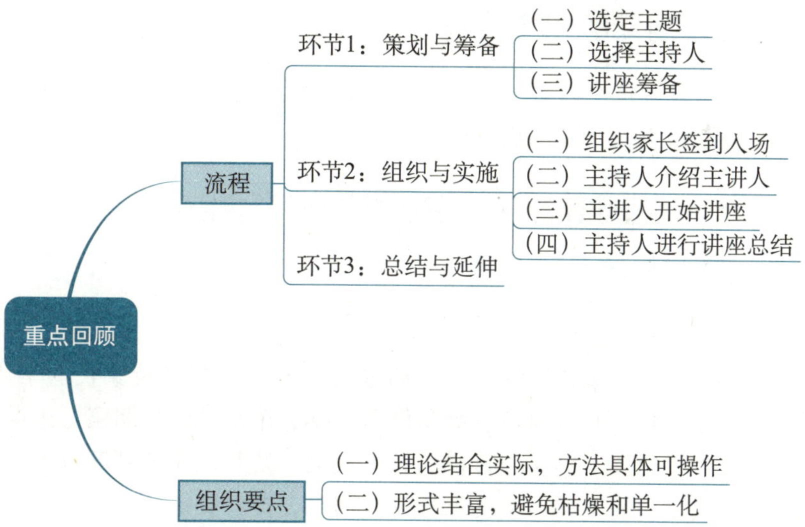

思考与练习

请总结家庭教育讲座和家庭教育经验交流会的异同点。

任务四　家长进课堂活动的组织流程与组织要点

课前思考

什么样的家长适合参与家长进课堂活动？

一、家长进课堂活动的组织流程

一般来说，幼儿园每个月都要组织家长进课堂活动，需要幼儿园相关负责人、主班教师的精心策划和组织。其组织流程如下：

策划与筹备 ⇨ 组织与实施 ⇨ 总结与延伸

环节1：策划与筹备

（一）确定家长人选

主班教师设计印发“家长进课堂”活动报名表，表中要涉及家长的学历、专业、职业、擅长领域等内容，并可通过班级微信群、QQ群等回顾往期家长进课堂活动的现场图片或视频，展现孩子们欢心喜悦的教学氛围，使其他家长跃跃欲试，同时承诺协助家长完成本次活动的备课，帮助家长树立信心、排解疑虑。

首选的家长职业类型如军人、警察、医生、护士、消防员、邮递员、飞行员等，他们身穿制服，有较强的职业辨识度，社会公益形象突出，能充分吸引孩子的兴趣与注意力。

其次是专职教师，如小学、中学、大学或者教育机构的老师们，他们教学经验丰富，同为教师，与幼儿园有着天然的联系。

最后，可选择有特长的家长，如擅长手工制作、面点烘焙、舞蹈运动、喂养宠物的家长，这些家长也深受幼儿的欢迎。

（二）确定主题、内容和时间

家长报名后，教师要及时与家长联系，尽早确定主题和时间，提醒家长提前备课。

活动形式可以是课堂授课，也可以是多种形式的集体活动。内容可以依家长职业特点自定，例如，作为警察，可教孩子如何正确过马路；作为花圃研究员，可向孩子介绍花卉的种类等；作为建筑师，可以讲解怎样盖房子更牢固；作为医生，可以分享如何进行简单的伤口处理等。也可按特长技能自定，例如擅长音乐的家长可以教孩子唱歌；擅长美术的家长可以组织孩子画画；擅长手工的家长可以带领孩子制作手工等。

活动时间可以与家长协商，根据家长时间调整，尽量安排在幼儿园的集体活动时间。对没有授课经验的家长，教师可协助备课，提供受孩子欢迎的授课思路，协助整理图文课件等。

（三）活动准备

1. 家长准备

家长需准备教案、教具和课件等。

教案包括分享主题、上课流程、时间分配、操作演练指导、互动游戏规则等。

课堂中使用真实的物品比玩具、模拟教具更能吸引孩子的注意，如果携带方便、操作安全，可邀请家长准备相关物品做实物展示。

课件用来配合讲解，主要包含图片、视频、文字等。课件素材以原创最佳，也可以到图书馆、档案馆或互联网上搜集，将素材整理成课件，可由老师协助完成。

随堂练习：

请思考家长如何做能使课堂气氛更加活跃。

参考答案 7－2

2. 教师准备

如家长没有教学经验，教师要帮助家长确定教学内容、教学方法、制作教学课件和教具等，以确保教学内容符合幼儿的年龄特点，准备的材料必须安全，数量要满足幼儿人数需求。

活动前，教师要提前准备照相机、摄像机、多媒体、干净无障碍物的活动场地等。

环节 2：组织与实施

表 7－2 列举了家长进课堂活动的时间流程表，教师可根据实际情况修改时间和流程内容等，活动前需发给主讲家长确认或调整。

表 7-2 家长进课堂活动时间流程表

时间	具体流程
8:40—9:00	家长来园，签到，活动前准备（教具、课件等）
9:00—9:30	开展教学活动
9:30—9:50	向家长颁发证书，合影留念，家长书写“感悟点滴”
9:50—10:00	幼儿间餐，家长离园

大多数幼儿会在课堂上表现出“人来疯”的兴奋情绪，教师要在活动前对幼儿进行情绪安抚。在授课过程中，教师可以协助主持现场活动，舒缓家长情绪，维持课堂秩序，摄影摄像，照顾孩子喝水、如厕等，确保授课环节有条不紊，家长、孩子精神愉悦。

环节 3：总结与延伸

（一）颁发证书，肯定家长的付出

教师可以为积极参与进课堂活动的家长准备“荣誉证书”，活动结束前直接颁发给家长，并让家长和班里的孩子合影留念。

（二）完善补充，满足幼儿的好奇心

教师要注重课后知识的延伸和复习，进一步完善充实，满足幼儿的好奇心和需求。

（三）留下感悟，记录体验和感受

教师可邀请家长写下参与活动的“感悟”，记录下家长体验后的真实想法，而且要及时跟进，与家长保持沟通，建立更坚实的家园共育桥梁。

（四）交流分享，做好活动的宣传

活动结束后，教师及时在班级群里上传家长进课堂活动照片、内容及家长感悟，包括家长姓名、活动时间、活动主题以及活动目标等，也可以在幼儿园网站、微信公众号、报纸等媒体上发布相关的宣传稿，树立幼儿园良好的形象，肯定家长的付出，呼吁更多家长参与活动。

二、家长进课堂活动的组织要点

（一）同一内容，大中小班的侧重方向有所不同

小班孩子的保教重点是生活自理能力培养，中班和大班可由浅入深，重点介绍不同领域的专业知识。

例如，同样是邀请解放军进课堂，小班的孩子更喜欢听解放军“一天都做什么”“集体吃饭是什么样的情形”“怎样整理衣物，怎样把被子叠得像豆腐块”等生活细节。中班的孩子会更关注解放军“怎样敬军礼”“齐步走的姿势怎么学”“军装上都有

什么装饰，代表什么意义”等，而大班孩子更想知道解放军“都用什么枪练习射击”“坦克车的威力有多大”等专业知识。

（二）教师需对家长进行简单的上课技巧培训

在准备阶段，教师可培训家长一些简单的上课技巧，提升老师在家长心中的专业形象，如目光要自然扫视，与班里的每个孩子都有眼神交流，让孩子们感受自己被关注和重视，这样孩子会更专注听讲、乐于配合；实操环节再分发物品，且小组间轮流上台领物品或等老师发放，不要开场就分发操作材料或全班一哄而上；可多向孩子们提问，引发孩子的思考和互动。

重点回顾

- 流程
  - 环节1：策划与筹备
    - （一）确定家长人选
    - （二）确定主题、内容和时间
    - （三）活动准备
  - 环节2：组织与实施
  - 环节3：总结与延伸
    - （一）颁发证书，肯定家长的付出
    - （二）完善补充，满足幼儿的好奇心
    - （三）留下感悟，记录体验和感受
    - （四）交流分享，做好活动的宣传
- 组织要点
  - （一）同一内容，大中小班的侧重方向有所不同
  - （二）教师需对家长进行简单的上课技巧培训

思考与练习

试总结家长进课堂中教师需要做哪些准备工作。

任务五　家长开放日的组织流程与组织要点

课前思考

家长开放日活动中，有些家长感觉自己孩子表现不好，就会情绪急躁，教师应该如何应对这种情况？

一、家长开放日的流程

家长开放日的组织流程如下：

策划与筹备 ⇨ 组织与实施 ⇨ 总结与延伸

环节 1：策划与筹备

（一）确定活动目标

家长开放日活动不仅是幼儿园日常保教工作的一部分，还承担着增进家园了解、指导家庭教育、促进亲师幼共同成长的任务。因此，家长开放日的活动目标要从家长、教师和孩子三个角度来制订，发挥其综合教育的价值。

（二）选择活动类型

教师要根据家长开放日活动目标选择不同的活动类型，再设计整个活动的流程。例如，半日生活型尤其适合小班开展。教师要组织好孩子的半日生活环节，让家长能够看到孩子在幼儿园里各个环节的表现，达到了解幼儿园生活和幼儿生活自理能力的目的。

教学展示型适合各年龄段，教师要针对家庭教育中家长容易出现的问题，精心设计教学活动，体现科学的教育理念和多种多样的教学方法，通过观摩学习和参与讨论，达到提高家长教育能力和家庭教育水平的目的。

值得注意的是，家长开放日活动并非每次只能选择一种形式，可以是多种形式并用，如“半日生活型＋幼儿展示型”“半日生活型＋教学展示型＋教学观摩型”等，可自由组合，在流程中合理规划，恰当衔接。

（三）设计活动流程

家长开放日以向家长展示幼儿园保教活动为主，首先，教师要精心准备最能帮助家长理解保教理念的活动来展示。其次，要明确活动流程和时间计划，前后环节要紧凑，避免拖沓或冷场。

（四）做好活动准备

1. 教师准备

（1）方案。教师要精心策划活动方案和课程，在心理上反复演练整个活动过程，考虑到各个细节。也可以把开放日活动流程写成便条，避免活动过程中因紧张遗忘。

建议初次组织开放日的教师，事先反复梳理活动整个流程，画出活动框图，写出文字讲稿，力求胸有成竹地完成活动。

根据活动需要，教师可以制作 PPT，搭配图片和视频。在开放日活动开始前，教师可以把活动流程和参与要求用课件展示给家长，或提前发到班级群里，方便家长了解整个活动过程和要求，做好配合。

（2）物料。开放日活动中各个环节需要的场地、课件、活动材料、音乐、话筒、服装、头饰、道具等，教师在设计方案时都要充分考虑，并在活动前准备好，保证活动顺利进行。

2. 家长准备

（1）心理准备。有的孩子平时比较听话和遵守规则，但一到家长开放活动的时候就控制不住自己，随意说话、走动，甚至故意捣乱，严重影响整个活动效果，小班的孩子尤为突出。对此，教师要引导家长做好心理准备，既要科学评价幼儿，避免盲目攀比，也不要因为自己的孩子表现不够好而沮丧或者现场批评孩子，要引导家长掌握正确的应对方法，配合老师，对孩子进行耐心的引导。

随堂练习：

家长开放日时，有些孩子会“人来疯”，有些幼儿则会粘着家长不离开，如何处理这些情况？

参考答案 7-3

（2）引导观察。家长开放日活动既是家长了解幼儿园、了解孩子的过程，也是家长通过观察幼儿园的环境、观摩老师的教学和研讨提高自己家庭教育能力的过程。所以，开放日活动之前，老师要引导家长学会有目的地观察，甚至可以向家长下发观察任务和观察的表格等，引导家长边观察边思考，学会正确地分析和评价看到的各种现象，掌握科学的教育理念和方法。

例如，浩浩的妈妈在开放日活动前收到了主班陈老师下发的活动观察表。表中分别列举了观察项目和现年龄应达到的能力指标。按照表中提示，她在开放日活动中全面观察着浩浩，了解他各方面的发展情况：如动手能力、人际交往与合作能力、语言表达能力、遵守规则和自我控制能力、主动解决问题的能力、参与活动的积极性等，对照能力指标，浩浩妈妈更加清晰地认识到孩子发展的优势和劣势，并反思家庭教养中的缺点和不足，调整家庭教养方式。

环节 2：组织与实施

（一）组织家长签到入场

活动开始之前，在幼儿园门口设置家长签到处并有专人负责，按班级准备签到表，请家长签到，然后由各班教师引导自己班的家长有序入场。

（二）按计划组织活动

活动开始之后，教师要根据时间计划表有条不紊地展开活动。因人数众多，教室内空间狭小，活动过程中要注意杜绝安全隐患，比如开窗通风，避免空气流通不畅，调节空调温度，保证室内温度适宜。同时，座位的布置要疏密合理、预留间隔，方便孩子如厕等，确保活动安全、顺利地进行。在活动中，主班教师要安排相关人员拍摄活动照片和视频，留存宝贵资料。

（三）引导家长科学观察

开放日活动中，家长首先是观察者，教师要引导家长掌握观察幼儿表现、观察环境设计、观察教育活动的方法，使家长通过观察有更多的收获。同时，家长要做到旁观的时候少包办、不插手，避免对幼儿造成干扰。在需要家长参与的环节中，家长要避免冷漠旁观，积极投入游戏或活动中，切实感受童心和快乐，掌握陪伴和亲子互动的科学方法。

（四）灵活处理活动中的突发情况

开放日活动中班级人数众多，可能出现意外突发情况，教师必须用心观察，做好应急预案，发现意外情况要及时处理。

（五）及时总结

开放日活动结束后，可邀请家长参与集中讨论，也可以提前向家长分发活动体验表，收集家长提出的宝贵建议和改进意见，总结活动收获。

环节 3：总结与延伸

（一）请家长在家里开展相关活动

开放日都是以幼儿园的日常活动为内容，教师可以引导家长把活动内容延伸到家庭，引导家长进行丰富多彩的家庭教育。

例如，秋田幼儿园的一次小班半日活动内容是向家长展示幼儿生活自理能力的提高。活动结束后，主班李老师请家长回家后尽量放手，锻炼孩子们自己完成吃饭、穿衣、穿鞋、如厕等自理能力，给孩子们学会生活自理的机会。

（二）在 QQ 群或微信群里开展相关讨论

“内行看门道，外行看热闹。”对幼儿园的开放日活动，每个家长都会从不同的角度观察和理解，也会产生不同的思考和困惑。因此，活动结束后教师可以在班级 QQ 群或微信群里发布活动精彩照片、视频，及时组织讨论，让家长畅所欲言，为家长答疑解惑，引导家长全面地分析问题，通过互动讨论和相互激发，达到提高家长整体教育水平的目的。

（三）活动总结和反思

开放日活动后，作为组织和执行人的教师还要对整个活动过程进行反思，认真阅读家长填写的活动体验表，总结活动设计和组织过程中的经验与不足，以文字、图片、视频等形式保存记录，为后续组织活动提供参考。

二、家长开放日的组织要点

（一）尽量避免频繁更换场地

频繁更换场地会给组织工作带来困难，甚至导致场面混乱的情况。

例如，向日葵幼儿园小三班的半日生活型家长开放日活动，选择了上午时间。家长们先参观了孩子们吃早餐，上美术课，又参与了户外的亲子活动，午餐前回到教室中，洗手准备开饭。室内和室外活动划分明显，避免了冬日因更换场地、频繁穿脱衣物的情况。

（二）引导家长科学评价幼儿的表现

开放日活动中，家长会观察到自己孩子在各种活动中的表现，不自觉地会与其他孩子进行对比。当发现自己的孩子某方面表现不够出色或略显落后时，会产生着急、焦虑的情绪，甚至会当场批评、指责孩子。所以，活动前后教师要引导家长积极看待孩子多方面的表现，做到客观分析、冷静对待、理性处理。最重要的是引导家长反思自己家庭教养中的问题，调整家庭教养方法，给孩子提供良好的家庭教养环境。

- 重点回顾
  - 流程
    - 环节1：策划与筹备
      - （一）确定活动目标
      - （二）选择活动类型
      - （三）设计活动流程
      - （四）做好活动准备
    - 环节2：组织与实施
      - （一）组织家长签到入场
      - （二）按计划组织活动
      - （三）引导家长科学观察
      - （四）灵活处理活动中的突发情况
      - （五）及时总结
    - 环节3：总结与延伸
      - （一）请家长在家里开展相关活动
      - （二）在QQ群或微信群里开展相关讨论
      - （三）活动总结和反思
  - 组织要点
    - （一）尽量减少频繁更换场地
    - （二）引导家长科学评价幼儿的表现

思考与练习

如何引导家长在家长开放日做好科学观察？

任务六 亲子趣味活动的组织流程与组织要点

课前思考

组织亲子趣味活动时，需要考虑的内容有哪些？

一、亲子趣味活动的组织流程

亲子趣味活动的组织流程如下：

策划与筹备 ⇨ 组织与实施 ⇨ 总结与延伸

环节 1：策划与筹备

亲子趣味活动大多在开放场地进行，形式和环节多样。为了保证活动安全、顺利地开展，前期策划尤为重要，教师需要综合考虑季节温度、天气状况、场地容纳量、集体教育和个别指导等因素，策划方案应包括以下内容。

（一）确定活动目标

教师在确定活动目标时要考虑以下三点。

1. 满足幼儿教育的需要

教师要根据幼儿园的保教工作计划，制订亲子趣味活动的目标。

2. 增进亲子感情

活动需方便家长参加，能帮助家长理解科学的幼儿教育理念，通过有趣的亲子互动过程增进亲子感情，以提高亲子陪伴时间，提高家庭教育质量和水平。

3. 促进家园共育

亲子趣味活动的策划要考虑让家长参与，教师要学会利用家长资源，实现家园合作共育。

（二）选择适宜内容

（1）活动内容的选择首先要体现五大领域内容的学习和要求。

（2）亲子趣味活动策划时要考虑各种类型活动的时间间隔，不能在短时间内连续进行两场运动类的亲子活动，可以体现动静交替、园内园外交替、不同领域内容交替，保持适宜的活动节奏。

（3）要考虑季节特点，比如亲子运动会、亲子登山和亲子游园活动一般安排在温度适宜的春秋季。室外活动要考虑当地天气变化，提前做好遇到雷雨等恶劣天气的调整方案。

（4）可配合传统节日策划。在活动策划和布置场地时，应突出节日元素，烘托节日氛围。

（5）亲子趣味活动还可以发挥幼儿园周边环境特色，利用当地风景、文化资源来组织。比如山东地区的幼儿园可以组织幼儿和家长在每年 4 月参加潍坊风筝节，亲子一起动手制作风筝，参加世界风筝盛会；每年 4 月也可以组织幼儿和家长到山东寿光参观蔬菜博览会，体验科学栽培农作物的先进技术，观赏形态各异的蔬菜，丰富孩子们的想象力。

（三）策划活动流程

设计亲子趣味活动的流程时，各环节应衔接紧凑，不能让家长和孩子等待时间太长。为了增加活动趣味性和挑战性，可以增加团队竞赛环节，让孩子们在家长的陪伴下学会适应挑战和压力。如果活动环节需要变换场地，教师可以安排家长参与活动组织工作和秩序维持工作，避免混乱。

（四）做好前期准备

亲子趣味活动的准备一般是非常烦琐的，主要包括以下内容：

（1）全园上下要分工明确、密切配合，确定每项工作的负责人和执行人。活动总指挥负责活动时间和流程安排，各班教师要组织好孩子，与家长协调配合。

（2）提前布置活动场地。亲子趣味活动时幼儿家长人数众多，根据策划方案，活动场地最好提前布置，以避免现场混乱。

（3）教师可以提醒家长给孩子带好必需的物品，如春秋游时，要请家长给孩子带好食物和水，夏天要遮阳防晒，春秋天要注意防风，早晚温差大时带好厚薄衣物。

（4）亲子趣味活动一般场地开放，人员众多，可能出现较多安全隐患。教师要提醒家长必须时刻关注孩子的活动状态，注意自己和孩子的人身、财产安全。

参考答案 7－4

随堂练习：

为了使亲子趣味活动有序进行，请思考在布置场地时需要注意哪些问题。

环节 2：组织与实施

（一）组织家长签到

组织家长签到，清点人数，如果人数较多，可以把几个家庭分成一个小组，小组内家庭相互照应，避免掉队。

（二）有序组织活动

活动开始后，老师要按计划有条不紊地组织活动。如果活动流程和注意事项比较多，可以写成便条，随身携带，方便随时检视，确保不会出现工作疏漏。

环节 3：总结与延伸

（一）活动延伸

活动后，教师可以引导家长把亲子趣味活动内容延伸到家庭，开展丰富多彩的家庭活动。如亲子趣味运动会之后，引导家长在家庭生活中每天坚持带孩子运动；亲子小剧场活动后，建议家长在亲子阅读之后增加角色扮演，让孩子们体验阅读的乐趣，充分发挥想象力。

（二）家长群内讨论

教师可以在班级家长群里引导家长交流参加活动的感受，激励每位家长增加亲子陪伴时间，学会感受亲子陪伴和生活中的美好，为孩子营造有趣的家庭生活，享受亲子共同成长的快乐。

（三）活动反思总结

活动后，教师还要对整个活动过程进行反思，总结活动设计和组织过程中的经验和问题，并形成文字材料，为后续组织相关活动提供参考。

二、亲子趣味活动的组织要点

（一）活动内容要精心策划

为了确保亲子趣味活动开展有效，切实达到指导家长和融洽亲子关系、家园关系的目的，教师要精心策划活动内容。可以通过网络收集相关资料，然后充分讨论，策划出活泼有趣的活动主题，再群策群力，反复推敲活动环节和流程，确保活动成功。

（二）引导家长积极参与活动

对平时工作较忙、不经常陪伴孩子的家长，或者教育责任意识比较差的家长，教师要有意引导他们全身心投入活动中，更多感受亲子互动的乐趣，提高家庭教育参与度，增加亲子陪伴。

（三）灵活处理突发状况，安全第一

活动中幼儿和家长人数众多，可能出现意外突发情况，教师必须用心观察，做好应急预案，发现意外情况及时冷静处理，确保安全。

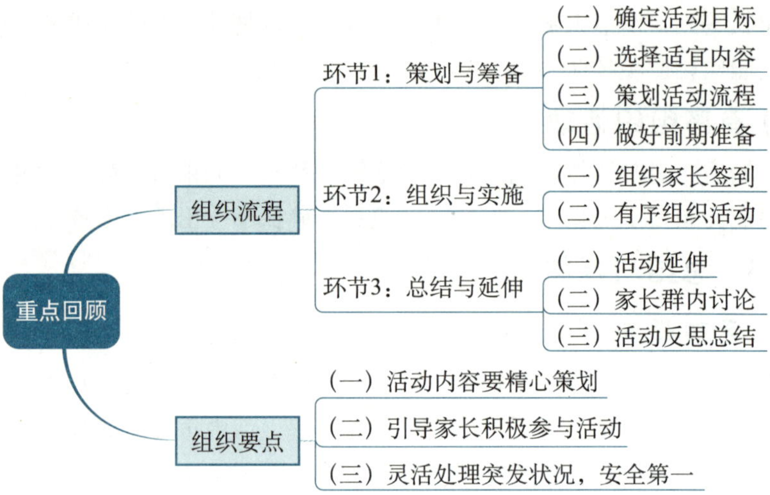

思考与练习

在组织亲子趣味活动时，为了确保活动安全，教师应该提前做好哪些安排工作？

任务七 家园共育主题活动的组织流程和组织要点

课前思考

对于家园共育主题活动，许多家长认为是给其增加负担从而在心理上比较抵触，教师应该如何应对此类状况？

一、家园共育主题活动的组织流程

家园共育主题活动的组织流程如下：

策划与筹备 → 组织与实施 → 总结与延伸

环节 1：策划与筹备

家园共育主题活动要有目的、有计划、有组织地进行，必须提前策划与筹备，一般包括以下内容。

（一）确定活动目标

家园共育主题活动目标的制订首先要促进幼儿发展，通过家庭参与教育的过程，自然地达到指导家庭教育的目的。同时，家园共育主题活动目标也要从幼儿、家长和教师成长的三个角度来制订，以便发挥家园共育主题活动的综合教育价值。

（二）设计活动流程

方案设计中，幼儿教师要根据活动主题的需要设计活动流程，总的原则是幼儿园整体发动，教师组织教学活动引导孩子掌握技能，家长在日常生活中帮助幼儿巩固练习并长期坚持，达到培养幼儿良好习惯的目的。

比如，亲子阅读家园共育主题活动，可以要求家长每天坚持陪伴幼儿阅读，在家长群里分享家庭阅读书目，交流阅读感想，长期坚持，就会有效地帮助幼儿形成良好的阅读习惯。

活动流程的设计中，既要提出要求，还要有落实的具体措施。

比如，为了让家长在家庭生活中坚持阅读，某幼儿园一直坚持进行“好习惯打卡”活动，每天让家长把孩子阅读的照片上传班级群里，达到督促和鼓励家长坚持的目的，一段时间之后幼儿就形成了良好的阅读习惯。

（三）制定监督和奖励措施

方案设计中，可以制定监督和奖励措施，以提高家长和幼儿参与活动的积极性。

参考答案 7-5

随堂练习：

哪些形式可以提高家长参与家园共育主题活动的积极性？

环节 2：组织与实施

（一）做好活动动员

家园共育主题活动周期长，对家长的要求高，所以，活动前必须对家长做好思想动员工作，让家长充分认识到主题活动的重大意义，鼓励家长挑战自己，坚持做好每天的带动和指导工作，也给孩子做一个好榜样，以保证良好的活动效果。

（二）按计划组织活动

活动开始之后，教师要根据方案，有条不紊地展开活动。

教师可以把幼儿园主题活动的教学内容和园内活动分享给家长们，让家长们了解幼儿园对孩子的教学过程、教学方法和要求。同时，要让家长明确在家庭里需要配合进行的相关活动，实现家园同步。教师要随时关注幼儿学习和家长参与活动的情况，适时增加或调整相关内容，吸引家长积极参与。

主题活动的动员和引导工作做得比较好的话，家长的参与热情会非常高，孩子们的进步也会非常明显。有的家长可能参与热情一直不高，有的家长弄虚作假，老师要进行个别指导，保证活动取得实效。

环节 3：总结与延伸

（一）在 QQ 群或微信群里开展相关讨论

家园共育主题活动开展之后，一般来说幼儿的进步会非常大。教师可以借此开展有关主题活动的意义、内容和活动方法的讨论，引导家长理解各主题活动的意义和价值、对幼儿成长的影响等，借此引导家长掌握本领域活动的内容，开展持续深入的家庭教育，提高家庭教育能力和水平。

（二）活动反思和总结

家园共育主题活动后，教师要对整个活动过程进行反思，总结活动设计和组织过程中的经验和问题，并形成文字材料，为后续组织相关活动提供参考。

二、家园共育主题活动的组织要点

（一）参与形式简单易行

家长一般都比较忙，所以，家园共育主题活动不能给家长增加太多的负担，安排给家长做的工作最好是能够结合日常生活自然完成的内容。

（二）做好动员工作，提高家长参与积极性

如有需要，可以组织家园共育主题活动的启动仪式，通过具有仪式感的活动过程，引起幼儿和家长的重视，帮助他们自觉约束自己，增加坚持的动力。

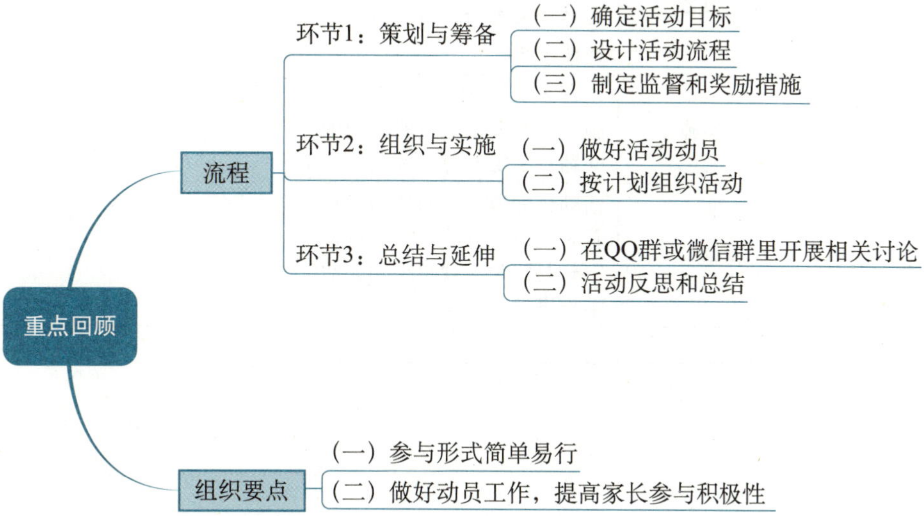

思考与练习

教师应该怎样做才能提高家长参与家园共育主题活动的积极性？

实践演练

请分小组，从六种活动类型中任选一种类型设计一个完整的活动方案，包括活动

策划、活动准备、宣传报名、活动实施、活动总结等，并按照执行情况和评分标准打分。

评分标准参考下表：

分值（分）	指标	评分标准	得分（共100分）	备注
20	活动策划	活动主题、内容及形式符合家长兴趣，满足家长需要		
20	活动准备	活动时间、地点、流程、物料、相关人员等方面做好准备		
20	宣传报名	利用线上线下相结合方式，对活动内容预告宣传，吸引家长报名参与，也可以主动邀请家长		
20	活动实施	负责保障活动过程顺利实施，并提前预想可能出现的问题，制定相应的预案		
20	活动总结	活动延伸恰当，对活动过程及时反思、总结，并形成文字材料，为后续组织相关活动提供参考		
合计				

项目八　家园合作中电子媒介的有效应用

任务一　电子媒介交流概述

课前思考

你所了解的电子媒介交流方式有哪些?

随着手机及网络的普及，幼儿园仅靠家园联系手册、家长会等传统的沟通方式已经无法满足家长和幼儿园及时沟通的要求。电子媒介因其信息内容形象、即时性和互动性强等特点，在家园合作中起着举足轻重的作用，但其带来便利的同时也带来了一些困扰，比如许多幼儿教师对微信群里的信息不胜其烦。如何合理利用电子媒介进行家园沟通，充分发挥电子媒介的优势，成为近几年来教师们比较关心的话题。

一、电子媒介交流的定义及分类

电子媒介是依靠数字、互联网技术和移动通信技术等技术手段，借助数字终端、计算机、手机等设备向用户（家长及教师）提供信息服务的媒介形态。电子媒介包括手机移动通信、搜索引擎、网络报纸杂志、数字广播、网上即时通信（如微信、QQ、公众号推送、校讯通、微博等媒介形式）。

因此，家园合作中的电子媒介交流即为家长和教师采用电子媒介进行沟通交流，无须见面。

按照沟通交流的类型和功能，我们将家园沟通中常用的电子媒介交流方式分为三类。

（一）“一对多”交流

微信群、QQ 群等社群可以实现教师与家长的“一对多”交流，这种交流方式满足了教师发布各种信息通知、幼儿在园情况、育儿知识等的需要，为教师节省了不少时间，受到教师的青睐。调查研究发现，教师多通过“一对多”群聊的方式与家长互动。

（二）“一对一”交流

微信、QQ私聊及电话、短信等，不用见面，就可以实现教师与家长的“一对一”交流，方便、快捷、高效。因为教师的时间和精力有限，教师一般较少主动发起与家长的“一对一”私聊，但家长与教师互动时，很少在群里说，一般会选择私聊的方式，询问幼儿在园的情况。

（三）单向信息推送

通过微信公众号、家园通、家长网校等平台，教师可以向家长推送幼儿园的活动介绍、相关家庭教育知识等，增进家长对幼儿园的了解，也有助于家长学习家庭教育知识。相比前两类沟通方式，单向信息推送的方式有利于信息的展示和保留。微信公众号是现在使用较广的一种信息推送方式，可以将相关内容统一推送给关注的人，如教师可以向家长推送教学计划、近期班级活动情况、幼儿活动成果展示、常见疾病预防和家庭教育知识等，家长可以在自己方便的时候查看并阅读。

二、电子媒介交流的优势

相比传统的家园互动交流方式，使用电子媒介有许多优势。

（一）信息沟通方便即时

电子媒体最大的特点是信息沟通即时，打破了时间与地点的限制及家园之间的界线，不需要见面即可达到沟通交流的目的，提高了家园沟通的效率，实现了家园联系的互联互通和无缝对接，让家园联系更紧密。比如通过微信群，教师可以在线组织家长会，家长不需要到现场，减少了沟通的时间和成本，也减轻了教师的沟通工作量。如果出现孩子受伤、生病等情况，使用电子媒介可以快速联系到家长，使家长通过图片、视频等了解孩子的在园情况，减少不必要的误会。

（二）信息内容形象化

运用微信、QQ等电子媒介交流的亮点是信息不再局限于语言或文字，增加了形象、生动的图片和视频等，例如幼儿在园内开展的教育教学活动，教师可以直接发送活动照片和视频，这些讯息比单纯的文字信息更具说服力，有利于开展家园共育工作。

（三）沟通双方平等化

电子媒体为人们创设了一个虚拟的空间，在这个虚拟的空间里，每个人的存在都转变为具有同一性的独立符号，他们之间的等级差异被消解了。教师和家长通过这个虚拟的平台进行沟通交流时，可以自由地发表自己的真实观点和想法，减少了正面交流所带来的压力，使家园信息沟通更充分，有利于家园合作共育工作的开展。

（四）信息传播范围广

电子媒介操作比较简单，成本比较低，信息传播范围比较广。比如通知类的消息，教师只需要在微信群中发布就可以达到广而告之的效果。同时，教师可以通过家长网校、公众号等平台，转发优秀教育文章，供家长学习借鉴，实现家庭教育指导的目的。

重点回顾

- 定义：依靠数字、互联网络技术和移动通信技术等技术手段，借助数字终端、计算机、手机等设备向用户（家长及教师）提供信息服务的媒介形态
- 分类
  - （一）“一对多”交流
  - （二）“一对一”交流
  - （三）单向信息推送
- 优势
  - （一）信息沟通方便即时
  - （二）信息内容形象化
  - （三）沟通双方平等化
  - （四）信息传播范围广

思考与练习

电子媒介带来沟通便利的同时，也会带来一些弊端。你能想到电子媒介沟通的弊端有哪些吗？如何在具体的沟通过程中有效避免这些弊端？

任务二　实践案例分析

为了让大家对电子媒介交流有一个直观的了解，下面我们先来看三个电子媒介交流的实践案例。

【案例 8－1】

“一对多”微信群交流

近几年，各省市都在进行幼儿园教育小学化的专项治理活动，幼儿园阶段不允许教拼音、识字、计算等小学教育内容。但不教小学内容，并不代表不做幼小衔接工作，幼儿园要在尊重教育规律和幼儿学习特点的基础上，对幼儿进行知识的启蒙，培养幼儿的学习品质。但许多家长不理解，总觉得在公立幼儿园孩子只有玩，学不到什么，上大班后，许多家长开始焦虑，考虑要不要让孩子退园，去上所谓的“幼小衔接班”，因此，公立幼儿园大班的幼儿流失率比较高。

为了预防此现象，某市育贤第二幼儿园的孙老师在孩子上了大班后不久，在群里发了一系列幼儿在园的活动视频，向家长们展示幼儿园幼小衔接的相关内容及活动风采，内容包含：

让孩子做小老师：包括点名小老师、韵律操小老师，给孩子创造自我展示的机会，激发孩子的学习兴趣，增强幼儿的自信心。

钱从哪里来：幼儿园从网上订购了一批教学钱币，每个小朋友都拥有一部分基础教学钱币，还要自己想办法赚“钱”。可以从老师那批发 PVC 管等基础材料自己当老板卖，可以自己购买材料建造游乐场收门票，可以当销售员，可以打工……在开展理财教育的同时让孩子对数字有了一定的认识。

跳绳比赛：确保每个小朋友都学会跳绳，并且比赛跳得越多越好，后来还增加了花样跳绳，激发幼儿的兴趣，引导孩子乐于挑战、坚持和不放弃，不断坚持练习和提高自己，完成小组任务。

故事大王比赛：每个小朋友录制一段讲故事的视频，上传到QQ群，家长和小朋友自由观看并投票，培养孩子们乐于表达。

跑步竞赛：教小朋友学会预备、起跑等动作和正确的跑步姿势，锻炼孩子的体能，为适应小学紧张的学习生活做准备。

爬单杠比赛：教小朋友爬单杠，锻炼孩子们的臂力，增强手的握力及肩胛骨的力量。肩胛骨有足够的稳定度，操作物品时才有足够的支持来执行精细动作，对于以后书写有一定的帮助。

科学探究：教师与幼儿一起用PVC管插接水龙头，让孩子探究水是如何从水管里出来的，激发了幼儿的探索欲。

快乐建构：组织孩子用大型积木建构帐篷、房子、城堡、轮船等，激发了孩子的创意，并增强了幼儿的动手能力。

教师不需要讲解太多，从一系列视频当中，家长们感受到教师的用心及教育智慧，也意识到了幼儿园并非什么都不学，而是培养孩子良好的学习品质，保持学习兴趣。此举使家长们对幼儿园教育有了深入的认识，有效地减少了幼儿的流失率。

请看家长们的反馈：

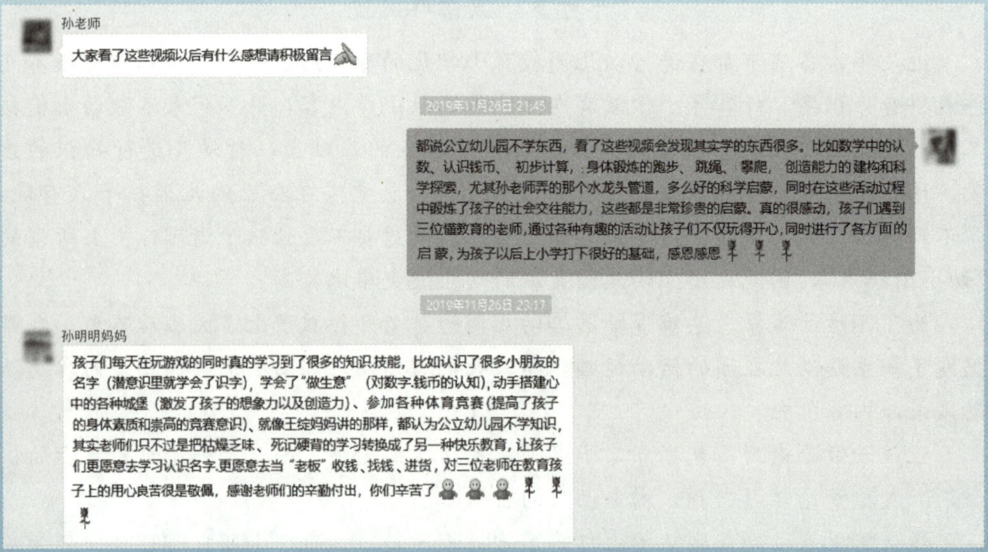

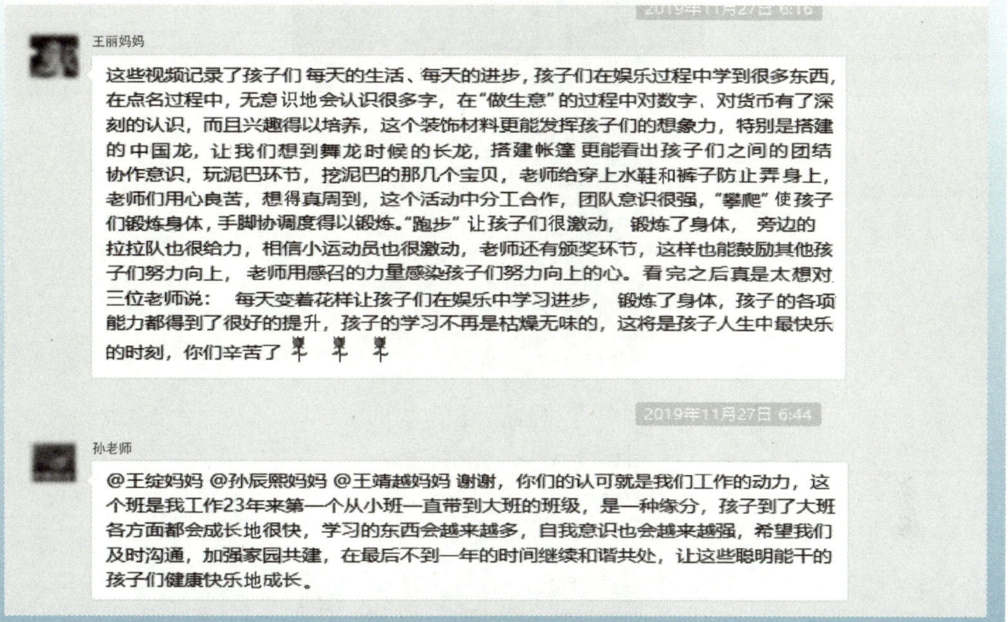

案例思考

1. 案例中的孙老师就什么主题与家长进行了交流？
2. 如果你是孩子的家长，看了老师的分享后会有何种感受？
3. 请讨论、总结电子媒介“一对多”交流的流程和组织要点。

【案例 8－2】

“一对一”微信交流

有一个妈妈在微博上曝光了自己孩子的幼儿园老师。她为了让正在上幼儿园的孩子当上值日生，午夜的时候给老师发了一条长消息，老师没有回复她，几天后再次发消息却发现自己被“拉黑”了。

幼儿园教师解释说，今年 9 月升入大班后，这名家长频频向老师提出让自己的孩子当值日生的要求。因不堪其扰，最终老师选择“拉黑”对方的微信。

而对于教师的行为，家长表示很气愤，就在网上曝光了教师。

教师和家长本来是合作伙伴关系，怎么就成了一个拉黑对方，一个到网上曝光对方的地步了呢？

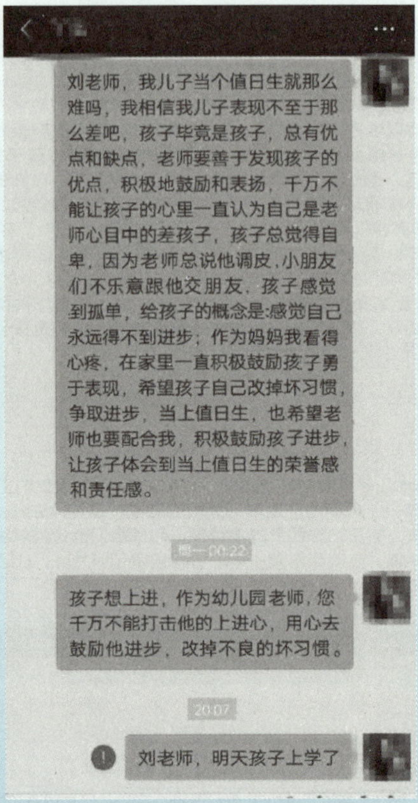

此问题是沟通不畅所造成的。

家长半夜给教师发微信，语气当中包含着不满和抱怨，教师感觉不胜其扰。其实，家长是一个非常复杂的群体，各种类型的人都有，教师不能指望每个家长都理解自己、非常配合自己的工作，总有一些家长沟通起来比较困难，此时，正是考验教师耐心和沟通能力的时候。

比如，教师可以共情这位家长的感受：我非常理解您想让孩子当值日生的心情，孩子在幼儿园表现也挺好，每个孩子都有当值日生的机会，但是需要轮流和等待。您也一定希望我能公平对待孩子们，不会因为哪个家长找了我就对孩子特殊对待，对吗？所以，也请您理解我的工作，耐心支持和配合，孩子也一定会当上值日生，请不要着急。

案例思考

1. 案例中的家长为什么和教师闹翻了？
2. 试总结“一对一”交流的过程中教师需要注意的问题。
3. 请同学讨论总结“一对一”交流的流程。

【案例 8－3】

“电子媒介”单向信息推送

某公司与幼儿园合作，设计了一款小程序“幼儿园家长网校”。此程序成为幼儿园家园合作的主阵地。

幼儿园家长网校主要包含四大块内容：专家课程、园本课程、育儿资源和好文荐读。

其中，专家课程包括必修课程和专题课程，这些课程都是幼儿教育专家根据幼儿家长比较关心的话题所录制的一些视频，为家长们答疑解惑。

园本课程是本园教师录制的一些教学视频，同时还有亲子手工，供家长陪伴孩子时参考。

育儿资源包括益智绘本、晚安故事、国学经典、儿歌音乐等。

好文荐读中给家长们推荐一系列家庭教育指导文章，供家长们借鉴学习。

幼儿园家长网校在各大幼儿园推广使用后，收到的反馈不错，成为幼儿园进行家庭教育指导的主阵地。

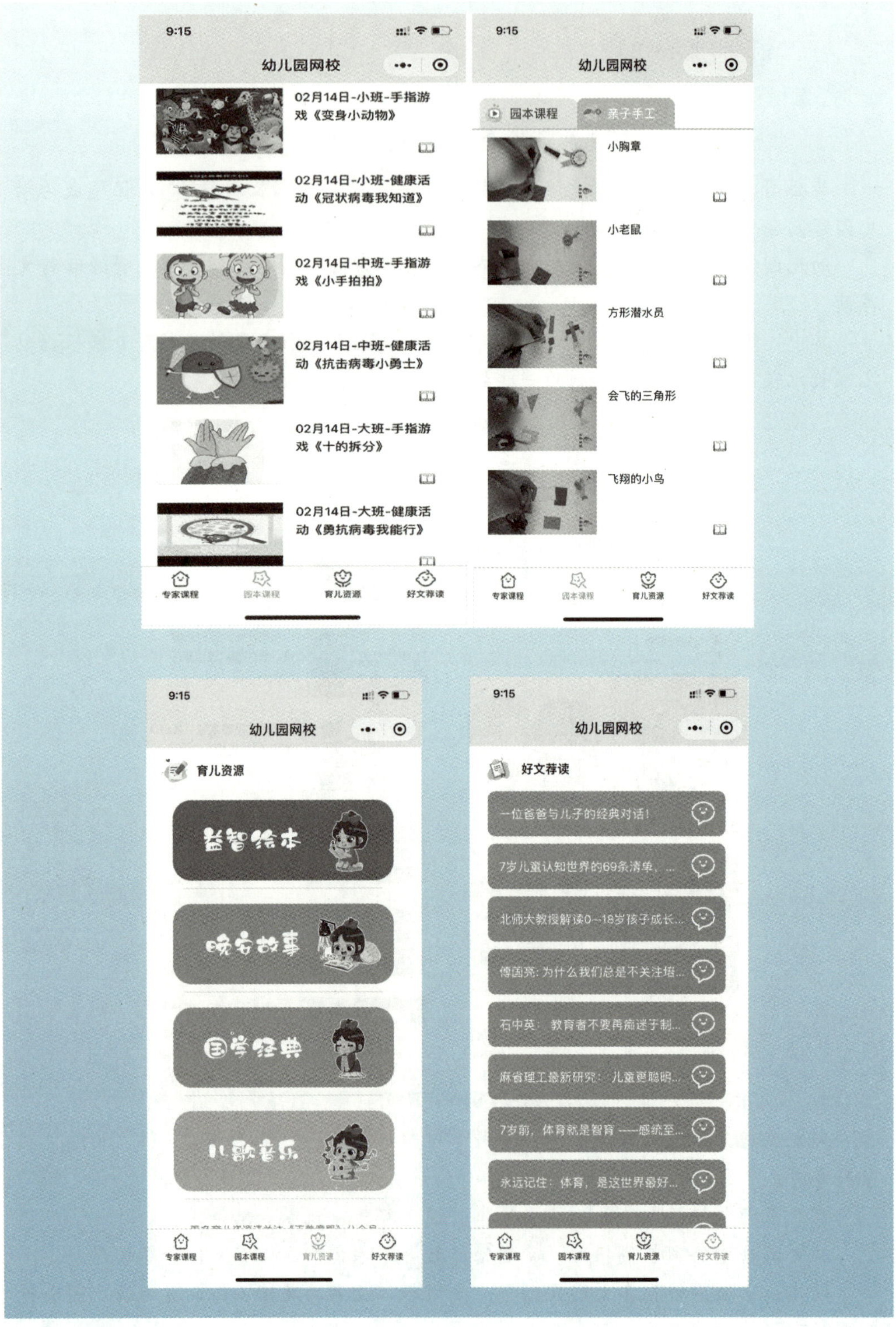
9:15
幼儿园网校
02月14日-小班-手指游戏《变身小动物》
02月14日-小班-健康活动《冠状病毒我知道》
02月14日-中班-手指游戏《小手拍拍》
02月14日-中班-健康活动《抗击病毒小勇士》
02月14日-大班-手指游戏《十的拆分》
02月14日-大班-健康活动《勇抗病毒我能行》
专家课程
园本课程
育儿资源
好文荐读
9:15
幼儿园网校
园本课程
亲子手工
小胸章
小老鼠
方形潜水员
会飞的三角形
飞翔的小鸟
专家课程
园本课程
育儿资源
好文荐读
9:15
幼儿园网校
育儿资源
益智绘本
晚安故事
国学经典
儿歌音乐
专家课程
园本课程
育儿资源
好文荐读
9:15
幼儿园网校
好文荐读
一位爸爸与儿子的经典对话！
7岁儿童认知世界的69条清单，...
北师大教授解读0—18岁孩子成长...
傅国亮：为什么我们总是不关注培...
石中英：教育者不要再痴迷于制...
麻省理工最新研究：儿童更聪明...
7岁前，体育就是智育——感统至...
永远记住：体育，是这世界最好...
专家课程
园本课程
育儿资源
好文荐读

案例思考

1. 幼儿园家长网校主要包含哪些内容？实现了什么功能？
2. 试总结“单向信息推送”的组织流程。
3. 试总结“单向信息推送”过程中需要注意的事项。

★ 综合思考

电子媒介是依靠数字、互联网技术和移动通信技术等技术手段，借助数字终端、计算机、手机等设备向用户（家长及教师）提供信息服务的媒介形态。

1. 请对比分析“一对多”微信群交流、“一对一”微信交流和“电子媒介”单向信息推送三种电子媒介交流的异同点。

2. 试分析“一对多”微信群交流、“一对一”微信交流和“电子媒介”单向信息推送三种电子媒介交流的流程，并依次列出。

3. “一对多”微信群交流、“一对一”微信交流和“电子媒介”单向信息推送三种电子媒介交流都有哪些注意事项？哪些情况处理不好容易出现家园矛盾？

任务三　电子媒介“一对多”交流的流程和要点

课前思考

群规在一对多交流的过程中起到了什么作用？

一、“一对多”交流的流程

“一对多”交流的流程如下：

建立群规 → 发布消息 → 积极互动

环节1：建立群规

规则是一切秩序的基础，制定合理的群规是群管理的第一步。因此，邀请家长进群的第一件事是把群规@给家长，这样能避免许多不必要的麻烦。

群规可以根据本班情况灵活制定，一般包括：进群后修改群名片，禁止私拉非本班幼儿家长进群，群内家长未经老师允许不得私自组织活动，禁止发送任何广告等。

群规实例展示：

大家好！我是小一班班主班老师×××。本群是家园沟通的平台，为了营造良好的群聊氛围，请大家发言时自觉遵守以下规定：

1. 班级群是公共场合，全体群成员在群里的发言要特别注意场合、掌握分寸，注意文明用语，维护良好的沟通氛围。

2. 原则上，一个孩子仅限一名家长入群，请所有群成员统一将昵称改成“孩子姓名+家长称谓”，方便老师、其他家长与您沟通。

3. 不在群里发牢骚，避免在群中讨论与班级管理、孩子教育无关的话题。

4. 不随意转发未经证实的消息，不转发不健康信息。禁止一切拉票、广告、求点赞等与班级管理无关的行为。

5. 家长群聊需平等参与，杜绝“无营养”回复、“盖楼”谢师、发红包刷存在感，涉及隐私敏感的事情可微信私聊。

6. 如果家长与老师存在观点、理念上的分歧及各种疑问，可私信联系相关老师解决问题、达成共识。请不要在班级群里发生针锋相对的讨论、争论。

每个班级都有家长委员会，教师可以发动家委会成员的力量，帮助维护群规，营造积极向上的环境。

环节 2：发布消息

“一对多”交流的群中，教师可以发布教育相关的内容，主要包括以下几个方面：

（1）需要家长配合完成家园工作的相关通知。比如，家长会的邀请函、活动通知、食谱等，比较重要的通知需要@所有人，也可以请家长以接龙的形式确认，确保每位家长都收到。不太重要的通知，可以在最后加上“不用回复”几个字或类似的话语，以避免大量不必要信息的骚扰。可以利用软件如易企秀、美篇、彩视等，将通知做得精美一些，这样更能展示幼儿园的风采。比如每周食谱，可以配图加文字，用美篇写成文章，供家长收藏和观看，使家长对幼儿的饮食更加放心。

（2）展示班级活动的精彩片段，一般以照片、视频等形式发送到群里。照片、视频的拍摄需要一定的技巧，具体内容将在下文的交流要点中详细介绍。

（3）可以向家长介绍本年龄段幼儿的身心发展特点，展示本班的教育教学内容、班级重点工作及学期计划、月计划、周计划。家长了解了这些内容，能更好地协助教师工作。

（4）教师可以针对近期容易出现的健康和安全问题请家长预防和注意。

（5）转发有价值的家庭教育视频、文章等，以供家长学习借鉴。

温馨提示：

1. 不要把群变成曝光台：比如，在群里公开对某个小朋友点名，“今天在幼儿园就餐时，某某小朋友吃得又快又好，某某小朋友不能自己吃饭或者没吃完倒了”“某某小朋友上课不遵守纪律到处乱走”“集体活动时某某小朋友不参加”等。虽然教师是好心，但一点小错误就放到班级群里让所有家长都看到，这会让孩子和家长都很受伤。

2. 教师在发布相关信息时，注意不要暴露家长的隐私，比如学历、家庭情况、家长联系方式等不要在群里公开统计。

3. 发任何通知之前都要仔细检查有无错别字，有无病句，是否体现出了自己的专业性。

环节 3：积极互动

群不仅仅是用来单向发布消息的，它还有一个非常重要的功能：互动。教师与家长之间互动，家长与家长之间也会互动。教师要掌握沟通的技巧，在群里发言时尽量客观理性，不偏不倚，做好班级群中的引导者，对于一些不适合发在班级群里的内容，要学会婉言提醒，努力维护群规，形成良好的群聊氛围。

互动练习：

下面几种情境，展示了一些幼儿园里可能出现的场景，请思考：假如你面对这些场景会如何回复？

场景一：

有家长在群里问：我家孩子为什么回来又拉又吐，我看食谱上有鹌鹑蛋，我家孩子对鹌鹑蛋过敏，老师您是不是又给孩子吃了鹌鹑蛋？

场景二：

有家长在群里说：今天谁家孩子推了我家娃，我家娃现在还不开心呢。孩子不懂事，家长也不知道出来道个歉啊？

另一个家长点火就着：是你家娃先抢我家娃玩具的，怪不得孩子那么霸道，看来是家庭教育的问题。

场景三：

有的家长喜欢在群里发一些负面的言论，或者集赞、购买物品、拉票之类的信息，引起了其他家长的反感。

场景四：

有的家长喜欢在群里给教师安排任务，“老师，请帮忙给孩子多喝水”“如果孩子出汗了，请老师帮忙把毛衣脱下来”，还有的喜欢在群中询问孩子的情况，尤其是生病的幼儿。

场景五：

教师发了一张活动邀请函，有家长留言道：怎么又有活动，不来可以吗？幼儿园可不可以不要这么多事情，烦死了。

参考答案 8-1

二、“一对多”交流的要点

群管理属于家园关系的一部分，教师需要清楚自己的职业定位，本着真诚沟通的心态，用心研究，才能高效轻松地驾驭。通过微信群、QQ 群等进行“一对多”交流时，需要注意以下几点。

(一) 照片和视频的拍摄技巧

对家长来说，最开心的是看到孩子在幼儿园的表现，因此，教师在拍照片、录视频时，要注意照顾到每个孩子，不能遗漏幼儿。

照片和视频最好有明确的主题，或者能突出教育活动的意义，不要简单地拍一些孩子们的剪刀手或者笑脸，孩子的表情要丰富，为了方便家长直观了解，可以配上文字说明。

拍照片构图要优美，角度要好，突出孩子的自然大方、活泼可爱。要注意抓取幼儿探索学习的瞬间，比如幼儿与小朋友交流时的开心、搭建时的投入与创新、绘本阅读时的专心、给自然角的植物浇水时的细心、安慰新来小朋友的温暖、户外游戏时的勇敢等。

（二）尽量不要评价幼儿

如果觉得幼儿存在某方面的问题，一定要私下和家长沟通，决不能在微信群里给孩子贴标签，放大孩子的缺点。比如：某某小朋友挑食严重，某某小朋友老爱抢别人玩具，某某小朋友爱打人，某某小朋友自理能力太差等。

不批评的同时，也要注意少表扬。批评一个孩子伤害一个孩子，但表扬一个孩子会伤害全班的孩子。因为表扬是一种评价，而评价会让一些人不舒服。尽量营造一个“非评价”的环境，会让幼儿及家长感觉自己是被接纳的，不担心自己的表现好坏，每个人都可以安心地做自己。如果一定要表扬，要进行描述性表扬，比如“某某小朋友今天帮别人梳辫子”，“某某小朋友帮忙把小班的孩子送回班”。表扬孩子的能力时最好以能力达标为准，比如“这些小朋友今天学会了跳绳”“这些小朋友自己铺床”等，鼓励幼儿努力达标，形成良性的竞争氛围。

（三）转发教育文章在精不在多

教师可以转发一些优秀的家庭教育文章供家长们学习借鉴，但一定要精心筛选，教育观点鱼龙混杂，教师需要挑选出有观点、有方法、正能量的文章，体现教师的专业水准。再者，文章在精不在多，家长的时间精力有限，教师转发时切忌多而杂，使家长不愿点击查看甚至反感，这样就违背了教师转发文章的初衷。

（四）必要时可组织“微课”

幼儿教育离不开家长的支持与配合，因此，针对本周、本月的工作计划，教师可以在群里以“微课”的形式进行讲解，使家长了解本阶段的教育重点及家长需要配合的工作。比如，上小班时，幼儿园通常以锻炼幼儿的自理能力为主。但实际上，有的幼儿家长并不知道如何教会幼儿自己穿衣吃饭。因此，教师可以在群里讲解如何教孩子穿脱衣服、系扣子、自己吃饭等知识，家长学会后才能更好地配合要求孩子，从而使家园合作共育的工作开展得更顺利。

（五）分工合作，各司其职

微信群的作用在于形成一种教育合力，需要各方力量的参与，因此需要教师调动家委会成员、配班教师、保育教师以及园内外幼教专家等各方面的资源，以分工合作的形式，参与班级微信群管理。明确参与者各自在微信群中的职责，拓展微信群的活动内容，而不再是教师“一言堂”。

例如，教师可通过专题家长会或调查问卷的形式，广泛征集家长意见和建议，依据家长需求和工作需要设置“活动视频”“育儿经验”“活动通告”“活动追踪”四个栏目。

周一的“活动视频”栏目：保育教师将幼儿上一周在幼儿园学习、游戏、生活的内容，制作成各类短视频，整理发送到微信群，让家长了解孩子在园的学习、游戏状态。

周二的“育儿经验”栏目：家委会成员收集家长们近期关注的教育要点和需要解决的教育疑惑等信息，发给园内外的幼教专家，以便专家及时有效地回答家长的各种疑难问题，也可以转发相关的家庭教育文章到班级群，供家长们学习借鉴。

周三的“活动通告”栏目：教师将近期幼儿学习的重点、将要开展的游戏活动中需要家长配合的工作内容，在微信群里通知家长，给家长时间做好充分的准备。

周四的“活动追踪”栏目：教师实时向家长反馈幼儿近期的学习要点，追踪活动开展的情况，让家长知道自己的配合为幼儿的游戏和学习带来了哪些便利和成效。教师在寻求家长配合时，让家长知其然且知其所以然，这样才能使家长对配合保持应有的热情。

分工合作、群策群力，能使微信群成为“家园合作”的重要阵地，通过一点一滴的信息传递使家长切实参与到幼儿教育的工作中来，带动家长积极参与幼儿园的活动，提升家园共育的效果，促进幼儿发展。

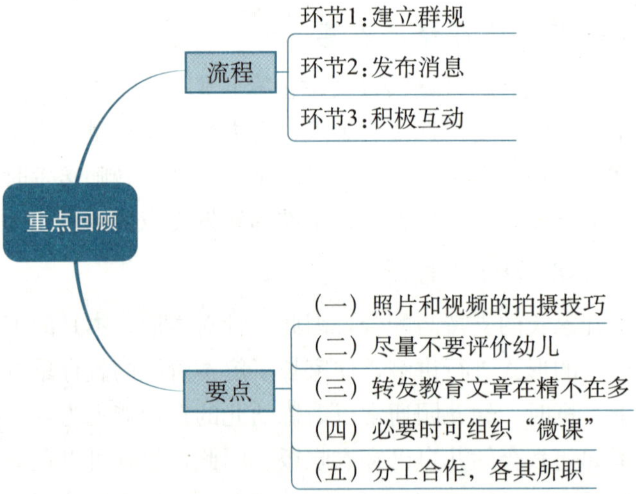

思考与练习

请想两个适合在群中互动的话题，增强家长在班级群中的参与性。

任务四　电子媒介“一对一”交流的流程和要点

课前思考

有的家长喜欢在微信上与老师私聊，占用了老师很多个人时间，如何处理比较好？

一、“一对一”交流的流程

电子媒介的“一对一”交流与来离园交流的流程类似，可以分为家长主动发起的交流和教师主动发起的交流。

（一）家长主动发起的交流

其流程如下：

热情接待 → 积极倾听 → 适当回应 → 做好记录和安排 → 及时反馈

环节 1：热情接待

家长通过电话、微信等方式与教师沟通时，教师要礼貌地对待家长，如果接电话暂时不方便，要态度温和地说明，并告知合适的时间。看到家长的微信留言，尽可能及时回复，以显示对家长的重视和尊重。

环节 2：积极倾听

家长主动找教师沟通时，教师要认真倾听家长的表达，通过语音、语调及陈述的内容等体会家长的情绪和感受，适当共情。

环节 3：适当回应

对家长交代的事情作出简短的回应，能当下答复的就答复，不能立即答复的，要告知具体的反馈时间。

环节 4：做好记录和安排

与来离园交流相同，家长嘱咐交代的事情最好有专门的记录本，以免遗漏，并有计划地安排和执行。

环节 5：及时反馈

家长提出的问题一定要及时予以反馈，这是尊重家长的表现，是家园合作的基础。有些问题可以在来离园时当面回复，有的可以通过微信或电话沟通，必要时可辅以视频、图片，以更具说服力。

（二）教师主动发起的交流

其流程如下：

沟通准备 → 沟通请求 → 正确表达 → 方法指导 → 表达感谢

环节 1：沟通准备

在与家长沟通前，教师要确定好沟通的具体内容及方式，必要时需要提前查询相关的资料，与家长沟通时才能有的放矢，给予正确的指导。

适合电子媒介“一对一”交流的情况有三种：

(1) 比较急的事情：比如，孩子在幼儿园呕吐，把衣服弄脏了，园里没有备用衣服并对幼儿的健康状况不明，教师可打电话请家长送衣服并将幼儿接回家继续观察；再比如幼儿在幼儿园受伤比较严重，教师一定要第一时间打电话通知家长，如果送医院就医，也要先征询家长的意见。

(2) 特殊情况，个别交代：来离园时家长多、时间紧来不及详细沟通时，教师可以选择微信留言的方式与家长进一步沟通。

(3) 孩子的心理行为问题指导：有的孩子存在一定的行为问题，教师可以与家长个别约谈一次后，使用电子媒介“一对一”交流的方式长期跟踪，反馈孩子在园里的进步，比如可以发视频和照片肯定孩子的进步，可以向家长推荐合适的文章或视频，以供家长学习借鉴等。

环节 2：沟通请求

微信或 QQ 等电子媒介的“一对一”沟通交流有一个很大的特点就是沟通可以不同步，因为可以留言，对方方便时再回复。所以，对于一些比较简单的问题，教师可以不用发送沟通请求，直接给家长留言即可。

但对于一些需要与家长进一步沟通交流的问题，正式沟通前，可以发出沟通邀请，约定双方都合适的时间再进行沟通。比如：“某某家长，想跟您沟通一下孩子的情况，不知道什么时候方便？”

环节 3：正确表达

在与家长沟通时，要注意表述的方式。除了要遵循沟通的基本原则外，还要注意，电子媒介的交流因为不是面对面沟通，可能存在一定程度的信息不对称，容易造成沟通误解。比如，用“呀”结尾的句子容易给人一种高高在上的错觉，如“你怎么连这个都不知道呀！”

另外，教师要尽量避免错别字。如果发现已经发出去的消息有错别字，最好撤回重新编辑或者追加消息予以说明，以免造成误解。

环节 4：方法指导

把问题摆在家长面前之后，一定要有针对性地给予具体指导，这需要提前准备一些文章、游戏、视频等材料，以便及时发给家长，供家长观看学习。教师转发专家的文章、视频等比教师自己提出的策略更有说服力，同时，教师也可以根据资料内容加上自己进一步的理解，提出适合的指导方法，这能让家长感受到教师的用心，进而更加愿意配合。

环节 5：表达感谢

虽然教师与家长沟通是为了孩子好，是对孩子的爱与付出，但也应感谢家长的理解与配合，这种态度更能赢得家长的信赖与支持。

二、“一对一”电子媒介交流的要点

电子媒介中的“一对一”交流，因方便快捷，有其无可比拟的优势，但因沟通双方不能见面，交流时与之前所讲的沟通有所不同。有几个需要特别注意的地方。

（一）有问必答，尽量简短

教师及时回复家长的问题是表达对家长的一种尊重，需要有问必答，但要尽可能简短，避免与家长过度纠缠。许多复杂的问题难以通过电子媒介沟通清楚，可以通过个别约谈的方式进行详细沟通。

（二）统一时间，避免过多打扰

一般情况下，教师带班期间不允许看手机，所以无法用手机接电话或回复信息，教师要提前告知家长，请家长予以理解。在下班时间，教师也需要有自己的生活，不可能保证随时回复家长。其实幼儿教师已经在这方面付出很多，一方面上班时间她们根本不能看手机，只能用业余时间回复家长的各种询问；另一方面，家长人数众多，如果都来问，她们也是应接不暇。

针对此问题，教师可与家长提前商量好一个时间段，在这个时间段里教师集中精力去专注回答家长提的问题，家园双方都有一个明确的交流时间安排表，互相不影响正常的休息。

（三）适当运用图片、视频等电子信息手段

使用微信、QQ沟通时的一个重要优势是，可以发送图片、视频等，比单纯的语言文字更真实、生动。当家长提出一些疑虑、困惑时，教师可以注意收集这方面的图片、视频资料，以更好地说服家长。比如，有位家长一直担心自己的孩子跟别的孩子玩不到一起，教师可以拍摄孩子在园里与其他小朋友友好相处的视频，来让家长放心。

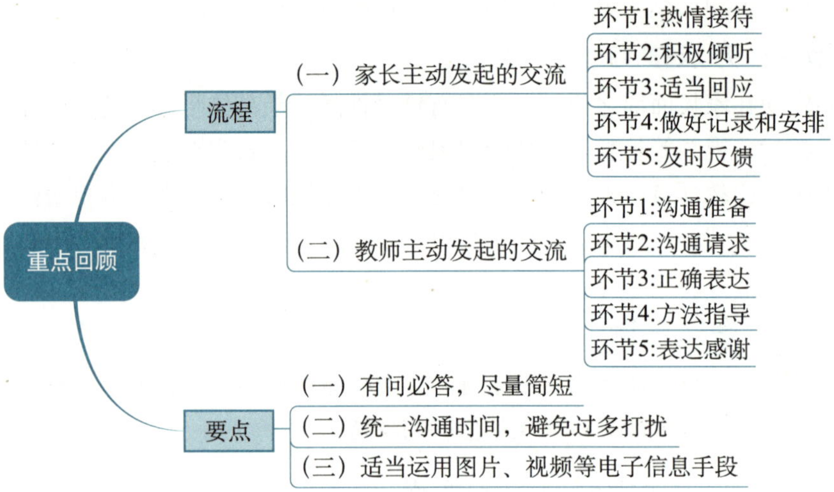

思考与练习

某幼儿在班里总是打其他小朋友，请思考教师如何与该幼儿家长就此行为在微信上进行“一对一”交流。

任务五 电子媒介“单向信息推送”的流程和要点

课前思考

单向信息推送过程中需要注意什么？应如何选择时间、内容？

一、“单向信息推送”的流程

其流程如下：

确定内容 → 编辑信息 → 推送信息

环节 1：确定内容

微信公众号因其成本低、传播快、图文并茂等优势获得幼儿园管理者的喜爱，成为幼儿园展示自己和与家长沟通的窗口。但确定内容时，教师还需考虑家长的需要，为家长提供喜闻乐见的内容，比如幼儿每周食谱、优教课堂、周末宝宝故事会及科学的育儿知识等栏目，以满足家长了解幼儿的饮食、陪伴幼儿活动、学习幼教知识等的需要。

环节 2：编辑信息

编辑信息时注意图文并茂、生动形象、易于理解，同时注意文字大小、排版清晰，照顾家长阅读的感受。以微信公众号文章举例，正文字号建议使用 14～16 号字，一般是 14 号字，这样在手机上显示出来效果很好，当然根据文章类型 15～16 号字都是可以使用的。标题建议使用 16～22 号字，行间距建议设置在 1.5～2.0 倍，这样不会显得文字太密集。如果没有特殊的排版样式，建议正文部分使用两端对齐的方式，这样在手机上显示出来的效果才会更加整齐，不会呈现长短不一的效果。建议形成统一的配色方案，最好是成体系的，这样公众号也更具有特点和辨识度。

环节 3：推送信息

现代社会信息太多、传播太快，发送的信息极有可能被其他信息流淹没，因此，信息的推送时间十分重要。调查发现，因早上七八点和晚上六七点是上下班的时间，很多人都会在上下班路上翻阅手机；而中午十二点左右，是大家午饭的时间段，看微信的人也很多；晚间的八点到十点，是饭后休闲时间，会出现阅读高峰。可以在微信公众号中设置定时发送功能，选择在这几个时间段中推送信息，阅读效果可能会比较好。

也可以告知家长推送信息的时间，培养家长的阅读习惯，增加信息的有效性。

二、“单向信息推送”的要点

（一）使用照片需谨慎

在微信公众号和网站等公共平台上传幼儿的照片、视频等资料时，因涉及幼儿的肖像权等问题，需要事先征求家长的意见，并尽可能照顾到每个幼儿。

（二）分类清楚，易于查询

公众号最好有清晰的内容排版、确定好的时间和发布顺序，让家长有规律可循，成为家庭教育指导的重要阵地。

发布消息时，管理者可以将近期比较有特色的园所活动、班级活动设置关联链接，家长可以通过点击链接，方便、快捷地获取幼儿园活动信息。可以设置按搜索者需要自动回复功能，对幼儿园而言，节约人力、物力，实现系统平台自动化、智能化；对家长而言，获取资料信息也更加便捷迅速。

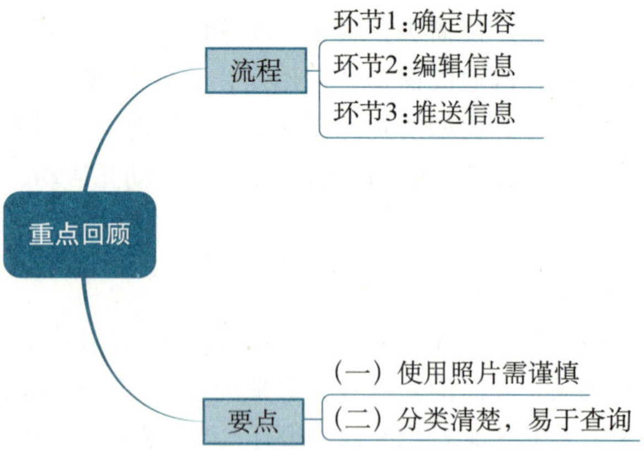

思考与练习

请思考微信公众号设置哪些栏目更符合家长的需求。

实践演练

假设你即将接手一个新班级，请建立微信群，并在群里就入园适应的问题与家长进行交流。

评分标准参考下表

分值（分）	指标	评分标准	得分（共100分）	备注
20	建立群规	建群后即明确群规，并告知每位入群的家长，提醒其遵守群规		
20	分工合作	调动各方力量参与群管理，分工明确，合作顺畅		
20	消息发布	根据主题发布相关消息，注意消息发布的要点		
20	互动积极	预想家长可能的反应并积极与之互动、讨论，使群活跃，并使家长有所收获		
20	活动总结	设计后续活动，对活动过程及时反思、总结，并形成文字材料，为后续组织相关活动提供参考		
合计				

项目九　家园社区合作共育

任务一　家园社区合作共育的意义

课前思考

家园社区合作共育对家、园、社区分别有什么益处?

家园社区合作共育，是指家庭、幼儿园和社区三方发挥各自的资源优势，协同合作、相互支持、相互促进，形成教育合力促进幼儿的健康成长，同时促进自身教育水平的提高。

正如著名幼儿教育家陈鹤琴所言：幼稚教育是一种很复杂的事情，不是家庭一方面可以单独胜任的；也不是幼稚园一方面可以单独胜任的。每个幼儿不仅仅是某个家庭的孩子，也不仅仅是某所幼儿园的小朋友，还是一个社会、国家乃至民族的未来，因此，家庭、幼儿园、社区三股主要学前教育力量不能互不相容，自守一隅。

家庭、幼儿园和社区是幼儿成长的重要环境，在幼儿成长的过程中均发挥着独特而不可替代的作用。家庭教育是基础，幼儿园教育是主导，社区教育是家庭教育和幼儿园教育的重要补充和延伸，三方互相配合、协同共育才能建构幼儿身心和谐发展所需的生活场所与教育环境。

一、有利于实现幼儿的全面发展

家庭、幼儿园和社区是幼儿生活学习的主要场所，是儿童发展中影响最大、最直接的微观环境，作为幼儿最早接触的社会文化环境，它们对幼儿发展所起的作用，是其他任何因素不可比拟的。因此，儿童教育必须从儿童在这三种特定环境中所经历的活动、承担的角色及建立的人际关系出发，协调相关社会群体的力量，共同促进儿童的发展。

儿童的生活即儿童的教育，婴幼儿的全面发展可以说是整合三种场所所获得的学习经验的结果。家园社合作共育，可以使来自三方的学习经验更具一致性、连续性和互补性，也有利于学前教育突破幼儿园的围墙，形成大教育观，共同促进学前儿童的发展。

2001 年教育部颁布的《幼儿园教育指导纲要（试行）》中也指出："幼儿园应与家庭、社区密切合作，与小学相互衔接，综合利用各种教育资源，共同为幼儿的发展创造良好的条件。""充分利用自然环境和社区的教育资源，扩展幼儿生活和学习的空间。幼儿园同时应为社区的早期教育提供服务。"

另外，家园社区合作互动，家长、教师和社区工作人员之间建立密切的伙伴关系，会使幼儿获得安全感，产生一种参与社会生活的积极态度。

因此，家园社区合作互动有利于幼儿身心全面发展，符合幼儿全面发展的需要。

二、有利于教育资源的充分利用

幼儿园作为社区内学前教育的专业机构，有着丰富的教育资源。一方面，幼儿园园长及教师时刻走在幼儿教育改革的前沿，掌握最新的教育信息和理念，可以采取多种形式开展面向家庭和社区的学前教育宣传，使幼儿园成为社区学前教育的思想中心；另一方面，幼儿园有着丰富的学前教育物质资源，比如，园舍、教室、玩具、体育器材、图书及各种教育设备等，在方便的情况下可以对家庭和社区开放。又如，有的幼儿园在本园的操场组织社区婴幼儿家庭趣味运动会，在晚上或者周日为开展社区文化教育、联欢会等活动提供场地，或者每周定期对家庭开放部分场地和材料（如大型玩具、体育器材、益智玩具、图书等），让家长们带着孩子来幼儿园自由活动。也有的幼儿园利用本园的物质条件开办亲子活动园，让儿童家长带着孩子参与，现场指导家长学习科学的婴儿护理、亲子交流的技术和技巧，掌握活泼有趣的亲子游戏方法，或者举办家庭教育讲座、沙龙，系统介绍先进的教育思想、教育理念和科学的教育知识。

同样，社区也有着丰富的教育资源。一方面，社区中优美的环境、完善的绿化设施以及各种社会服务机构，比如博物馆、图书馆、艺术中心、社区活动中心、咨询中心、儿童活动场所等，都可以成为幼儿学习的有效场所。可以把幼儿从"课堂中"引领到"社会情景中"去学习，给幼儿充分、自由的想象和发挥的空间，这样的教育效果远比"课堂中"学习来得好；另一方面，社区当中有热心学前教育或者学有专长的社区人士，可以协助教师组织幼儿活动，传授专门的知识技能。比如，社区卫生站的牙医可以来给孩子们讲解保护牙齿的知识；社区民警可以给孩子们讲解交通规则，以及防走失等安全知识；消防员可以给孩子们讲解消防安全知识等。

家长同样也具有丰富的教育资源。家长与孩子间具有特殊的血缘关系、亲情关系、经济关系，这使得家长对孩子的教育具有强烈的感染性、长期性和针对性，孩子更愿意接受家长的教育和引导。另外，有些家长时间比较充裕，可以帮忙组织各类亲子活动或者参与家长进课堂，丰富幼儿的学习与生活。

家园社区合作共育有利于三方挖掘自身教育资源，形成教育合力，共同促进幼儿的身心健康发展。

三、有利于三方教育能力的提高

家园社区合作共育对于家庭、幼儿园和社区自身来说也是一个提高自身教育能力的过程。

对于家长而言，教育的知识与能力需要一个学习和实践的过程，家园社区合作互动为家长提高教育水平提供了学习的机会，能帮助家长树立教育好子女的信心，获得教育的知识和经验，为家长提供使用幼儿园教育资源、社区资源的机会。

对于幼儿园而言，通过家园社区合作共育，可以更好地达成幼儿园教育目标，不断改进和修正教育内容和教育方法，增强幼儿园的教育能力和质量，并提升幼儿园的知名度及影响力。

对于社区而言，家园社区合作共育必将影响社区中的每一个人，可以增强社区的教育服务功能，提高社区居民的生活质量，营造浓厚的社区学习气氛和社区文化氛围，提高社区文明程度，有效地实现个人生命的和谐发展和创建和谐、健康的文明社会。

同时，家园社区合作共育可以强化社会公共教育责任意识，把儿童教育放在社区大环境中加以考虑，通过完善的组织机制、全面的管理和统筹安排，发挥社区内各种资源的优势，为本区内的所有学前儿童和全体居民创设良好的教育活动设施和教育活动场地，形成多层次、多种类的社会教育服务体系，优化社区教育环境，形成全社会共同关心儿童教育的良好氛围，共同为儿童教育的发展做出努力。

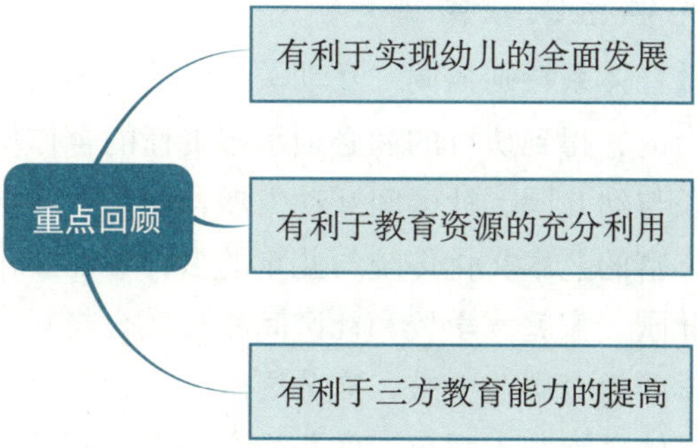

思考与练习

你如果是一名幼儿教师，可以为家园社区合作共育做出哪些贡献？

任务二　家园社区合作共育的实践探索

课前思考

目前，你了解到的家园社区合作共育形式有哪些？

一、国外的家园社区合作共育实践探索

国外在家园社区合作共育方面实践探索得比较早，已经形成了一定的体系与模式可供借鉴。

（一）意大利的瑞吉欧教育体系

意大利的瑞吉欧教育体系特别强调“互动关系”和“合作参与”。瑞吉欧把家长看作是主动的、有能力的、得到认可的和必须承担责任的合作伙伴。教师个体与团体之间分工与合作，家长与幼儿园、社区间互动发展，幼儿个体与幼儿团体、教师团体间互动学习；意大利丰富的艺术文化传统与儿童的多种象征文化互动共生。瑞吉欧的社区管理模式强调幼儿园、家庭、学校和社区间相互融合与互动学习，社区作为一种强大的支持系统加入学前教育事业中来，充分展示了一种开放的、互动的、民主的管理理念。在瑞吉欧教育体系参与人眼里，幼儿教育是全社会的事，不仅包括市长在内的政府力量介入幼儿教育的管理中，由教师、教学协同建设人员、研究者、家长等组成的社区咨询委员会，也参与幼儿教育的管理，充分体现了“全社会参与幼儿教育”的独特风格。“生活在社区的幼儿”的理念就是要使幼儿成为社区和城市的主动参与者，带领幼儿走进公共生活范畴，激发他们为社会做贡献的潜力。

（二）日本的网络化家园社区合作模式

长期以来，日本十分重视利用社区资源来教育儿童，力图最大限度地发挥其教育

职能，并已构成一个全社会对儿童施以教育的网络化整体，具体体现在以下三个方面。

1. 家庭、社区、学校三者的横向合作

各个地区努力使学校与家庭、社区的公司、老年人之家、各种社会教育设施建立密切联系，让儿童接触社区的各类居民，使家长在与他人的交往中获取更多的经验，加强学校与各种社会教育设施的联系与合作，以便更有效地开展各种园外活动，而且这种联系对于传承社区文化传统也颇有益处。

2. 学前教育与中小学教育的纵向合作

除了让学前儿童去小学参加生活课的授业及参加一些文体生活外，当前日本教育界正考虑让中小学生去幼儿园和保育所体验生活。同时，鼓励幼儿园教师与保育所的保育员（日本称“保育士”）考取小学教师资格证，并参加小学一年级授课，使其做到心中有数、有的放矢，提前做好儿童入小学学习的指导工作。通过孩子之间、教师之间以及家长之间的交流，使孩子顺利地完成幼小衔接。

3. 各级各类行政机关、教育委员会携手，以期构成一个综合的行政推动的整体

社区儿童教育不再只是特定社区内的教育事业，并不局限于文部行政系统的范围，而是全社会的共同事业，文部科学省、邮政省、厚生劳动（劳动福利）省、农林水产省、环境厅、总务厅等行政部门均以各种形式承担了部分任务。此外，各种各样的民间教育团体也开展不同的社区儿童教育活动，与各行政部门、教育机关共同构成了一个网络式的行政体制。

另外，日本的各社区也通过创办各种教育设施及开展各种活动来促进社区的儿童教育。日本社区儿童教育的设施，既有专门为儿童设立的，如儿童馆、儿童咨询所与家庭儿童咨询室、保健所与保健中心等，也有向所有社会成员开放的普通社会教育设施，如公民馆、儿童文化中心、图书馆、博物馆等。

（三）以色列的“HATTF”和“HIPPY”计划

在以色列，学前教育是教育体制中的重要组成部分。其中，HATTF 和 HIPPY 这两个社区学前教育计划使父母更好地参与了儿童教育，并为儿童的发展提供条件与环境，促进儿童身心的全面发展。HATTF（home activity for toddlers and their families）是为 1～3 岁婴幼儿开设的家庭活动计划，由专业协调员和专职家访人共同负责实施。一个协调员负责 60～80 个家庭，下辖 4～6 名专职家访员。专职家访员需要有教育孩子的经验并且文化水平较高，每年接受一周的培训，任务是传递保教知识，构建家庭良好的氛围，采用角色扮演的方式教会父母与幼儿互动游戏，并成立家长互助小组，每半个月活动一次，交流育儿相关问题。HIPPY（home instruction program for preschool youngsters）是为 3～6 岁学前儿童开设的家庭指导计划，主要帮

助和指导社会处境不利儿童的家长，试图通过指导父母学会为儿童提供适宜的环境以使儿童得到正常的发展。为此，教育部还编写了两年使用的教材，里面配有大量的亲子互动方案，非常实用。

（四）美国的全国合作学校（包含幼儿园）关系网（NNPS）

在美国，从国家到各州，再到各学区和学校，都有研究和组织家校社合作的机构。其中，在爱泼斯坦教授的带领下，霍普金斯大学的“全国合作学校关系网”（national network of partnership schools，简称 NNPS）是最有影响力的研究组织机构。该机构采用自己特有的模式进行推广实践研究，这个模式要求地区领导积极促进合作关系，建立以学校为基础的行动研究团队，并且采用爱泼斯坦提出的家庭参与六类型的框架：（1）家长教育；（2）交流措施；（3）志愿服务；（4）在家学习；（5）制定决策；（6）社区合作。这个框架提供了各种各样的机会，以便于所有的家长都有机会参与到孩子的教育中来。

NNPS 的主管机构是在霍普金斯大学成立的学校、家庭、社区合作中心。该中心的任务是协助指导学校层面、学区层面、州层面以及各组织机构层面开展家校社合作活动，中心目的是指导学校层面的家校社合作活动。在学校层面，NNPS 帮助幼儿园、小学、初中以及高中阶段的学校组织以研究为本的且有目标导向的家校社合作项目计划。所有 NNPS 学校都有一个合作行动小组去组织和维持学校、家庭和社区合作项目。合作行动小组负责拟订年度合作行动计划并实施，目的是达到本校学生的学习目标、满足本校的所有师生以及家长的需要和利益。而且每个学校每年都需要评估自己本年度所做的一切工作，总结经验教训并不断提高本校合作项目的质量。

NNPS 实践模式不仅组织架构明晰、目标明确且有配套的评估反馈机制，还在实践过程中进行了大量的行动研究，为家校社区合作实践提供有价值的研究成果。比如，研究团队通过对来自各区的学校进行分层线性分析，得出结论：地区和学校领导人的支持和协助，能够在很大程度上促进学校开展家庭社区参与项目，并有助于学校将这种项目延伸到所有的家庭和儿童。

二、我国的家园社区合作共育实践探索

1996 年修订的《幼儿园工作规程》中，在家园合作方面，将原有“幼儿园与幼儿家庭”这一章改为“幼儿园、家庭和社区”，增加“社区”这一关键词，幼儿园、家庭、社区协同共育的概念在教育政策中真正得到明确体现，社区的重要性得到具体彰显。这一章指出，幼儿园“应密切同社区的联系与合作、宣传幼儿教育的知识，支持社区开展有益的文化教育活动，争取社区支持和参与幼儿园建设”，明确了幼儿园与社区的合作方式与内容。

2016 年，教育部又进一步修订了《幼儿园工作规程》，在与社区合作方面，表述

方式转变为“充分利用家庭和社区有利条件，丰富和拓展幼儿园的教育资源”，这实际上是幼儿园从单方面向社区靠拢到利用社区优势条件的转变，凸显了幼儿园在三方中的主动性、引导性。幼儿园的角色由“服务”转变为“指导”，由“支持”转变为“利用”，其主导地位得以明确彰显。这一转变与近年来学前教育质量提高密切相关，师资队伍、保教质量的提升增强了幼儿园指导家庭教育、利用社区资源的能力。幼儿园在三方中发挥主导作用旨在以幼儿园为抓手，吸引、带动家庭与社区积极参与，将幼儿园教育扩展到家庭教育、社区教育中，最终形成教育统一体，共同作用于幼儿。

目前，我国的家园社区合作共育模式主要有：中心辐射型——由幼儿园牵头，以幼儿园为中心，向家庭和周边社区辐射，如南京某军区幼儿园走进部队开展“学军、爱军”活动；区域统筹型——由社区牵头，组织幼儿园和家长开展共育活动，如上海推行的以社区为基础的 0～3 岁儿童服务网络；互惠组合型——由多个单位联合开展早期教育活动，如各地教育、卫生、妇联等相关部门联合推进 0～3 岁儿童早期家庭教育，使之逐步纳入公共服务范畴。

但总体上看，目前我国的家园社区合作共育还存在诸多问题，如缺乏专门的政策规章与监督机制明确三方的关系及共育内容、途径等，同时也缺乏考核和监督机制；社区的人力资源和物质资源没有得到充分利用；家庭、社区的共育意识较欠缺，参与主动性、积极性、深入性较低，合作流于表面等。

重点回顾

- 国外
  - （一）意大利的瑞吉欧教育体系
  - （二）日本的网络化家园社区合作模式
  - （三）以色列的“HATTF”和“HIPPY”计划
  - （四）美国的全国合作学校（包含幼儿园）关系网（NNPS）
- 国内
  - 我国在政策层面规定了家园社区合作共育的方向，也有一定的家园社区合作探索，但尚未形成系统化、可持续发展的家园社协同共育模式

思考与练习

我国家园社区合作的主要问题有哪些？请试列举一二，并结合国外的实践探索经验，思考可能的解决方案。

任务三　婴幼儿家庭教育指导的主要内容、形式与方法

课前思考

有人认为，养孩子是本能，不需要学习，这种观念对吗？为什么？

家庭教育指导是指“由家庭外的社会组织及机构组织的，以儿童家长为主要对象，以提高家长的教育素质、改善其教育行为为直接目标，以促进儿童身心健康成长为目的的一种教育过程”。0～3 岁的婴幼儿尚未进入幼儿园，家庭是实施早期教育的主要场所，家长则是早期教育的主要力量，但目前许多家长并不具备科学喂养知识和正确的教养理念，因此，针对 0～3 岁婴幼儿的家庭教育指导十分有必要。

一、婴幼儿家庭教育指导的主要内容

家庭教育的执行者是家长，再好的家庭教育指导都必须通过转化家长的教育行为才能作用于孩子，因此，必须将提高家长家庭教育基本能力作为家庭教育指导的着力点。可以从以下两个方面加强对父母的指导。

（一）向家长传递科学的喂养知识和正确的教养理念

全国妇联、教育部等九部门联合印发的《全国家庭教育指导大纲（修订）》（妇字〔2019〕27 号）中，详细地列出了家庭教育指导的内容要点。

1. 提倡母乳喂养

指导乳母加强乳房保健，在产后尽早用正确的方法哺乳；在睡眠、情绪和健康等方面保持良好状态，科学饮食，增加营养；在母乳不充分的阶段采取科学的混合喂养，适时添加辅食。

2. 鼓励家长主动学习儿童日常养育和照料的科学知识与方法

引导家长让儿童多看、多听、多运动，多抚触儿童，带领儿童开展适当的运动、

游戏，增强儿童体质。指导家长按时为儿童预防接种，培养儿童健康的卫生习惯，注意科学的饮食调配；配合医疗部门完成相关疾病筛查，做好儿童生长发育监测，学会观察儿童，及时发现儿童发展中的异常表现，及早进行干预；学会了解儿童常见病的发病征兆及应对方法，掌握病后护理常识；了解儿童成长的特点和表现，学会倾听、分辨和理解儿童的多种表达方式。

3. 制订生活规则

指导家长了解儿童成长规律及特点，并据此制订日常生活规则，按照规则指导儿童的行为；采用鼓励、表扬等正面教育为主的方法，培养儿童健康的生活方式。

4. 丰富儿童感知经验

指导家长创设儿童充分活动的空间与条件，充分利用日常生活环境中的真实物品和现象，让儿童在爬行、观察、听闻、触摸等活动过程中获得各种感知经验，促进感官发展。

5. 关注儿童需求

指导家长为儿童提供抓握、把玩、涂鸦、拆卸等活动的机会、工具和材料，用多种形式发展儿童的小肌肉精细动作和大肌肉活动能力；分享儿童的快乐，满足儿童好奇、好玩的认知需要，激发儿童想象力和创造力。

6. 提供言语示范

指导家长为儿童创设宽松愉快的语言交往环境，通过表情、肢体、语言等多种方式与儿童交流；提高自身语言表达素养，为儿童提供良好的言语示范；为儿童的语言学习提供丰富的机会，运用多种方法鼓励儿童表达；积极回应儿童，鼓励儿童之间的模仿和交流。

7. 提高安全意识

提高家长有效看护意识和技能，指导家长消除居室和周边环境中的危险性因素，防止儿童意外伤害发生。

8. 加强亲子陪伴

指导家长认识到陪伴对于儿童成长的重要性，学会建立良好的亲子依恋关系，不用电子产品代替家长陪伴儿童，多与儿童一起进行亲子阅读；学习亲子沟通的技巧，与儿童建立开放的沟通模式；关注、尊重、理解儿童的情绪，合理对待儿童过度情绪化行为，有针对性地实施适合儿童个性的教养策略，培育儿童良好情绪；处理好多子女家庭的亲子关系、子女间的关系，让每个儿童都得到健康发展。

9. 重视发挥家庭各成员角色的作用

指导家长积极发挥父亲在家庭教育中的作用；了解父辈祖辈联合教养的正面价值，适度发挥祖辈参与的作用；引导祖辈树立正确的教养理念。

10. 做好入园准备

指导家长认识儿童社会性发展的重要性，珍视幼儿园教育的价值。入园前，指导家长有意识地培养儿童一定的生活自理能力及对简单规则的理解能力；入园后，指导家长与幼儿园教师积极沟通，共同帮助儿童适应入托环境，平稳度过入园分离焦虑期。

这十个方面的内容中，最核心的内容应当是加强亲子陪伴，建立良好的亲子依恋关系。游戏是孩子的语言，家长需要学习使用游戏的方式与幼儿互动，并注重婴幼儿五大领域（健康、语言、社会、科学、艺术）的平衡发展，如健康方面支持婴幼儿的爬行，并着意锻炼婴幼儿的大动作、精细动作发展；语言方面，要尽可能多地与婴幼儿互动交流，积极逗引，鼓励婴幼儿开口说话，并可进行一定量的绘本阅读；社会方面，加强亲子间的交流，带领婴幼儿户外与同伴交流；科学方面，允许婴幼儿探索、拆卸物品；艺术方面，鼓励婴幼儿涂鸦等。

（二）促使家长对教养角色反省，养成良好的亲子互动态度

许多家长发现，虽然学习了大量育儿知识，教养孩子时却无法真正应用。这是因为养育不仅仅需要知识，更是一种能力，并与家长自身的成长状态有关。

美国亲子教育专家戈登在《父母效能训练》一书中认为，“父母教育孩子所迫切需要的绝非如‘视孩子为独立的个人加以尊重’、‘了解并关爱孩子’或‘不可过分严苛或溺爱’等模糊抽象的概念，而是一些明确的技巧和可用的方法”。他主张父母借由学习沟通、主动倾听等具体的技巧，增强父母教养能力，解决亲子间的冲突，促进亲子关系。

许多团体方案除重视教养知识技能的传递外，也希望进一步反省亲子之间的沟通行为及关系，甚至纠正家长教养态度中多以权威为主导的沟通心态。

二、婴幼儿家庭教育指导的形式

家庭教育指导并不是“教育”家长，而是要以“指导”和“服务”的理念开展工作，尽量激发家长的积极性和主动性，这样才能促使家长在养育过程中贯彻所学的知识。除了组织家庭教育讲座、个别指导、印刷资料宣传指导等常规家庭教育指导形式，还有一些近几年比较新兴的形式可以采纳。

（一）游戏小组

家长在固定的时间（如一周一次）带孩子到亲子园或其他活动地点参加早教活动。此类活动一般由专家以及专业指导人员组织，为孩子与家长、孩子与孩子、家长与家长、不同的家庭间提供交往和活动的机会，在活动中，结合组织婴幼儿的活动，教师对家长的观念和行为进行同步指导。

（二）家庭互助小组

组织同龄人的家长形成家庭互助小组，可以定期见面（如一个月见一次面），一起讨论育儿问题，交流经验，也可以以群交流的形式随时讨论遇到的育儿问题。

（三）工作坊

在专业人员的指导下，家长通过现场观摩和演练，掌握问题解决的技巧和方法，尤其适用于喂养方式、抚触按摩、亲子沟通等实操性比较强的育儿方法，如父母效能团体训练、正面管教等。

（四）反思性的家长成长计划

反思性的家长成长计划使指导者不再是权威的知识传授者，而是变为引领者，通过讨论小组或阅读小组等形式引导家长开展自我反思，实现自我成长。

三、婴幼儿家庭教育指导的方法

婴幼儿家庭教育指导的方法有许多，可以根据指导的具体内容选择合适的方法。

（一）讲授法

通过家庭教育指导师系统的理论讲述，使家长全面地了解科学喂养知识和正确的教养理念，以期对家长具体养育婴幼儿的实践活动产生指导作用。讲授法可以通过现场讲授、书面讲授或网络讲授等形式进行。

（二）示范法

由专业人员示范具体如何操作，家长观摩学习。如针对如何给婴幼儿做主被动操，可由专业的育婴师操作指导，并讲解有哪些注意事项，家长也可动手练习，学会相应的技能操作。

（三）亲子活动法

由专业人员组织亲子活动，现场观察家长的教养方式，并有针对性地给予家长指导，一方面锻炼了婴幼儿的活动能力，另一方面实现了家庭教育指导，这对家庭教育指导师的能力要求较高。

（四）个案辨析法

家庭教育指导师可以通过呈现某个比较常见的案例，剖析案例当中存在的家庭教育误区，实现对聆听和观摩者的指导。

（五）角色扮演法

可以让家长体验当孩子的感觉，比如，教师训斥“孩子”，让“孩子”诉说一下自己的感受，让家长对孩子感同身受，从而生发出改变自己教育方式的动力。再比如家长可以两两组队分别扮演家长和婴幼儿进行互动游戏，在具体的场景中学习家庭教养的方式和方法。

（六）游戏体验法

创设一定的游戏场景，使家长参与其中，从而体悟到一些家庭教育的道理。

家庭教育指导的目的在于使家长愿意学并且学以致用，真正将所学内容运用到育儿实践过程中，单纯的理念讲授可能不容易理解、消化和吸收，选用直观、体验式的方式更有助于家长学习。因此，婴幼儿家庭教育指导的内容、形式和方法都需不断突破创新，实现家长乐学、乐用，才能真正达到家庭教育指导的目的。

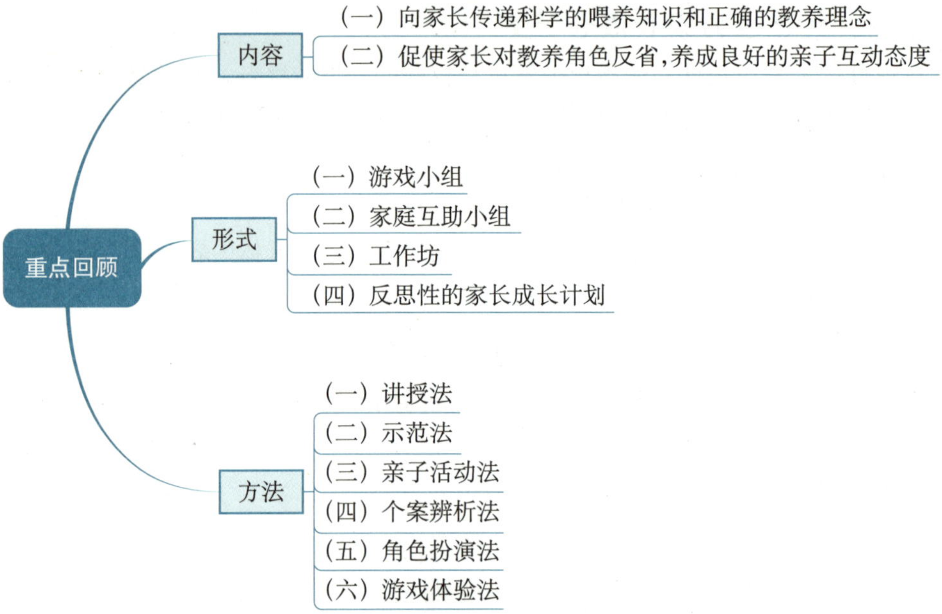

思政园地

《幼儿园工作规程》第五十五条规定：“幼儿园应当加强与社区的联系与合作，面向社区宣传科学育儿知识，开展灵活多样的公益性早期教育服务，争取社区对幼儿园的多方面支持。”

《幼儿园教师专业标准（试行）》第 59 条规定：幼儿教师要“协助幼儿园与社区建立合作互助的良好关系。”

《教育部关于加强家庭教育工作的指导意见》第三条明确指出，“充分发挥学校在家庭教育中的重要作用”，“强化学校家庭教育工作指导。各地教育部门要切实加强对行政区域内中小学幼儿园家庭教育工作的指导，推动形成政府主导、部门协作、家长参与、学校组织、社会支持的家庭教育工作格局。”

解读：为了推动家庭教育向更高水平发展，以上文件都特别强调建立幼儿园、家庭和社区联动机制，幼儿园既要学会利用社区资源，又要发挥专业优势，参与并支持社区开展多种形式的家庭教育宣传与服务。学前教育专业学生要具备以下思想品质：

（1）积极树立大局观和全面发展观，理解儿童成长既得益于良好的家庭和学校教育，还会受到社区、社会发展的影响。我们要在营造良好的社会教育大环境方面积极做出努力。

（2）纵观世界，很多国家在社区教育方面都进行了积极的实践。我们要树立国际化视野，积极学习国际上先进的社区教育经验，为我国家园社区合作共育努力。

（3）努力形成乐于帮助别人成长、乐于帮助别人成功的教师情怀，努力学习，提高自己的专业能力和素养，在家园社区合作共育、提高我国整体教育水平方面发挥作用。

思考与练习

1. 假如你是 0～3 岁婴幼儿的家长，你会希望获得哪些家庭教育指导的内容、参与哪种家庭教育指导形式？

2. 假如你是一名家庭教育指导师，你将会采用哪种形式给予家长指导？

主要参考文献

［1］周红．家园沟通中幼儿教师共情研究［D］．南京师范大学，2014.

［2］晏红．幼儿园家庭教育指导形式与方法［M］．北京：中国轻工业出版社，2013.

［3］常瑞芳．家庭与社区教育［M］．北京：高等教育出版社，2014.

［4］席小莉，刘震旗，诸芳．家园沟通的艺术［M］．福州：福建教育出版社，2012.

［5］戴维·迈尔斯．心理学［M］．黄希庭，等译．7版．北京：人民邮电出版社，2013.

［6］汪秋萍，陈琪．家园沟通实用技巧［M］．上海：华东师范大学出版社，2013.

［7］玛利亚·蒙台梭利．童年的秘密［M］．郑福明，译．北京：中国轻工业出版社，2017.

［8］王普华．帮孩子适应幼儿园［M］．北京：中国劳动社会保障出版社，2018.

［9］李生兰．学前儿童家庭教育与活动指导［M］．上海：华东师范大学出版社，2014.

［10］王普华，王明辉，王爱忠．幼儿成长揭秘：常见问题分析与家园共育策略［M］．北京：中国轻工业出版社，2019.

［11］徐敏．大学生共情、情绪智力、人际效能感的测量和共情的干预研究［D］．浙江师范大学，2011.

［12］王普华．回应：培养孩子积极的行为习惯［M］．北京：中国水利水电出版社，2020.

［13］托马斯·戈登．父母效能训练［M］．琼林，译．北京：中国发展出版社，2015.